Ética e Estatuto Jurídico da Magistratura Nacional

para CONCURSOS da MAGISTRATURA

De acordo com a Resolução nº 75 do CNJ

Ética e Estatuto Jurídico da Magistratura Nacional

para CONCURSOS da MAGISTRATURA

De acordo com a Resolução nº 75 do CNJ

Tassos Lycurgo e Lauro Ericksen

Ética e Estatuto Jurídico da Magistratura Nacional
para concursos da Magistratura
Tassos Lycurgo
Lauro Ericksen

1ª edição 2011

Editores: Jair Lot Vieira e Maíra Lot Vieira Micales
Produção editorial: Murilo Oliveira de Castro Coelho
Arte: Karina Tenório e Simone Melz
Revisão: Luana da C. Araújo Coelho e Zélia M. Lopes Bueno

Dados de Catalogação na Fonte (CIP) Internacional
(Câmara Brasileira do Livro, SP, Brasil)

Lycurgo, Tassos e Ericksen, Lauro
Ética e estatuto jurídico da magistratura nacional : para concursos da magistratura (de acordo com a Resolução nº 75 do CNJ) / Tassos Lycurgo, Lauro Ericksen. -- 1. ed. -- Bauru, SP : EDIPRO, 2011.

Bibliografia
ISBN 978-85-7283-733-0

1. Advocacia como profissão 2. Advogados - Estatuto legal, leis etc Brasil 3. Advogados - Ética profissional - Concursos 4. Ética 5. Ordem dos Advogados do Brasil - Estatuto legal, leis etc. I. Lycurgo, Tassos e Ericksen, Lauro. II. Título.

10-11878 CDU- 347.965:174 (079.1)

Índices para catálogo sistemático:
1. Concursos públicos : Advogados : Ética profissional 347.965:174 (079.1)

edições profissionais ltda.
São Paulo: Fone (11) 3107-4788 – Fax (11) 3107-0061
Bauru: Fone (14) 3234-4121 – Fax (14) 3234-4122
www.edipro.com.br

"A ética é a estética de dentro"

Pierre Reverdy,
em Le Livre de Mon Bord

Para
Nossos Alunos

Sumário

Regime Jurídico da Magistratura Nacional: carreiras, ingresso, promoções, remoções

1.1. Introdução

O Poder Judiciário integra a estrutura política do Estado contemporâneo. Em uma acepção clássica, é válido asseverar que sua atribuição é dizer o direito, uma vez que exerce o monopólio da função jurisdicional. Assim, é promovida a aplicação concreta dos preceitos jurídicos aos conflitos de interesse decorrentes das relações entre os atores sociais.

Essa esfera estatal, portanto, tem como objetivo máximo interpretar ordens gerais e abstratas, tais quais são considerados os comandos normativos, em ordens singularizadas e especificamente definidas, como são descritos os comandos imperativos sentenciais.

Como exceção a essa regra, há de ser citado o caso do poder normativo da Justiça do Trabalho. No atual Estado Democrático de Direito brasileiro, seu fundamento normativo se encontra estatuído no § 2º do art. 114 da Constituição da República de 1988, recentemente alterado pela Emenda Constitucional nº 45, de 8 de dezembro de 2004.

Há de se destacar que essa figura jurídica, denominada de poder normativo da Justiça do Trabalho, é considerada atípica, tanto que só existe no Brasil e, de forma apenas análoga, em alguns países da Oceania (Austrália e Nova Zelândia), Peru e México (MARTINS FILHO, 1996, p. 33-34).

Tal instituto pode ser concisamente preceituado, apenas de maneira perfunctória, como sendo "a competência constitucional dos tribunais do trabalho para proferir decisões nos processos de dissídios econômicos, criando condições de trabalho com força obrigatória" (NASCIMENTO, 2002, p. 633-634).

Assim, com tais assertivas, percebe-se o quão excepcional é essa possibilidade de imposição decisória da Justiça do Trabalho quando é comparada com as demais ordens sentenciais contidas no modelo judiciário brasileiro.

Avançando na estruturação do Poder Judiciário brasileiro, é imprescindível expor a sistemática estabelecida no art. 92 da Constituição da República de 1988, segundo o qual, os órgãos do Poder Judiciário são: o Supremo Tribunal Federal; o Conselho Nacional de Justiça; o Superior Tribunal de Justiça; os Tribunais Regionais Federais e Juízes Federais; os Tribunais e Juízes do Trabalho; os Tribunais e Juízes Eleitorais; os Tribunais e Juízes Militares e os Tribunais e Juízes dos Estados e do Distrito Federal e Territórios.

Vale lembrar que o referido artigo ainda estabelece que o Supremo Tribunal Federal, o Conselho Nacional de Justiça e os tribunais superiores têm sede na capital federal e que o Supremo Tribunal Federal e os tribunais superiores têm jurisdição em todo o território nacional.

Em resumo, pode-se dizer que o Poder Judiciário é composto de órgãos singulares (os juízes) e de órgãos colegiados, como tribunais, e o Conselho Nacional de Justiça que, com o advento da Emenda Constitucional nº 45, passou também a ser órgão do Poder Judiciário e ter como objetivo central zelar pela atividade jurisdicional, velando pelo seu bom exercício.

Como órgão máximo decisório da referida estrutura organizacional do Judiciário encontra-se o Supremo Tribunal Federal, ao qual é dada a função de guardião maior do texto constitucional, mas não único guardião (CR, art. 102, *caput*), dado que é competência comum da União, dos estados, do Distrito Federal e dos municípios zelar pela guarda da Constituição (CR, art. 23, I).

Em sede de instância extraordinária infraconstitucional, tem-se o Superior Tribunal de Justiça com suas respectivas atribuições, as quais estão contidas no art. 105 do mesmo texto fundamental.

Em termos de justiça especializada, a estrutura brasileira é tripartite, pois comporta órgãos da Justiça Trabalhista, Militar e Eleitoral, tendo cada uma delas seu respectivo tribunal superior (Tribunal Superior do Trabalho – TST, Superior Tribunal Militar – STM e Tribunal Superior Eleitoral – TSE).

Por fim, existe a repartição de competência entre a Justiça Federal e a Justiça Comum, cada uma com seus tribunais (tribunais regionais federais – TRF e tribunais de justiça – TJ) e seus respectivos juízes singulares (juízes federais e juízes de direito). Assim, a magistratura é organizada de maneira a haver, em regra, três instâncias jurisdicionais (algo que não assegura, constitucionalmente, o princípio do duplo grau de jurisdição).

Os juízes, singularmente considerados, são tidos como órgãos do Poder Judiciário. Sua qualificação mais adequada é a de agente político do Estado. Assim, é suscetível de críticas enquadrá-los, peremptoriamente, como simples servidores públicos. É que, em uma acepção filosófica mais dilatada diz-se que os magistrados, por exercerem uma função tipicamente estatal, devem ser considerados servidores do próprio Estado e, em uma acepção jurídica mais restrita, a sua qualificação é de agente estatal. Tal agente é diferenciado por uma série de prerrogativas, as quais serão vistas adiante.

Todavia, é válido ressaltar que para certos fins específicos o magistrado pode ter o *status* de servidor público. Um exemplo desse caso ocorre quando eles cometem crimes contra a administração pública ou na prática de crimes privativos de servidores públicos.

Os juízes são, portanto, equivalentes a parlamentares e demais mandatários públicos, como os membros do Ministério Público, uma vez que todas essas autoridades são agentes estatais.

Em termos relativos à questão da normatização, diz-se que a magistratura tem seus primeiros delineamentos no próprio diploma constitucional, no já referido art. 92, que traça a sua estruturação, e também no art. 93, que institui os princípios básicos da carreira. Vale ressaltar que tais princípios são os alicerces sobre os quais se constroem as disposições infraconstitucionais dispostas no Estatuto da Magistratura.

O então mencionado Estatuto da Magistratura, também conhecido como Lei Orgânica da Magistratura Nacional (LOMAN, Lei Complementar nº 35, de 14 de março de 1979), tem um título dedicado especificamente à carreira da magistratura. Esse título encontra-se subdividido em dois capítulos: um deles trata do ingresso na carreira e o outro da promoção, remoção e acesso dos magistrados.

Seguindo esse mesmo tracejado, existe o Código de Ética da Magistratura, aprovado pelo CNJ em agosto de 2008.

Por fim, pode-se também afirmar que existem outras normas específicas também aplicáveis aos magistrados de maneira pontual. Dentre essas, há de se destacar o próprio Código Penal (Decreto-Lei nº 2.848/1970), que, como já aludido, se aplica aos magistrados quando estes cometem crimes contra a administração pública ou crimes próprios de servidores públicos.

1.2. Disposições constitucionais

A par do que já foi exposto acerca da estruturação e organização do Poder Judiciário, tal como contido no art. 92 da Constituição da República, é de grande importância estudar as disposições contidas no art. 93 do mesmo diploma no que tange, principalmente, ao ingresso, às promoções e às remoções na magistratura nacional.

O inciso I do referido artigo dispõe que o ingresso na carreira se dará no cargo de juiz substituto, o qual deverá ser provido por meio de concurso público e de provas e títulos. Tal certame deverá contar com a participação da Ordem dos Advogados do Brasil (OAB) em todas as suas fases.

Essa participação obrigatória da OAB garante a fiscalização externa da lisura dos procedimentos a serem adotados na escolha dos futuros magistrados, seguindo, assim, a lógica escorreita dos procedimentos administrativos de seleção pública. Ademais, como corolário do princípio democrático na escolha com bases meritocráticas, o concurso deve obedecer, nas nomeações, a exata ordem de classificação dos candidatos.

No que tange ao ingresso, a maior novidade, e possivelmente um dos temas mais polêmicos relacionados a esse tópico, é a exigência do bacharel em direito contar com, no mínimo, 3 (três) anos de atividade jurídica.

O escopo da inserção desse novo requisito é selecionar profissionais experientes para o exercício das funções atribuídas aos membros da magistratura (e também do Ministério Público, haja vista que tal norma também se aplica ao *parquet*), asseverando-se que os três anos de atividade jurídica se contam da data da conclusão do curso de Direito, e não da colação de grau (MS nº 26.682-DF – STF), pois "é vedada, para efeito de comprovação de atividade jurídica, a contagem do estágio acadêmico ou qualquer outra atividade anterior à obtenção do grau de bacharel em Direito". (CNJ, Resolução nº 75/2009, art. 59, § 1º).

A expressão "atividade jurídica", por sua vez, corresponde ao desempenho de atividades privativas de bacharel em Direito, nos termos do art. 59 da Resolução nº 75/2009 do CNJ. De acordo com esse artigo, considera-se atividade jurídica aquela exercida com exclusividade por bacharel em Direito; o efetivo exercício de advocacia, inclusive voluntária, mediante a participação anual mínima em 5 (cinco) atos privativos de advogado em causas ou questões distintas; o exercício de cargos, empregos ou funções, inclusive de magistério superior, que exija a utilização preponderante de conhecimento jurídico; o exercício da função de conciliador junto a tribunais judiciais, juizados especiais, varas especiais, anexos de juizados especiais ou de varas judiciais, no mínimo por 16 (dezesseis) horas mensais e durante 1 (um) ano; e o exercício da atividade de mediação ou de arbitragem na composição de litígios.

Por fim, deve-se saber que:

> A comprovação do tempo de atividade jurídica relativamente a cargos, empregos ou funções não privativos de bacharel em Direito será realizada mediante certidão circunstanciada, expedida pelo órgão competente, indicando as respectivas atribuições e a prática reiterada de atos que exijam a utilização preponderante de conhecimento jurídico, cabendo à Comissão de Concurso, em decisão fundamentada, analisar a validade do documento. (CNJ, Resolução nº 75/2009, art. 59, § 2º).

Há de se ressaltar, também, que o momento da comprovação desses requisitos deve ocorrer na data da inscrição definitiva no concurso (CNJ, Resolução nº 75/2009, art. 58, § 1º, alínea "i"), de modo a promover maior segurança jurídica tanto da sociedade quanto dos candidatos.

A Resolução nº 75 do CNJ, assim, veio a clarificar a matéria, pois o seu art. 59, conforme visto, lista quais trabalhos específicos podem ser considerados atividade jurídica. Analisar-se-ão a seguir, com maior pormenorização, cada uma das possibilidades de contagem de tempo.

A primeira abarca aquelas atividades exercidas com exclusividade por bacharel em Direito, tais como cargos públicos de nível superior para os quais se exija a graduação em Direito como pré-requisito. Esse é o conceito mais aberto contido na Resolução, algo que, sem dúvidas, dá margem a interpretações polêmicas do que poderia vir a ser considerado como atividade jurídica, dada à vasta amplitude conceitual.

Outra forma de se obter a contagem do referido tempo de atividade jurídica consiste no efetivo exercício de advocacia. Para a configuração da advocacia, contam-se, inclusive, as atuações voluntárias do advogado – a denominada *advocacia pro bono* –, que consiste na prestação de serviços de assistência jurídica gratuita a pessoas hipossuficientes e a entidades não governamentais sem fins lucrativos, desde que, registre-se, não realizada como captação de clientela. Para tanto, o profissional deverá ter participação anual mínima em cinco atos privativos de advogado (segundo os ditames do art. 1º da Lei nº 8.906, de 4 de julho de 1994), sendo que tal exercício deve ocorrer em causas ou questões distintas.

A terceira maneira elencada pela Resolução em comento se refere ao exercício de cargos, empregos ou funções, inclusive de magistério superior, que exijam a utilização preponderante de conhecimento jurídico. Desta forma, abre-se a possibilidade de contagem de tempo de atividade por meio do exercício da docência, em nível superior, desde que o conhecimento utilizado seja eminentemente jurídico, o que se verifica, por certo, em disciplinas oferecidas pelos departamentos de Direito e também em outras, cuja averiguação do conhecimento é eminentemente jurídico e deverá dar-se no caso concreto.

As grandes inovações da referida resolução ficam por conta dos incisos IV e V do seu art. 59. No inciso IV, ela abre a possibilidade para contagem de atividade jurídica por meio do exercício da função de conciliador junto a tribunais judiciais, juizados especiais, varas especiais, anexos de juizados especiais ou de varas judiciais. Para que isso seja possível, exige-se, no mínimo, a carga horária de 16 (dezesseis) horas mensais e durante o lapso temporal de 1 (um) ano. A inovação contida no inciso V é, na verdade, uma complementação do próprio inciso anterior, pois inclui como atividade jurídica o exercício da mediação ou de arbitragem na composição de litígios. Por serem de grande semelhança, é possível concluir que os dois institutos findam por classificar como atividade jurídica o exercício na pacificação de conflitos, não importando, para fins de enquadramento, se eles são judiciais ou não.

O tema mais controvertido trazido pela referida normatização se refere às pós-graduações como forma de contagem da atividade jurídica. Isso porque o dispositivo que anteriormente tratava do tema, o art. 3º da Resolução nº 11 de 2006, admitia:

> (...) no cômputo do período de atividade jurídica os cursos de pós-graduação na área jurídica reconhecidos pelas Escolas Nacionais de Formação e Aperfeiçoamento de Magistrados (art. 105, parágrafo único, I, e art. 111-A, § 2º, I, da Constituição Federal), ou pelo Ministério Público, desde que integralmente concluídos com aprovação.

A resolução mais nova, contudo, traz uma revogação expressa para esse caso, restando, assim, afastada do conceito de atividade jurídica a pós-graduação, com apenas uma ressalva: os cursos iniciados antes da sua vigência. É o que dispõe o art. 90 da Resolução nº 75/2009, que estabelece a revogação da Resolução CNJ nº 11, de 31 de janeiro de 2006, assegurado o cômputo de atividade jurídica decorrente da conclusão, com frequência e aproveitamento, de curso de pós-graduação comprovadamente iniciado antes da entrada em vigor da presente Resolução, no dia 12 de maio de 2009.

Nesse horizonte, com tal sistemática almeja-se que a carreira da magistratura seja preenchida não apenas por pessoas com conhecimento de temas jurídicos, posto que isso seria possível de se alcançar por meio do atendimento e frequência regular a cursos de pós-graduação, mas que também tenham especificamente prática jurídica. A prática de atos jurisdicionais, portanto, é o critério basilar para a confecção dessa nova Resolução, que, excetuando os casos de exercício de docência em cursos superiores relacionados a área jurídica, prima pela prática de atos que venham a dar ao futuro magistrado uma maior vivência na prática da atividade jurídica.

Já no que tange à ascensão do magistrado na carreira, o instituto correspondente a tal progressão é denominado promoção. O magistrado, segundo a disposição constitucional, é promovido de entrância para entrância, alternadamente, pelos critérios de antiguidade e merecimento. Convém ressaltar, como mais adiante será mais bem explicado, que na Justiça do Trabalho não existem entrâncias, logo, o procedimento de promoção dos magistrados se opera de outra maneira, diversa daquela apresentada pelo comando constitucional explanado em tela.

Na sistemática da promoção, ela será obrigatória caso o magistrado figure por três vezes consecutivas ou cinco alternadas em lista de merecimento. Essa determinação legal visa ao reconhecimento daqueles juízes que desempenham seu labor com proficuidade e que, por figurarem por tantas vezes assim nas listas de merecimento, devem galgar um posto mais alto na carreira da magistratura.

Para que haja a promoção por merecimento, a Constituição da República estatui dicotomicamente requisitos para tal elevação funcional. O primeiro deles é o exercício contínuo pelo lapso temporal de dois anos na respectiva entrância. O outro requisito exigido para a referida forma promocional é que o juiz deve integrar a primeira quinta parte da lista de antiguidade desta, excetuando-se apenas os casos em que não haja, com os referidos requisitos, quem aceite o lugar vago.

Muito embora, em um primeiro momento possa parecer que o merecimento é um instituto dotado de abstração (ou, caso se prefira dizer, subjetividade) contrária à ciência jurídica, há de se compreender que possui contornos constitucionais bastante elucidativos para que o seja acuradamente mensurado. Desse modo, depreende-se que a aferição do merecimento depende de análise rigorosa de certos critérios técnicos.

O constituinte, nesse ponto, mais uma vez aplicou a técnica legislativa de critérios bipartites para determinar a mensuração do merecimento dos magistrados para fins de promoção, sempre levando em conta que o merecimento é feito conforme o desempenho do magistrado, isto é, para ser promovido ele deverá demonstrar, de maneira clara e objetiva, que seu desempenho o qualifica para tanto.

O primeiro critério é denominado de presteza e segurança no exercício da jurisdição. Esse critério tem por escopo implementar a função jurisdicional do magistrado para que haja progresso no âmbito da satisfatividade do processo. Isto é, para que o juiz não simplesmente se contente em cumprir os prazos processuais determinados, mas para que ele possa prover da maneira mais segura e mais ágil uma prestação jurisdicional adequada aos casos concretos que lhe sejam postos.

Para clarificar esse tema, o Conselho Nacional de Justiça editou a Resolução nº 6, de 13 de setembro de 2005, a qual baliza a presteza e o aproveitamento dos juízes por meio de critérios objetivos. Assim, devem integrar a promoção por merecimento, a valoração objetiva de desempenho, produtividade e presteza no exercício da jurisdição, para efeitos da referida promoção.

O segundo critério estabelecido para a aferição do merecimento como requisito para a promoção na carreira da magistratura é a frequência e aproveitamento em cursos reconhecidos de aperfeiçoamento. Esse critério visa a promover a atualização e maior interação do magistrado com as novas técnicas decisórias, bem como propõe que os magistrados possam conhecer as mais novas teorias jurídicas e assim dinamizem sua função jurisdicional, provendo-a sempre da melhor maneira possível.

Há de se destacar que a supracitada Resolução nº 6/2005 do CNJ, em seu art. 4º, inciso III, estatui que tais cursos, considerados para fins de promoção por merecimento com a respectiva gradação, deverão observar, para efeito de relevância na aferição do merecimento, critérios de isonomia e de razoabilidade, respeitado sempre o interesse público.

Esse critério de aferição é tão importante que se interconecta diretamente com outro dispositivo constitucional do mesmo artigo abordado. Isto é, ele deve ser lido e interpretado com o conteúdo normativo do inciso IV do citado art. 93 da Constituição da República. Isso porque é posta a previsão de cursos oficiais de preparação, aperfeiçoamento e promoção de magistrados, constituindo etapa obrigatória do processo de vitaliciamento a participação em curso oficial ou reconhecido por escola nacional de formação e aperfeiçoamento de magistrados.

Assim, até mesmo para o magistrado alcançar a vitaliciedade (que é uma das prerrogativas da carreira da magistratura) é necessário que ele perquira sempre o seu aperfeiçoamento jurídico. Esse comando deve ser encarado como a cristalização do próprio princípio da efetividade, inserido na Constituição por meio da Emenda Constitucional nº 19 e que foi implementado pela supracitada Emenda Constitucional nº 45.

Há de se constar que essas regras determinadas para a promoção por merecimento também são aplicáveis, por uma analogia prevista no próprio texto constitucional, aos casos de remoção a pedido de magistrados de comarca de igual entrância. Isso faz com que tanto a remoção a pedido quanto a permuta possam seguir rígidas formalidades para a movimentação territorial dos magistrados, dentro de suas possibilidades na carreira em que atuam.

A outra forma de promoção ao segundo grau de jurisdição é denominada de promoção por antiguidade, a qual deverá ser alternada com a já explanada promoção por merecimento, tal e qual disposto na determinação do inciso do art. 93 da Constituição da República.

A sistemática na promoção por antiguidade é bastante simples quando comparada com a promoção por merecimento. Isto é, por se fundamentar unicamente em uma contagem cronológica para aferir qual o magistrado mais antigo a ser candidato a um posto vago em uma instância superior, a referida forma de apuração finda por ser bastante eficaz.

No que se refere à promoção por antiguidade, há de se ressalvar que o tribunal somente poderá recusar o juiz mais antigo pelo voto fundamentado de 2/3 (dois terços) de seus membros, conforme procedimento próprio. É o que estabelece o art. 93, II, "d", da Constituição da República, segundo o qual:

> (...) na apuração de antiguidade, o tribunal somente poderá recusar o juiz mais antigo pelo voto fundamentado de dois terços de seus membros, conforme procedimento próprio, e assegurada ampla defesa, repetindo-se a votação até fixar-se a indicação.

Em outras palavras, mesmo nos casos de recusa da promoção do juiz pelo critério da antiguidade, que, repise-se, deve ser necessariamente fundamentada e balizada, mantém-se resguardado o direito à ampla defesa do juiz rejeitado. Caso ainda permaneça a indefinição quanto a sua aceitação, deve ser repetida a votação até que se fixe a indicação do magistrado a ser promovido.

Por fim, no que se refere à promoção, em termos constitucionais, há de se asseverar que não será promovido o juiz que, injustificadamente, retiver autos em seu poder além do prazo legal, não podendo devolvê-los ao cartório sem o devido despacho ou decisão. Essa é mais uma das disposições incluídas pela Emenda Constitucional nº 45.

Tal providência, como facilmente se percebe, incentiva o melhoramento da própria efetividade na prestação jurisdicional, fazendo com que os juízes que almejam promoção não retenham autos em seu poder e, de uma maneira geral, não protelem os atos que devam praticar. Atendem, dessa forma, ao próprio princípio da celeridade e da razoável duração do processo, encartado no inciso LXXVIII do art. 5º da Constituição da República.

Existe também, dentro dos princípios norteadores da atividade da magistratura contidos no art. 93 da Constituição, uma regra de moralidade dirigida especificamente aos juízes. Essa regra encontra-se no inciso VII do mencionado artigo e consiste no fato de o juiz titular ter a obrigatoriedade de residir na comarca em que exerce a sua função jurisdicional. Tal regra somente pode ser excetuada nos casos em que houver autorização do tribunal.

A disposição constitucional de que o juiz deve residir na mesma comarca – devendo-se apenas salientar em um breve adendo que, como na Justiça do Trabalho não há divisão por comarcas e, sim, por varas, nesse caso a sistemática organizacional também é um pouco diversa dos demais ramos da magistratura – é uma regra moral com o objetivo de combater certas distorções que findam por ocorrer durante o exercício da atividade jurisdicional.

Dado o notório fato de o Brasil ser um país de dimensões continentais (8.514.876 km^2), existem alguns recantos que ainda não contam com todo o aparato estrutural dos grandes centros e das grandes cidades. Contudo, o que acontece é que alguns (senão muitos) dos juízes que exercem sua atividade nesses municípios preferem residir em local diverso, usualmente na capital do estado ou em alguma grande cidade próxima.

Essa nova disposição constitucional trazida pela Emenda Constitucional nº 45 visa exatamente a conter essa prática considerada incompatível com a função, uma vez que o juiz deve estar à disposição da comunidade do local em que reside de uma maneira bastante integrada, pois, só assim pode vivenciar e experimentar suas reais necessidades, verificando os principais problemas que a afligem. A integração entre o juiz e a sociedade a que serve se torna mais efetiva e possível quando o magistrado reside no mesmo local onde exerce sua atividade.

A disposição constitucional anteriormente mencionada está contida no rol de comandos constitucionais que visam a promover uma atividade jurisdicional qualitativamente melhor. Assim sendo, nesse distinto rol também se insere o conteúdo do inciso XIII do mesmo artigo (art. 93 da Constituição da República). Nesse sentido, a Constituição assevera que o número de juízes na unidade jurisdicional deverá ser proporcional à efetiva demanda judicial e à respectiva população.

Embora a almejada proporcionalidade entre o número de juízes e a população apresente uma regra bastante útil no plano teórico, é algo sabidamente difícil de se alcançar no plano prático, pois as limitações econômicas do Estado findam por limitar toda a efetividade dessa norma constitucional. Tal descompasso decorrente das limitações de ordem econômica favorece o acúmulo de processos nas unidades jurisdicionais e a consequente dificultação da prestação jurisdicional efetiva e célere, que poderia ser mais facilmente alcançada se a regra constitucional em estudo fosse aplicada em sua máxima efetividade dimensional.

1.3. Disposições legais – LOMAN

Acerca das disposições constantes no texto constitucional, há a Lei Complementar nº 35/1979, que dispõe sobre o Estatuto da Magistratura (Lei Orgânica da Magistratura Nacional – LOMAN).

Tal diploma normativo começa a tratar da carreira da magistratura a partir de seu art. 78, e, em seu início, contém disposições muito similares àquelas feitas no texto constitucional. Repete-se a exigência de concurso público de provas e títulos, organizado e realizado com a participação do Conselho Seccional da Ordem dos Advogados do Brasil para que haja o ingresso na carreira.

A referida lei também impõe que os candidatos sejam submetidos à investigação relativa aos aspectos moral e social e à exame de sanidade física e mental, conforme normatização superveniente.

Para disciplinar tal previsão, a Resolução nº 75 do CNJ foi além de uma simples prospecção de elementos fatuais biográficos da vida pregressa do candidato e tornou a investigação social uma das fases da terceira etapa do concurso da magistratura. Como determina o art. 5º da supracitada resolução, essa fase terá caráter eliminatório e possui o escopo de analisar, detidamente, a vida pregressa do candidato, aferindo uma acurada investigação de sua vida social.

Assim, percebe-se que ao promover a disciplina do texto legal, a resolução buscou conferir maior impacto à necessidade de se analisar a vida pregressa do futuro magistrado. Visa, portanto, a preencher os cargos da magistratura com pessoas que não sejam simplesmente dotadas de elevado conhecimento técnico-jurídico, mas que também estejam capacitadas social e moralmente para exercer com zelo e eficiência a nobre função jurisdicional.

Preza-se, desta forma, por uma sólida formação moral do magistrado, para que, no exercício de sua função judicante, possa desempenhá-la de forma alinhada com os comandos éticos e morais inseridos no texto constitucional.

No que se refere à forma de provimento do cargo, os candidatos a juiz deverão ser indicados para nomeação pela ordem de classificação na seleção pública, em número correspondente às vagas. Deve-se salientar que a lei determina que sejam indicados mais dois, para cada vaga, sempre que possível.

Outra regra de moralidade administrativa está contida no art. 79 da referida lei (Lei Complementar nº 35/1979), a qual dispõe que o juiz, no ato da posse, além de prestar o compromisso de desempenhar com retidão as funções do cargo, cumprindo a Constituição e as leis, deverá apresentar a declaração pública de seus bens. A apresentação pública de bens é disposição recorrente em vários diplomas normativos, como na Lei nº 8.112/1990, que instituiu o Regime Jurídico dos Servidores Públicos Civis da União, e também na Lei de Improbidade Administrativa (Lei nº 8.429/1992).

A repetição desse comando tem o propósito de preservar o erário por meio do exercício da transparência na evolução do patrimônio do magistrado. Pois, ao deixar registrado quais bens possuía ao tempo da posse, pode-se ter uma noção durante a sua atividade jurisdicional se os bens adquiridos correspondem à renda por ele auferida.

A última disposição genérica quanto ao ingresso na magistratura trazida pela LOMAN se refere ao compromisso que deverá ser prestado pelo magistrado quando tomar posse de seu cargo. Tal comprometimento se atém ao desempenho com retidão das funções do cargo, cumprindo a Constituição e as leis. É mais uma das disposições de cunho ético contidas no referido diploma legal, buscando, assim, incutir na atuação do magistrado seu dever de modelagem social e de adequação às boas condutas.

1.3.1. Da promoção

A LOMAN, em seu art. 80, traça as diretrizes gerais do processo de promoção, prescrevendo a observância dos critérios de antiguidade e de merecimento tal como já prevê o diploma constitucional. Ela também estatui a regra da alternância entre as formas promocionais e o critério da indicação dos candidatos à promoção por merecimento, em lista tríplice, sempre que possível.

A partir de então, iniciam-se as diferenciações da sistemática promocional entre a Justiça dos Estados e a Justiça do Trabalho, na qual a própria lei garante ser aplicável os procedimentos da Justiça dos Estados, desde que possível.

Assim, convém ressaltar que a Justiça dos Estados segue a regra constitucional de apuração para fins de promoção na entrância, por meio das formas de antiguidade e merecimento, este em lista tríplice, sendo obrigatória a promoção do juiz que figurar pela quinta vez consecutiva em lista de merecimento. Caso haja empate na antiguidade, terá precedência o juiz mais antigo na carreira.

Para fins de aferição do merecimento, elemento essencial da composição da lista tríplice, além dos elementos já explanados acerca desse critério nas disposições constitucionais, a LOMAN estabelece outros parâmetros de conferência. Assim, leva-se em conta, dentre outros pontos, a operosidade do magistrado no exercício do cargo, parâmetro instituído pela lei, que, em última instância, finda por se igualar aos apontamentos já traçados sobre a presteza do juiz em sua atividade. Isto é, deve o magistrado, ao ser prestativo e comprometido com o seu dever funcional, dinamizar a atividade jurisdicional de modo que sua operação prática seja desenvolvida da melhor maneira possível.

Outro parâmetro instituído pela Lei Complementar nº 35 se refere ao número de vezes que tenha o juiz figurado na lista de promoção por merecimento, tanto para entrância a prover, como para as anteriores. Esse é um critério estatístico de grande valia para se mensurar a expressividade do merecimento do magistrado, uma vez que, aqueles magistrados que estão sempre se destacando em sua atividade, consequentemente aparecerão com maior frequência nas listas de merecimento, algo que os gabarita, portanto, à promoção.

As demais regras quanto à recusa da promoção por antiguidade de um magistrado, como também a regra da necessidade de dois anos de exercício na entrância contidas nas disposições constitucionais são igualmente repetidas no texto infraconstitucional.

Por fim, há de se pontuar que, de maneira bastante sintética e lacônica, a LOMAN afirma que se aplicam aos juízes da Justiça do Trabalho, no que couberem, as disposições referentes à promoção às instâncias superiores. Há de se destacar, contudo, que há um tópico exclusivo, mais adiante, detalhando os procedimentos de ordem organizacional do que se refere à Justiça Laboral.

1.3.2. Da remoção e do acesso

As disposições legais no que tange à matéria em comento começam a se diferenciar dos comandos constitucionais quando se trata de remoção e de acesso aos cargos da magistratura. Isso porque a Constituição não se ocupa de tais temas, os quais foram apostos como sendo de tratativa meramente legal (infraconstitucional).

Desta feita, a partir do art. 81 da LOMAN é que começa a ser delineada a sistemática envolvendo a remoção e o acesso referidos. O primeiro comando legal que se extrai da exegese desse artigo é que, na magistratura de carreira dos Estados, a remoção sempre precederá ao provimento inicial e à promoção por merecimento. Tal remoção deverá se operar por escolha do Poder Executivo. É dizer, a remoção far-se-á mediante escolha pelo Poder Executivo, sempre que possível, de nome constante de lista tríplice, organizada pelo Tribunal de Justiça e contendo os nomes dos candidatos com mais de dois anos de efetivo exercício na entrância.

Impende destacar também que, por escolha do Tribunal ou de seu órgão especial, caso o tenha, o critério bienal de promoção por meio de lista tríplice também poderá ser usado para prover vaga decorrente de remoção. Caso essa forma de seleção seja adotada, a vaga seguinte deverá, necessariamente, ser provida segundo os critérios comuns do provimento por promoção.

Essa regra vem a ser complementada pela disposição legal contida no art. 82 da própria LOMAN, uma vez que determina que, para cada vaga destinada ao preenchimento por promoção ou por remoção deverá ser aberta uma inscrição distinta, de forma sucessiva, com a indicação da comarca ou vara a ser provida.

Para que seja efetuado o preenchimento de tais vagas, a lei apenas coloca uma ressalva caso mais de uma delas deva ser provida pelo critério do merecimento, pois, nessa hipótese, a lista a ser confeccionada com os candidatos abrangidos pelo critério meritório deverá conter o nome de mais dois juízes que o número de vagas existentes.

Com o intuito de resguardar a publicidade dos atos administrativos de escolha dos magistrados que venham a galgar níveis mais elevados na carreira da magistratura, a lei assegura que o citado princípio seja observado desde o momento do surgimento da vaga.

Para tanto, a notícia da abertura da vaga deve ser prontamente veiculada pelo órgão oficial próprio. Tal veiculação também deve indicar, caso se trate de provimento por meio de promoção, quantas vagas devem seguir o critério de merecimento e quantas vagas deverão ser preenchidas segundo o critério da antiguidade.

No que se refere à Justiça Castrense (Justiça Militar), a lei em comento traz uma disposição bastante específica. Isso porque o art. 85 é inteiramente dedicado a esse ramo especializado da Justiça. O mesmo aponta que o acesso de Juízes Auditores e membros do Ministério Público da Justiça Militar ao Superior Tribunal Militar será feito por livre escolha do Presidente da República.

Para compreender de maneira escorreita o conteúdo de tal dispositivo convém trazer o conceito do que é um juiz auditor da justiça castrense. Segundo leciona Rosa (2004):

> Juiz-Auditor é um magistrado de carreira que integra uma Justiça Especializada, que tem por objetivo assegurar a hierarquia e a disciplina nas Forças Auxiliares, que tem como missão preservar a ordem pública e os direitos e garantias fundamentais das pessoas que vivem no território nacional sob a égide do Estado de Direito.

Deve, portanto, ater-se a essa pequena distinção que é feita na doutrina, segundo a qual o juiz-auditor é um magistrado de carreira, diferentemente do que asseveravam os ditames do supracitado art. 85 da LOMAN, com todas as prerrogativas que são asseguradas aos juízes da Justiça Comum, quais sejam, vitaliciedade, irredutibilidade de vencimentos e inamovibilidade.

É bom notar que nos estados de Minas Gerais, São Paulo e Rio Grande do Sul existe concurso próprio de provas e títulos para o provimento do cargo de juiz-auditor substituto. Isso ocorre, basicamente, porque depois da promulgação da Constituição passou a ser imperioso que um cargo de tamanho destaque fosse provido por concurso público e que fosse retirado o resquício do nebuloso período militarista brasileiro, no qual tais cargos eram providos por simples nomeação.

No que diz respeito à sistemática do acesso à Justiça dos Estados e do Distrito Federal e dos Territórios, bem como também aos acessos de juízes federais aos Tribunais Federais, a LOMAN determina que a ele também deva ser feito, alternadamente, por antiguidade e merecimento.

Assim sendo, traz disposições semelhantes às constitucionais ao apresentar a possibilidade de se condicionar o acesso por merecimento aos Tribunais, à frequência, com aprovação, a curso ministrado por escola oficial de aperfeiçoamento de magistrado.

A diferença dessa determinação para com os ditames constitucionais é que a regra contida na lei maior inclui como critério de análise o próprio desempenho do magistrado no exercício de sua função judicante. Dessa maneira, por ser de fácil depreensão lógica, há de se asseverar que tal forma avaliativa também deve ser aplicada, analogicamente, aos acessos, uma vez que a disposição constitucional apenas confere maior segurança jurídica a análise dos cargos mais elevados na carreira da magistratura, sendo, portanto, também aplicável a esse caso.

Por fim, a lei em comento destaca que tanto no caso de promoções e de acessos, se houver mais de uma vaga a ser preenchida segundo critérios de merecimento, a lista que formará de base para a escolha do candidato deverá conter, desde que possível, mais duas indicações para cada vaga que esteja disponível.

1.4. Particularidades da magistratura trabalhista

Inicialmente, deve-se destacar que, diferentemente dos outros ramos do Poder Judiciário, a Justiça Trabalhista não é estruturada em comarcas, mas sim em varas. Essa diferenciação básica leva à disposição de que não existem, portanto, entrâncias a serem preenchidas na evolução da carreira da magistratura do trabalho.

Na macroestruturação da Justiça do Trabalho, há de se apontar que a corte máxima decisória é o Tribunal Superior do Trabalho, com sede em Brasília. É esse órgão integrante da estrutura da Justiça do Trabalho que dá o último posicionamento em termos de matérias trabalhistas, dele só sendo possível se recorrer de forma extraordinária ao próprio Supremo Tribunal Federal, o incumbido da guarda constitucional em sua última instância.

Em segundo grau, estão dispostos os Tribunais Regionais do Trabalho, os quais se encontram distribuídos, em regra, por Estados da Federação. Contudo, existem alguns Estados que não possuem um tribunal regional em seu território, como por exemplo, o Amapá e o

Tocantins, embora estejam atrelados à competência de outros tribunais geograficamente próximos a eles. A outra exceção a essa regra é o estado de São Paulo, o qual possui em seu território dois tribunais regionais, o da 2ª Região, localizado na cidade de São Paulo, e o da 15ª Região, localizado na cidade de Campinas.

Na primeira instância, a justiça do trabalho é disposta em varas, como já mencionado. É justamente nelas que se dá o início da carreira da magistratura trabalhista, que se inicia no cargo de Juiz do Trabalho Substituto. Respeitando as disposições constitucionais, seu provimento ocorre por meio de concurso de provas e títulos. Essa regra também é repetida nas disposições organizacionais da Consolidação das Leis Trabalhistas, em específico no seu art. 654, *caput* e § 3º.

A função do juiz substituto é, como a própria nomenclatura já indica, substituir o juiz titular da vara e, também, auxiliá-lo, como determina o art. 656 do diploma trabalhista. A partir do momento em que o candidato à magistratura passa por todas as fases do concurso e finda por ingressar na carreira, ele passa a integrar uma lista de antiguidade de juízes substitutos, compondo, assim, o quadro de juízes substitutos do tribunal ao qual pertence.

O outro cargo de primeiro grau existente na Justiça do Trabalho é o de juiz titular de vara. Cabe-se ressaltar que a promoção do juiz substituto para o cargo de juiz titular independe completamente de ele ser ou não vitalício. Isso porque, diferentemente da regra constitucional de que o estágio probatório dos servidores públicos é de três anos, para os juízes do trabalho (e extensivamente, para todos os juízes) o estágio probatório é de dois anos, ao cabo dos quais o juiz passa a ser membro vitalício do Poder Judiciário.

Contudo, como já mencionado, o fato de o juiz ser promovido a titular, pode ser feito sem que ele seja vitalício, isso porque, para que haja a promoção, é necessário apenas que haja vaga de titular disponível para a promoção.

Assim, existe uma miríade de hipóteses em que a vaga de juiz titular pode ficar vacante e ser, desta feita, preenchida por um juiz substituto, seja ele vitalício ou não.

A primeira dessas hipóteses ocorre quando o juiz titular da vara é promovido ao seu respectivo tribunal regional do trabalho. Outra hipótese que leva à vacância e, consequentemente, à promoção do juiz substituto dá-se pelo fato de o juiz titular da vara vir a falecer. As outras hipóteses também seguem esse mesmo critério de ausência, pois podem suceder quando houver aposentadoria do juiz (seja ela voluntária ou compulsória), exoneração ou simples disponibilidade do cargo em tela.

Impende-se apenas destacar que essa promoção deve seguir os ditames do art. 654 da CLT, em específico o que determina seu art. 5º, alínea "b". Isto é, o preenchimento das vagas de juiz titular deverá ser feito dentro de cada região, por meio da promoção do juiz substituto, cuja aceitação será facultativa, desde que obedecida a variância alternativa dos critérios de antiguidade e merecimento.

Contudo, antes de se operar a referida sistemática da promoção de juízes substitutos, pode haver a remoção entre juízes titulares. Segundo disposição do art. 654, § 5º, "a", a oferta dessa vaga deve ser feita, primeiramente, aos juízes titulares que porventura queiram ser removidos para a localidade em que se situa essa vara. Caso não haja nenhum juiz titular nela interessado é que deve se abrir a possibilidade para a promoção dos juízes substitutos para aquela vara.

No que tange aos critérios promocionais (antiguidade e merecimento), a Justiça do Trabalho está submetida aos ditames constitucionais do art. 93, II, da Constituição da República. A única ressalva é a de que na Justiça do Trabalho não existe a divisão por entrâncias, como existe na justiça dos estados. Assim, a promoção dos juízes se dá diretamente do cargo de juiz substituto para o cargo de juiz titular.

Para regulamentar a promoção existe a pré-definição de regras bastante sólidas, criadas para conferir maior segurança ao sistema da carreira da magistratura, como já bem discorrido anteriormente. A primeira delas, a ser novamente evidenciada, é a que determina que a promoção poderá ocorrer somente após encerrados os procedimentos de remoção.

Depois de tal etapa, abre-se um concurso de promoção, com prazo de inscrição definido, no qual o magistrado substituto pode se inscrever para ocupar o cargo de juiz titular vacante. A Resolução nº 38 do Conselho Superior da Justiça do Trabalho, de 25 de julho de 2007, estabelece que nesse concurso promocional é possível que o juiz do trabalho substituto que não deseje concorrer à promoção possa se manifestar até 5 (cinco) dias antes da data designada para a escolha, pelo Tribunal respectivo. Assim, o juiz a ser promovido poderá exercer o seu direito subjetivo de renúncia à promoção.

Para que a promoção seja efetuada deve haver uma votação no respectivo tribunal regional do trabalho. Nessa votação, caso a promoção se dê por antiguidade, deverá haver aclamação dos componentes da corte recursal. No caso de promoção por merecimento, a sistemática a ser adotada é diferente, isso porque deverá ser formada uma lista tríplice, a ser encaminhada ao tribunal.

Outra disposição importante dessa resolução, conforme estabelece seu art. 2º, é que, uma vez promovido o magistrado ao cargo de juiz titular de vara do trabalho, fica vedada a regressão ao cargo de juiz do trabalho substituto. Essa determinação veda o "rebaixamento" do juiz titular ao posto de juiz substituto, em qualquer hipótese. Ou seja, uma vez votada a promoção pelo Tribunal, não há possibilidade dessa decisão ser revertida.

Outra forma de movimentação dentro da carreira da magistratura denomina-se permuta. Ela pode ser operada entre circunscrições onde houver juízes substitutos, entre eles, ou entre juízes titulares. Isto é, exige-se a equivalência de cargos para que ela se efetive. A permuta consiste, portanto, no deslocamento voluntário, dependente de pedido, de um magistrado para outra circunscrição.

Há também a possibilidade de haver remoção entre regiões da Justiça do Trabalho. Essa possibilidade surge somente para os juízes substitutos já vitalícios (mais de dois anos de efetivo exercício). Em razão da relevância do tema, já foi regulamentado por duas Resoluções, uma do Conselho Nacional de Justiça (Resolução nº 32/2007) e outra do Conselho Superior da Justiça do Trabalho (Resolução nº 21/2006), que regula o exercício do direito de remoção, a pedido, de Juiz do Trabalho Substituto, entre Tribunais Regionais do Trabalho.

A Resolução nº 32/2007 do Conselho Nacional de Justiça, após a alteração feita pela Resolução nº 97, estabelece em seu art. 3º, § 2º, que deve ser vedada a remoção voluntária nos casos de acúmulo injustificado de processos na vara ou gabinete que estejam sob a jurisdição do magistrado. Essa regra visa impossibilitar que a remoção sirva de instrumento para que o juiz se livre de suas obrigações, isto é, tente eximir-se de seus deveres jurisdicionais por meio da troca de locais de trabalho.

A Resolução nº 21/2006 do Conselho Superior da Justiça do Trabalho, por sua vez, determina que não se deflagrará procedimento de remoção no tribunal durante a realização de concurso público para o provimento do cargo de juiz do trabalho substituto, desde a publicação do edital convocatório do concurso até a nomeação dos aprovados, salvo para vagas não referidas no edital ou para as que excederem o número de aprovados.

Só se admite a ocorrência de tal procedimento durante o referido certame, caso este se encontre em uma fase que se possa aferir a não possibilidade de aprovados suficientes para o preenchimento de todas as vagas. Nesse caso, poderá haver remoção entre magistrados de outras regiões, sendo certo que o único critério a ser adotado para esses casos será o da antiguidade.

Outro ponto de destaque na resolução é a obrigatoriedade de haver a anuência dos tribunais regionais interessados para que se efetive a remoção de juiz do trabalho substituto de uma região para outra, segundo estabelece o seu art. 3º. Vale ressaltar que essa norma encontra justificativa na busca da garantia de viabilidade administrativa para ambos os tribunais envolvidos no procedimento em tela.

Seguindo a linha ascendente de cargos na Justiça do Trabalho, o próximo cargo a ser analisado na carreira é aquele que integra o Tribunal Regional do Trabalho. Importante destacar que há certa discussão acerca da nomenclatura a ser dispensada para quem ocupa tal cargo. Não há nenhuma disposição constitucional que garanta o direito de serem denominados "desembargadores", contudo, há vários tribunais regionais que em seus regimentos internos conferem tal título aos magistrados que compõe seu tribunal.

A quem diga que uma disposição administrativa como essa não pode inovar no ordenamento jurídico, o mais adequado seria denominar tais membros de juízes dos tribunais regionais. Por outro lado, por isonomia ao tratamento dado aos desembargadores de outros ramos do Poder Judiciário, defendem alguns que os magistrados dos tribunais do trabalho devem ser chamados de desembargadores.

No caso desses juízes, o provimento de seus cargos nos tribunais, por se tratar de magistratura de carreira, só pode se dar por meio de surgimento de vagas. Aqui, por certo, não está a se tratar da hipótese do quinto constitucional, haja vista que essa forma de provimento não está atrelada à magistratura de carreira, apesar de também integrar a organização da Justiça Laboral.

Nesse caso, as hipóteses de surgimento de vagas são idênticas às contidas nas formas promocionais do primeiro grau. Isto é, por promoção do magistrado do segundo grau para o Tribunal Superior do Trabalho, aposentadoria, falecimento, exoneração e disponibilidade.

O procedimento de abertura também é semelhante ao que ocorre no primeiro grau, até porque também é regulamentado pela mesma Resolução nº 6 de 2005, do Conselho Nacional de Justiça. Para tanto, seguem-se os mesmos critérios constitucionais de antiguidade e de merecimento, alternadamente, já anteriormente discutidos e analisados.

A diferença fundamental entre o provimento operado nos tribunais e o provimento para a ocupação do cargo de juiz titular é que, no primeiro caso, a nomeação do magistrado deve ser feita pelo Presidente da República, por ser o chefe do Poder Executivo da União, de cujo Poder Judiciário a Justiça do Trabalho é um dos ramos.

Quando se trata de promoção por critério de antiguidade, simplesmente há a indicação do magistrado que satisfaz objetivamente tal critério, devendo, em seguida, o presidente efetuar a sua nomeação.

No outro caso possível, ou seja, a utilização do critério de merecimento para o preenchimento da vaga, o tribunal se incumbe da tarefa de organizar uma lista tríplice com o nome dos magistrados que foram mais bem conceituados segundo os elementos básicos de aferição de tal critério. Só, então, o Presidente da República deverá escolher, dentre eles, qual deverá ocupar o cargo no tribunal, tal como dispõe o art. 115 da Constituição da República.

Por fim, há de se falar dos integrantes do Tribunal Superior do Trabalho. Inicialmente, destaque-se que, apesar de este ser um dos órgãos da Justiça do Trabalho (CR, art. 111), o cargo de ministro do TST não integra propriamente a carreira da magistratura.

Isso ocorre porque o previsto no inciso II do art. 111-A da Constituição não representa propriamente uma promoção. O referido inciso, juntamente com o *caput* do art. 111-A, dispõe que o Tribunal Superior do Trabalho compor-se-á de vinte e sete ministros, escolhidos dentre brasileiros com mais de trinta e cinco e menos de sessenta e cinco anos, nomeados pelo Presidente da República após aprovação pela maioria absoluta do Senado Federal, sendo eles, excetuando-se os do quinto constitucional, escolhidos dentre juízes dos Tribunais Regionais do Trabalho, oriundos da magistratura da carreira, indicados pelo próprio Tribunal Superior.

Não há uma promoção dos magistrados de segundo grau, integrantes dos Tribunais Regionais para o Tribunal Superior do Trabalho, pois a escolha dos futuros ministros é feita pelos próprios ministros do Tribunal Superior do Trabalho, uma vez que cabe a eles elaborar uma lista tríplice contendo o nome de magistrados dos Tribunais Regionais, independentemente de qualquer critério de antiguidade ou mesmo de merecimento, embora altamente recomendado que tal critério seja minimamente atendido, em prol do prestígio dos princípios da moralidade e da eficiência.

Impende a importante ressalva de que, além do critério etário (os juízes devem ter mais de 35 anos e menos de 65 anos de idade) a ser observado, apenas os juízes dos tribunais regionais oriundos da carreira da magistratura é que podem compor essa lista tríplice, ou seja, não há possibilidade de que alguns dos juízes dos tribunais regionais, que tenham lá chegado por intermédio do quinto constitucional, possam ser nomeados ministros do Tribunal Superior do Trabalho.

1.5. Referências

MARTINS FILHO, Ives Gandra da Silva. *Processo coletivo do trabalho.* 2ª ed., São Paulo: LTr, 1996.

NASCIMENTO, Amauri Mascaro. *Curso de direito processual do trabalho.* 21ª ed., São Paulo: Saraiva, 2002.

ROSA, Paulo Tadeu Rodrigues. *Juiz auditor: cargo de livre nomeação ou de Carreira?* Disponível em: <http://www.advogado.adv.br/direitomilitar/ano2004/pthadeu/juizauditor.htm>. Acesso em: 12 jan. 2010.

Parte 2

Direitos e deveres funcionais da magistratura

2.1. Introdução

O estudo dos deveres e direitos funcionais inerentes ao Estatuto Jurídico dos Magistrados é um dos tópicos mais importantes concernentes à formação humanística daqueles que se lançam a trilhar tal vereda jurídica. Sua importância reside no fato que de maneira dúplice (tanto a proteção quanto a imposição aos magistrados) ocorre a inserção do magistrado nos meandros mais próprios de sua atividade jurisdicional.Ou seja, através dos direitos e deveres a seguir analisados é que o magistrado assume com distinção o seu ofício jurisdicional. Somente por meio dos institutos referidos é que se viabiliza concretamente o exercício funcional dos magistrados.

Para tanto, de maneira propedêutica, deve-se abordar a questão das características da atividade jurisdicional, para que, por meio do delineamento do seu exercício seja possível visualizar como se encaixam os direitos e os deveres funcionais daqueles que integram a carreira da magistratura.

Somente depois de tal escrutínio teórico é que se poderá analisar a questão dos direitos e dos deveres funcionais propriamente ditos. Para tanto, há de se pontuar, inicialmente, que existem dois planos bem distintos de definição, tanto de direitos quanto de deveres dessa espécie.

Existem aqueles direitos e deveres instituídos no plano constitucional, diretamente expressos no texto da atual Constituição de 1988, como também os direitos e deveres funcionais descritos em normas infraconstitucionais inseridos na Lei Orgânica da Magistratura Nacional (Lei Complementar nº 35 de 14 de março de 1979), e em algumas resoluções esparsas do Conselho Nacional de Justiça (CNJ), adiante mencionadas. Assim sendo, metodologicamente, o presente trabalho buscará analisar os direitos funcionais dos magistrados (em ambos os planos mencionados) para em seguida analisar os deveres a eles impostos em seu exercício jurisdicional (também seguindo o enfoque dúplice previamente suscitado).

2.2. Características da atividade jurisdicional

Como características essenciais da atividade jurisdicional devem ser apontadas as garantias da jurisdição e dos juízes. Elas possuem como fundamento a independência para o exercício jurisdicional e o resguardo de pressões externas.

Busca-se, a partir da instituição de tais garantias, protegê-los das pressões advindas de ambientes extrajudiciais que podem, eventualmente, comprometer e afetar o desempenho adequado e escorreito da função jurisdicional por eles executada, a qual é de relevância ímpar e representa um dos pilares do Estado republicano brasileiro.

Assim sendo, qualquer garantia estabelecida para os juízes (em sua designação subjetiva) ou para a magistratura (em sua acepção mais genérica da coletividade de juízes) não pode ser considerada um privilégio. Essas garantias possuem a natureza de prerrogativas institucionais assecuratórias da democracia.

Ou seja, possuem o escopo primordial de garantir o bom funcionamento do Estado democrático através da atuação livre e desimpedida dos magistrados, sem que fiquem sujeitos a pressionamentos indevidos e de ingerência decisória de pessoas estranhas ao exercício jurisdicional.

Desta forma ocorre com a bem conhecida garantia de vitaliciedade dos juízes, que tem o fito de garantir uma maior necessidade de proteção contra as já referidas pressões externas.

Existem duas espécies de garantias da atividade jurisdicional. Elas se dividem em garantias institucionais e garantias destinadas aos membros da carreira da magistratura.

Pode-se dizer que consubstanciam garantias institucionais da magistratura aquelas elencadas no art. 99 da Constituição da República de 1988, garantias que se estendem indivisivelmente a todo o corpo de magistrados, assegurando a própria instituição do Poder Judiciário, sem ter nenhum destinatário específico.

A primeira dessas garantias a ser destacada é a autonomia financeira dos tribunais (instituída no art. 99 da CRFB/1988). Com isso, podem promover a elaboração de propostas orçamentárias e a organização do uso das finanças destinadas ao Poder Judiciário. Hodiernamente isso é feito de maneira autônoma pelo próprio Poder Judiciário mediante a participação intensa e efetiva dos conselhos de controle.

Outrossim, através de estipulação e fiscalização interna operada pelo CNJ, e, no caso específico da Justiça do Trabalho, pelo Conselho Superior da Justiça do Trabalho (CSJT – órgão de fiscalização interna dessa justiça especializada) é que se efetiva a garantia da autonomia financeira do Poder Judiciário.

Outra garantia também estabelecida no art. 99 da CR/1988 que deve ser trazida à baila é a autonomia orgânica e administrativa dos tribunais. Segundo essa garantia institucional, cristaliza-se a possibilidade de organização interna estabelecida pelos regimentos de cada órgão jurisdicional. Assim sendo, cada um deles possui autonomia para dimensionar sua estrutura orgânica.

Nesse sentido, os tribunais podem formular propostas para criação de cargos de servidores e juízes, algo que atualmente também passa pelo crivo decisório do CNJ e do CSJT (no caso específico da Justiça do Trabalho).

Um bom exemplo disso é a Resolução nº 53, de 31 de outubro de 2008, do CSJT. Essa resolução estabelece critérios objetivos para a formulação da estrutura administrativa das secretarias das varas do trabalho e dos gabinetes dos magistrados de segundo grau, relativamente à lotação, à nomenclatura e aos respectivos níveis de retribuição dos cargos em comissão e funções comissionadas.

Designa, dentre outras coisas, o número de oficiais de justiça segundo um critério quantitativo de movimentação processual (art. 4º da Resolução nº 53) e também que nos Tribunais Regionais do Trabalho, o quantitativo de servidores vinculados à atividade-meio corresponderá, no máximo, a 20% (vinte por cento) do total de servidores (art. 7º da supramencionada resolução).

Ademais, essa garantia de autonomia orgânico-administrativa permite aos tribunais e demais órgãos jurisdicionais a escolha de seus dirigentes (a exemplo do que ocorre nos artigos 6º e 8º da referida resolução, que permitem a escolha das unidades administrativas dos tribunais regionais do trabalho). Essa escolha também pode estar subsumida às diretrizes fixadas na LOMAN e nos regimentos internos de cada tribunal.

Já as garantias aos membros do Poder Judiciário, por seu turno, possuem uma divisão quaternária (quatro categorias). Essas categorias estão inseridas em uma grande divisão: em aspectos positivos (ativo) e negativos (passivo), que por sua vez se reparte em direitos (atributos subjetivos) e garantias (atributos da jurisdição – sejam institucionais ou de seus membros) e deveres (obrigações) e proibições (vedações), respectivamente. Isso tudo é regulado tanto no plano constitucional como infraconstitucional como se observará pormenorizadamente adiante.

2.3. Direitos e garantias da magistratura

Ao se iniciar o estudo dos direitos e garantias assegurados aos membros da magistratura, primeiramente, há de se perquirir de maneira esquemática aqueles direitos que possuem estatuto constitucional e fundamentam o atual Estado Democrático de Direito.

O primeiro desses direitos a ser examinado trata do subsídio dos magistrados. A própria Constituição da República, em seu art. 39, § 4º, estabelece que o subsídio dos magistrados deve ser pago em parcela única, como se depreende do seu enunciado legal:

> O membro de Poder, o detentor de mandato eletivo, os Ministros de Estado e os Secretários Estaduais e Municipais serão remunerados exclusivamente por subsídio fixado em parcela única, vedado o acréscimo de qualquer gratificação, adicional, abono, prêmio, verba de representação ou outra espécie remuneratória, obedecido, em qualquer caso, o disposto no art. 37, X e XI. (Redação dada pela Emenda Constitucional nº 19, de 1998).

Inicialmente, há de se trazer a lume uma sucinta definição do que é subsídio. Como bem aponta Maria Sylvia Zanella Di Pietro (2007, p. 495), subsídio vem substituir, apenas para algumas categorias de agentes públicos (tal como os magistrados, categoria por ora analisada), a palavra *remuneração* ou *vencimento*, para designar a importância paga, em parcela única, pelo Estado a determinadas categorias como retribuição pelo serviço prestado.

O subsídio, portanto, não possui nenhuma natureza de "ajuda", "socorro" ou de "auxílio", como o seu substrato etimológico (do latim *subsidium*) pode aludir. Outrossim, há de se deixar assente que o subsídio possui claramente natureza alimentar e de retribuição. Isso há de ser bem explanado, pois como comenta José Afonso da Silva (2003, p. 462), o subsídio já havia sido utilizado em outros diplomas constitucionais anteriores à atual Carta de 1988 e sua utilização possui um caráter de mero auxílio, sem caráter remuneratório, ou seja, era apenas um achego com o fim e natureza de adjuntório, de subvenção, pelo exercício da função pública relevante.

A partir da leitura do supracitado dispositivo constitucional, há de se depreender que o magistrado, como membro do Poder Judiciário (já que a redação constitucional fala em membro de qualquer Poder), deverá receber em retribuição pecuniária ao seu labor uma parcela única, a qual engloba vários direitos que lhe são assegurados.

Assim sendo, é vedado ao magistrado perceber qualquer outro acréscimo em razão de adicionais, abonos e outras espécies remuneratórias semelhantes. Sendo certo, como aduz a parte final do referido dispositivo, que deve ser sempre observado o teto salarial (art. 37, inciso XI da Constituição da República).

O citado teto salarial (estabelecido no art. 37, XI da CR) também é considerado um direito inerente à carreira da magistratura. Ele possui de maneira concomitante tanto a natureza jurídica de direito assegurado a essa categoria, como também é tido como uma limitação.

Ou seja, o dispositivo constitucional ao mesmo tempo em que garante haver um teto remuneratório para os membros da magistratura, determina que a remuneração máxima percebida pelos seus integrantes não poderá superar um quantitativo monetário pré-estabelecido.

Dessa maneira, o supracitado artigo constitucional determina que a remuneração e o subsídio dos ocupantes de cargos, funções e empregos públicos da administração direta, autárquica e das fundações (nesse caso incluindo também o subsídio único dos membros da magistratura) percebidos cumulativamente ou não, incluídas as vantagens pessoais ou de qualquer outra natureza, não poderão exceder o subsídio mensal, em espécie, dos Ministros do Supremo Tribunal Federal.

Esse teto remuneratório possui como indicação prática precípua a função moralizadora, a fim de que se evite que existam remunerações extremamente abastadas dentro do serviço público. Se assim não o fosse, seria o erário onerado de maneira insustentável, de modo que as finanças públicas estariam destinadas à bancarrota.

Há de se compreender que os dois direitos citados (subsídio em parcela única e teto remuneratório) são conjugados na medida em que o subsídio em parcela única, aplicado a todos os membros de Poder, já se encontra naturalmente relacionado ao teto remuneratório (valendo-se de paradigma os valores percebidos pelos ministros do Supremo Tribunal Federal).

Portanto, não pode haver a ultrapassagem desse limite a não ser nas hipóteses reguladas por norma específica ou decorrentes de interpretação, como o fez o CNJ em sua Resolução nº 13, de 21 de março de 2006.

Ainda nessa linha de direitos remuneratórios, a Constituição da República estipula a existência de um subteto remuneratório para os juízes estaduais. Esse subteto não se direciona apenas aos juízes estaduais, como também deve ser observado no pagamento do subsídio mensal de outros membros de Poder, inserindo-se em tal regra aqueles que ocupam os cargos de Governador, Deputados Estaduais e Distritais e Desembargadores. Esse limite deve corresponder a 90,25% do subsídio do Ministro do STF, como bem determina o art. 2º da Resolução nº 13 do CNJ (seguindo o parâmetro constitucional do inciso XI, do art. 37).

Todavia, muito embora haja esse regramento constitucional e a regulação de tal limitação segundo uma diretriz do CNJ, o STF, dando uma interpretação conforme a Constituição, excluiu os magistrados estaduais da limitação do subteto.

Os ministros do pretório excelso concluíram[1] que a as alterações promovidas pelas Emendas 41 e 47 (que alteraram o regramento remune-

---

1 Em liminar deferida nos autos da ADI 3854 MC/DF, o relator Min. Cezar Peluso, no dia 28.2.2007, findou por conceder liminar para suspender a eficácia do supramencionado dispositivo constitucional (art. 37, XI, § 12) e do art. 2º da Resolução nº 13 do CNJ.

ratório dos magistrados) atentavam contra o princípio da isonomia, uma vez que tratavam de forma diferente os magistrados estaduais e federais, os quais estavam sob a mesma égide legal da LOMAN (Lei Complementar nº 35, de 1973). Nesse passo, o poder reformador ultrapassou os limites constitucionais a ele deferidos (art. 60, § 4º, inciso IV, da CR/1988), uma vez que instituiu tratamento discriminatório entre os juízes.

Outro fundamento utilizado pelos ministros do STF consiste em afirmar que a estrutura judiciária possui caráter nacional, fato que emana do art. 93, inciso V, da Carta Constitucional, o qual prevê o escalonamento vertical de subsídios da magistratura, sem qualquer distinção entre órgãos judiciários federais ou estaduais.

Assim sendo, o regramento constitucional remuneratório não poderia ser diferenciado para os dois estratos da magistratura, afinal eles difeririam apenas em termos de competência de estruturação judiciária, não havendo nenhuma diferença entre as suas naturezas jurídicas propriamente ditas.

Com a devida vênia para com o entendimento exarado pelos ministros do Supremo Tribunal Federal, o caminho trilhado na liminar suspensiva do referido preceito constitucional não foi o mais acertado. Esse dissenso doutrinário encontra fundamento nas lições de José dos Santos Carvalho Filho (2008, p. 659), o qual compreende que o fato de haver um só estatuto para a magistratura (a LOMAN) não impede que o Constituinte (derivado) estabeleça regras específicas para órgãos federais e estaduais.

Ademais, o escalonamento previsto no próprio diploma constitucional possui caráter geral, algo diverso do que ocorre com os tetos remuneratórios fixados no art. 37, inciso XI, § 12, os quais se configuram como normas que têm caráter especial por disciplinarem especificamente matéria relativa a remuneração.

Isso ainda se fundamenta na própria realidade de cada ente estruturador da magistratura, porque a realidade econômica de cada Estado da Federação é diversa, bem como é diversa da realidade da própria União. De maneira que não há congruência em se fixar uma regra nesse sentido, uma vez que para a remuneração, pontualmente, regras especiais podem ser dispostas no texto constitucional.

Portanto, o poder reformador decorrente das Emendas Constitucionais 41 e 47 não guarda qualquer incompatibilidade ou incongruência com o quadro constitucional, e a instituição do subteto estadual deveria ser plenamente factível.

Outro direito constitucionalmente garantido aos magistrados se encontra definido no art. 93, inciso V da Constituição e diz respeito à paridade de subsídios. O referido dispositivo estabelece que os ministros dos tribunais superiores devem perceber o equivalente a 95% do subsídio do ministros do STF.

No que se refere aos demais magistrados, essa paridade deve ser estabelecida em lei, e seus valores devem ser escalonados, em âmbitos federal e estadual, conforme as respectivas categorias da estrutura judiciária nacional. Todavia, há de se deixar assente que a diferença entre uma categoria e outra nunca pode ser superior a dez por cento ou inferior a cinco por cento, nem exceder a noventa e cinco por cento do subsídio mensal dos ministros dos tribunais superiores.

Assim sendo, tomando-se por base exemplificativa a Justiça do Trabalho, tem-se que os ministros do TST devem receber o equivalente a 95% do subsídio dos ministros do STF. Consequentemente, aplicando a mesma regra de proporcionalidade, os juízes dos TRTs devem receber uma parcela única que corresponda a 95% do subsídio dos ministros do TST. Os juízes titulares de varas do trabalho devem perceber o valor monetário correspondente a 95% do subsídio dos juízes do TRT. E, por fim, os juízes substitutos devem receber o equivalente a 95% do subsídio dos juízes titulares.

Acerca desse tema, existe certa discussão sobre a aplicação desse subteto remuneratório por parte de alguns tribunais estaduais em confronto com a orientação fixada pelo CNJ. Alguns compreendem que aplicar esse subteto remuneratório conduz à redução da remuneração dos seus magistrados, algo que ofenderia a garantia da irredutibilidade de remuneração também constante no texto constitucional (garantia essa assegurada no art. 95, III do texto maior, a qual será adiante mais bem examinada).

Assim, alguns deles continuam pagando algumas parcelas (como a vantagem do Adicional por Tempo de Serviço – ATS) que teriam sido extintas a partir da instituição do subsídio pago em parcela única.

Há de se ponderar que a determinação constante na resolução do CNJ se assenta no entendimento jurisprudencial do STF, o qual decidiu que, no tocante à magistratura, houve a extinção da referida ATS

– decorrente da instituição do subsídio em "parcela única", embora isso não acarrete a nenhum magistrado prejuízo financeiro indevido.[2]

Logo, como regra, a posição do Supremo Tribunal Federal estabelece que, com a instituição do subsídio como forma de remuneração única para os magistrados brasileiros, as gratificações, verbas de representação e outras vantagens de caráter pessoal foram absorvidas por esse valor único, que tem por limite remuneratório máximo o valor do subsídio dos ministros do STF.

Todavia, o próprio pretório excelso acabou por admitir uma exceção para garantir a seus ex-ministros a percepção de vantagem pessoal da gratificação por aposentadoria, cujo valor pode extrapolar o teto remuneratório. Isso porque, segundo os próprios ministros do STF, sob o pálio da garantia da irredutibilidade de vencimentos, os impetrantes têm direito a continuar recebendo o acréscimo de gratificação de 20% decorrente da aposentadoria sobre os seus proventos.

Como bem aponta João José Leal (2010) essa situação de assimetria salarial, fincada nos elementos basilares da perpetuação do quantitativo pecuniário dos proventos dos magistrados, como o da irredutibilidade de vencimentos, do direito adquirido e da coisa julgada, finda por perpetuar distorções remuneratórias que atentam contra princípios constitucionais de maior relevância político-jurídica, tais como o da moralidade, da igualdade (principalmente no que tange ao aspecto da impessoalidade na distribuição remuneratória).

Claramente se cria uma distinção entre os membros da magistratura, que nesse sentido possuem direito adquirido ao seu regime jurídico, e os demais servidores públicos em sentido lato, que não possuem tal prerrogativa.

Outro direito estabelecido nos ditames constitucionais acerca da sistemática da carreira da magistratura é a aposentadoria dos juízes, a qual, segundo o inciso VI do art. 93, deve ser operada na forma do art. 40 da Lei Maior.

Segundo a sistemática estabelecida no texto constitucional, a aposentadoria do magistrado pode ocorrer em três hipóteses dis-

---

2 Esse entendimento ficou consagrado no MS 24.875/DF, j. 11.5.2006, DJ 6.10.2006, p. 33.

tintas: por invalidez permanente, compulsoriamente (por critério etário) e voluntariamente.

No caso de aposentadoria por invalidez permanente, a regra é que os proventos sejam pagos segundo o critério de proporcionalidade ao tempo de contribuição do magistrado. A exceção a tal regra ocorre quando a aposentadoria seja decorrente de acidente em serviço, moléstia profissional ou doença grave, contagiosa ou incurável, na forma da lei. Nesses casos os proventos do magistrado aposentado devem ser pagos em sua integralidade, não incidindo a regra que determina o abatimento em função de seu tempo de contribuição.

A segunda hipótese de aposentadoria do magistrado ocorre de maneira compulsória, quando atinge o limite etário de 70 (setenta) anos de idade. Nessa hipótese a regra também é que a aposentadoria do juiz se dê com proventos proporcionais ao tempo de contribuição, exceto se o tempo máximo já tiver sido atingido antes que tenha completado a idade máxima para continuar a laborar.

A última hipótese de aposentadoria dos magistrados ocorre quando esta se dá voluntariamente. Para tanto, é imprescindível que seja cumprido tempo mínimo de 10 anos de efetivo exercício no serviço público e cinco anos no cargo efetivo em que se dará a aposentadoria.

Ademais, devem ser observadas algumas condições de natureza etária e com relação ao tempo de contribuição para se aferir se os proventos serão integrais ou proporcionais.

Assim sendo, a aposentadoria será concedida com proventos de forma integral se o magistrado tiver 60 anos de idade e 35 de contribuição, se homem, e 55 anos de idade e 30 de contribuição, se mulher.

Diferentemente, a aposentadoria será concedida de acordo com critérios de proporcionalidade se o magistrado contar com 65 anos de idade, se homem, e 60 anos de idade, se mulher. Desta feita, a aposentadoria se operará com proventos proporcionais ao tempo de contribuição.

Por fim, há de se asseverar que no que tange à sistemática das aposentadorias dos magistrados devem ser aplicadas as demais regras inscritas no art. 40 da Constituição da República, inclusive as regras de transição aplicáveis ao servidor público, no que se refere ao tempo de contribuição do sistema previdenciário.

Ainda no que alude a direitos correlatos à aposentadoria, outro direito constitucional é assegurado aos magistrados; o direito a perceberem abono de permanência em serviço (disciplinado pelo § 19 do art. 40 da Constituição de 1988).

Por esse artigo, o magistrado que atender as exigências da aposentadoria voluntária (constantes no § 1º, inciso III-A – que são os critérios etários e de contribuição já mencionados previamente) e que opte por permanecer em atividade fará jus a um abono de permanência que corresponde ao valor monetário da sua contribuição previdenciária.

O magistrado pode permanecer recebendo esse abono até completar as exigências para aposentadoria compulsória, ou seja, até atingir a idade máxima 70 (setenta) anos, e permanecerá em sua função percebendo esse abono de maneira cumulativa ao seu subsídio.

Sobre esse ponto, é de grande valia ressaltar que a já mencionada Resolução nº 13 do CNJ, em seu art. 8º, inciso IV, dispõe que ficam excluídos da incidência do teto remuneratório constitucional os valores oriundos do abono de permanência em serviço, no mesmo valor da contribuição previdenciária, conforme previsto no art. 40, § 19, da Constituição Federal, incluído pela Emenda Constitucional nº 41, de 31 de dezembro de 2003. Desta feita, o valor pago em função do abono de aposentadoria deve ser somado ao subsídio pago em parcela única e o valor total resultante dessa operação por perpassar o teto constitucional (valor do subsídio pago aos ministros do STF).

No plano infraconstitucional, a Lei Orgânica da Magistratura (LOMAN) estabelece alguns outros direitos para os juízes, dentre esses não mencionados expressamente no texto constitucional se encontra o direito a gozar de períodos de férias.

A redação do art. 66 da LOMAN estabelece que os magistrados têm direito a férias anuais, por 60 (sessenta) dias, coletivas ou individuais. Há de se atentar que o texto infraconstitucional ainda menciona a possibilidade de serem concedidas férias coletivas, muito embora seja lição comezinha que após a edição da Emenda Constitucional nº 45 de 2004, com a alteração do art. 93, em seu inciso XII, o qual determina que a atividade jurisdicional seja ininterrupta, são vedadas férias coletivas nos juízos e tribunais de segundo grau, funcionando, nos dias em que não houver expediente forense normal, juízes em plantão permanente.

Assim sendo, há de se compreender que, através da mudança do texto constitucional, findou por ser abolida a possibilidade de férias coletivas para os magistrados, instituto esse que era disciplinado nos parágrafos 1º e 2º do mencionado art. 66 da LOMAN.

Outro direito estatuído na LOMAN trata das licenças que podem ser concedidas aos magistrados no curso de sua atividade jurisdicional. Tal direito encontra espeque na redação do art. 69 da referida Lei Complementar, o qual dispõe taxativamente sobre as hipóteses em que as referidas licenças podem ser concedidas. O artigo em comento elenca três hipóteses para a concessão de licenças: para tratamento de saúde, por motivo de doença em pessoa da família e para repouso de gestante.

Quando se tratar de licença para tratamento de saúde por lapso temporal que se estenda por mais de 30 dias, bem como as prorrogações que importem em licença por períodos ininterruptos, também superiores ao prazo de 30 dias, pontua-se que passam a depender de inspeção por junta médica, a qual deve atestar a real necessidade de afastamento por prazo superior ao período mínimo mencionado.

Ainda no que concerne ao direito de obter licenças, a redação dada pela Lei Complementar nº 37, de 13 de novembro de1979, ao § 1º do vetado art. 71 da LOMAN estabelece que os períodos de licenças concedidos aos magistrados não terão limites inferiores aos reconhecidos por lei ao funcionalismo da mesma pessoa de direito público. Ou seja, estabelece uma proporcionalidade na concessão das licenças dos magistrados, as quais não podem ser por prazo menor que aquelas estabelecidas por lei aos servidores do mesmo ente público.

Ainda tratando desse assunto, o § 2º do art. 71 determina que salvo contraindicação médica, o magistrado licenciado poderá proferir decisões em processos que, antes da licença, lhe hajam sido conclusos para julgamento ou tenham recebido o seu visto como relator ou revisor.

Essa disposição tem como escopo promover a própria celeridade processual e ainda favorecer uma melhor análise dos processos que porventura já foram analisados pelo magistrado que teve de se abster de laborar em virtude de licença médica. Assim, mesmo em gozo de licença, o magistrado poderá dar o escorreito andamento ao processo que estava sob o seu alvedrio decisório.

O juiz também pode receber concessões (como disciplina o art. 72 da LOMAN), ausentando-se do seu trabalho por oito dias em duas hipóteses: casamento e falecimento de cônjuge, ascendente, descendente ou irmão. Ademais, o art. 73 da mesma lei prevê o afastamento do magistrado, sem prejuízo de subsídios, para frequência a cursos ou seminários de aperfeiçoamento e estudos (máximo de dois anos), para a prestação de serviços exclusivos à Justiça Eleitoral e para exercer a presidência de associação de classe.

Ainda no que se refere aos direitos infraconstitucionais dos membros da magistratura, é de grande importância destacar que o art. 65 da LOMAN confere um rol de vencimentos e vantagens pecuniárias a serem pagos aos magistrados.

Nesse rol estão inclusos os seguintes valores pecuniários: ajuda de custo para despesas de transporte e mudança; ajuda de custo para moradia (nas localidades em que não houver residência oficial); salário-família; diárias; verba de representação; gratificação pela prestação de serviço à Justiça Eleitoral; gratificação pela prestação de serviço à Justiça do Trabalho (em locais onde o juiz de direito tiver que exercer a função de juiz do trabalho por inexistência de Vara do Trabalho); gratificação adicional de cinco por cento por quinquênio de serviço; gratificação de magistério – aula em curso oficial de preparação para a Magistratura ou em Escola Oficial de Aperfeiçoamento de Magistrados; e gratificação pelo exercício em comarca de difícil provimento (definida e indicada em lei).

Há de se ter em mente, como já mencionado, que a maioria dessas parcelas foi absorvida pela instituição do teto remuneratório constitucional. Isso também se encontra disciplinado pela referida Resolução nº 13 do CNJ. Ela determina, em seu art. 6º, que o somatório de subsídios, remuneração, proventos e pensões de qualquer origem encontram-se submetidos ao teto remuneratório constitucional. Desta feita, das mencionadas parcelas do rol do art. 65 da LOMAN, os valores referentes ao salário-família, verba de representação e a gratificação adicional de cinco por cento por quinquênio de serviço encontram-se incluídas no mencionado subsídio do teto.

Nesse mesmo sentido, existem verbas, tanto de caráter permanente quanto de caráter transitório, que não se encontram abrangidas pelo subsídio único. O inciso I, do art. 5º, da Resolução nº 13/CNJ, estabelece que a verba de retribuição pelo exercício, enquanto este perdurar, em comarca de difícil provimento, mesmo sendo de caráter permanente, não se encontra abrangida pela unicidade do subsídio.

No que se refere às parcelas de caráter eventual ou temporário (dispostas no inciso II do mesmo artigo), há de se expor que as verbas advindas do exercício da Presidência de Tribunal e do Conselho de Magistratura; da Vice-Presidência e do encargo de Corregedor; da investidura como Diretor de Foro; do exercício cumulativo de atribuições, como nos casos de atuação em comarcas integradas, varas distintas na mesma comarca ou circunscrição, distintas jurisdições e juizados especiais; das substituições; da diferença de entrância; da coordenação de Juizados; da direção de escola; dos valores pagos em atraso, sujeitos ao cotejo com o teto junto com a remuneração do mês de competência; do exercício como Juiz Auxiliar na Presidência, na Vice-Presidência, na Corregedoria e no Segundo Grau de Jurisdição e da participação em Turma Recursal dos Juizados Especiais não se encontram incluídas na parcela única do subsídio dos magistrados por expressa disposição da Resolução em comento.

Seguindo essa mesma perspectiva, o art. 8º da Resolução nº 13 do CNJ estabelece que algumas verbas não se sujeitam ao teto remuneratório estabelecido na Constituição. Assim sendo, há quatro tipos de parcelas que se encontram nessa situação peculiar: algumas verbas de caráter indenizatório; algumas verbas de caráter permanente; certas verbas de caráter eventual ou provisório e as verbas decorrentes de abono de permanência (como já explicado anteriormente).

No que diz respeito às verbas de caráter indenizatório, o inciso I do art. 8º finda por repetir algumas parcelas contidas no art. 65 da LOMAN, como, por exemplo: ajuda de custo para mudança e transporte; auxílio-moradia (na LOMAN referida como ajuda de custo para moradia); diárias e indenização de transporte. Ademais, o mesmo artigo ainda acrescenta a possibilidade do pagamento de outras verbas, tais como auxílio-funeral e indenização de férias não gozadas. Isso tudo sem excluir a possibilidade de suplantar o teto remuneratório através do pagamento de outras parcelas indenizatórias previstas na Lei Orgânica da Magistratura Nacional de que trata o art. 93 da Constituição Federal.

Ao tratar das verbas de caráter permanente que podem perpassar o teto remuneratório, o inciso II do art. 8º da resolução em comento elencou duas hipóteses. Assim, o teto pode ser permanentemente superado quando se trate de parcelas referentes à remuneração ou provento decorrente do exercício do magistério, nos termos do art.

95, parágrafo único, inciso I, da Constituição Federal; e nos casos de benefícios percebidos de planos de previdência instituídos por entidades fechadas, ainda que extintas.

Por fim, o inciso III do cotejado art. 8º estabelece quais são as verbas de caráter eventual ou temporário que podem ultrapassar o teto remuneratório. Segundo a redação de tal artigo, o auxílio pré-escolar; os benefícios de plano de assistência médico-social; a devolução de valores tributários ou contribuições previdenciárias indevidamente recolhidas; a gratificação pelo exercício da função eleitoral, prevista nos art. 1º e 2º da Lei nº 8.350, de 28 de dezembro de 1991, na redação dada pela Lei nº 11.143, de 26 de julho de 2005; a gratificação de magistério por hora-aula proferida no âmbito do Poder Público e a bolsa de estudo que tenha caráter remuneratório são verbas que podem ser eventualmente pagas em concomitância com o subsídio em parcela única e mesmo assim exceder o limite da remuneração dos ministros do Supremo Tribunal Federal.

Estão relacionadas como garantias da magistratura aquelas figuras elencadas no art. 95 do texto constitucional. A primeira delas a ser perquirida é a já citada vitaliciedade dos magistrados, inserta no inciso I do mencionado art. 95.

Por esse atributo, o juiz ocupa de maneira vitalícia (ou seja, de modo permanente) o cargo, após 2 (dois) anos de exercício. Deve-se observar que essa regra é válida apenas para aqueles que ingressam na carreira da magistratura no 1º grau de jurisdição. Desse modo, tal disposição constitucional é inaplicável aos que ingressam na magistratura por meio da escolha do quinto constitucional (seja por parte do Ministério Público ou por parte da Ordem dos Advogados do Brasil). Nesses casos, a partir da posse o magistrado se torna membro vitalício.

Com isso, o juiz se sujeita a um estágio probatório pelo lapso temporal de dois anos. Nesse período, o magistrado poderá perder seu cargo por deliberação do tribunal a que o juiz estiver vinculado. Após esse prazo bienal, a perda do cargo só se poderá efetivar por sentença judicial transitada em julgado, representando, assim, a garantia de que o juiz só perderá o cargo nas hipóteses explicitamente previstas na legislação.

A segunda garantia constitucional da magistratura diz respeito à inamovibilidade dos magistrados, contida na redação do inciso II do art. 95 do referido diploma maior. Por essa garantia se resguarda a impossibilidade de retirada do magistrado de seu Juízo ou Comarca. Isso só poderá ocorrer caso haja pedido de sua parte (ou seja, caso o juiz realmente deseje ser transferido para outra localidade) ou então por razões de interesse público.

Cabe observar que na hipótese de decisão por motivo de interesse público, tal alteração da localidade de labor do juiz deve ser provida pela decisão do voto da maioria absoluta do respectivo tribunal ou do Conselho Nacional de Justiça. Deve sempre ser destacado que a ampla defesa é imprescindível em tal hipótese, mesmo que se tenha que ponderar a contraposição da referida garantia da magistratura para com o interesse público primário discutido na ocasião.

A outra garantia dos magistrados a ser examinada no presente estudo diz respeito à irredutibilidade de subsídio, constante no inciso III do art. 95 da Constituição. Com isso, a exemplo do que ocorre com os trabalhadores em geral, o juiz não pode ter a sua remuneração reduzida, ressalvando-se, por óbvio, o disposto nos arts. 37, incisos X e XI, (teto constitucional) 39, § 4º (subsídio único), 150, II, 153, III, e 153, § 2º, I (situações de incidência tributária).

Como já mencionado, essas garantias são formas de se assegurar a atuação independente dos magistrados, de maneira a evitar que eles se sujeitem a pressões externas que possam comprometer suas decisões, e, de uma maneira mais abrangente, venham a contaminar o exercício da função jurisdicional, eivando-a de ilicitude.

No plano infraconstitucional, existem também outras garantias fixadas pela LOMAN que visam a ter o mesmo efeito profícuo daquelas elencadas no texto constitucional. No referido plano inferior, particularmente, tais garantias se localizam no art. 33 da mencionada Lei Complementar que disciplina a organização da carreira da magistratura.

O artigo em tela menciona como sendo uma das prerrogativas do juiz ser ouvido como testemunha em dia, hora e local previamente ajustados com a autoridade que for presidir o processo. Isso só ocorre, obviamente, caso se trate de juiz de mesma instância ou de instância inferior. Desta forma, sendo o juiz testemunha em um processo, pode estabelecer com a autoridade que o preside o dia, o local e a hora em que pretende ser ouvido.

Também se enquadra no conceito de prerrogativa da magistratura a garantia de não serem presos senão por ordem escrita do Tribunal ou do órgão especial competente para o julgamento, salvo em flagrante de crime inafiançável, caso em que a autoridade fará imediata comunicação e apresentação do magistrado ao presidente do Tribunal a que esteja vinculado.

Outra prerrogativa da magistratura consiste no fato de que o juiz deve ser recolhido em prisão especial ou sala especial de Estado-Maior, por ordem e à disposição do Tribunal ou do órgão especial competente, quando sujeito a prisão antes do julgamento final.

Assim, mesmo tendo prerrogativa a uma localidade diferenciada para o recolhimento de custódia legal, os magistrados não ficam isentos de serem presos cautelarmente quando forem preenchidos os requisitos para a prisão preventiva, insertos no art. 312 do Código de Processo Penal. Ou seja, os magistrados podem ser presos cautelarmente, exigindo-se apenas que seja respeitada a prerrogativa de instalações especiais para que sejam adequadamente abrigados em caso de recolhimento prisional.

O juiz também não está sujeito a notificação ou a intimação para comparecimento, a não ser que seja expedida por autoridade judicial. Outrossim, os magistrados não estão sujeitos a intimações de comparecimento expedidas por autoridades administrativas.

Prerrogativa ínsita aos membros da magistratura, ou privilégio, diz respeito ao fato de poderem portar arma de defesa pessoal. Para tanto, apesar de essa prerrogativa estar inserta no inciso V do art. 33 da LOMAN, faz-se imprescindível que o magistrado participe dos cursos e treinamentos exigidos para todos aqueles que passarão a portar armas. O escopo de tal prerrogativa consiste em prover maior segurança pessoal aos juízes, que muitas vezes são ameaçados em virtude da imensa responsabilidade decisória que possuem.

Outra prerrogativa afeita aos magistrados é a da designação privativa, estabelecida no art. 34 da LOMAN:

> Os membros do Supremo Tribunal Federal, do Tribunal Federal de Recursos, do Superior Tribunal Militar, do Tribunal Superior Eleitoral e do Tribunal Superior do Trabalho têm o título de Ministro; os dos Tribunais de Justiça, o de Desembargador; sendo o de Juiz privativo dos integrantes dos outros Tribunais e da magistratura de primeira instância.

Muito embora haja a distinção de que os membros dos tribunais da Justiça do Trabalho sejam designados como "juízes", é comum haver designações privativas diversas nos regimentos internos de cada tribunal alterando tal nomenclatura para a de "desembargador". Isso é algo recorrente na maioria dos tribunais do trabalho e acontece, exemplificativamente, nos regimentos internos dos Tribunais do Trabalho da 3ª Região e da 21ª região, respectivamente:

> Art. 7º. O Tribunal tem o tratamento de Egrégio Tribunal e os seus membros, com a designação de Desembargadores Federais do Trabalho, o de Excelência;
> Art. 5º. O Tribunal Regional do Trabalho da 21ª Região compõe-se de 8 (oito) membros, que, em virtude do cargo, possuem o título genérico de "Juízes" e em razão do exercício da jurisdição em segundo grau, a prerrogativa de uso do título de "Desembargador Federal do Trabalho".

Como se pode depreender da leitura dos artigos dos regimentos internos citados, os juízes de segundo grau dos tribunais do trabalho consideram que a designação de "juiz de segundo grau" é algo deveras genérico e por meio de seus regimentos alteram a nomenclatura dos seus cargos para "desembargador".

Desta feita, persiste o questionamento se tal alteração é válida, haja vista que os regimentos internos servem apenas para estruturar administrativamente os tribunais e a designação privativa é algo disciplinado por meio de Lei Complementar, ou seja, há o vilipêndio da hierarquia normativa por meio dessa alteração. Ainda que pesem tais considerações, o fato é que os tribunais continuam alterando essa denominação e o CNJ ainda não atentou para regulamentar tais designações que extrapolam os limites legais impostos na LOMAN.

2.4. Deveres funcionais e proibições da magistratura

As imposições passivas determinadas pela Constituição da República e pelas normas infraconstitucionais se bipartem em deveres funcionais e proibições. Tais implicações são limitações ao exercício da atuação jurisdicional dos magistrados e possuem como escopo regulamentar a sua escorreita atividade, essencial à consecução da justiça.

2.4.1. Deveres funcionais

São deveres constitucionais da magistratura aqueles estabelecidos pela Carta Constitucional, em sua maioria, também insertos na redação do art. 93. O primeiro ser analisado é o dever que o juiz titular tem de residir na respectiva comarca (inciso VII do supramencionado artigo constitucional). Essa exigência constitucional, todavia, pode ser ressalvada caso haja autorização do tribunal respectivo para que o magistrado possa residir em localidade diversa daquela em que ele labora. Deve-se salientar que tal tema foi objeto de normatização por parte do CNJ, ao editar a Resolução nº 37, de 6 de junho de 2007.

Essa resolução explicita que tais autorizações só devem ser concedidas em casos excepcionais, desde que não causem prejuízo à efetiva prestação jurisdicional (art. 2º). Ademais, o mesmo diploma determina que caso o magistrado fixe residência fora da comarca em que atua, sem a devida autorização do tribunal a que está vinculado, caracteriza-se como infração funcional, sujeita a procedimento administrativo disciplinar.

O inciso IX, do art. 93, do diploma constitucional, estipula como dever do magistrado assegurar a publicidade dos atos processuais. Estabelece-se assim, como um dos deveres da magistratura (atinente a qualquer ato advindo do poder público como determina o *caput* do art. 37 ao definir os princípios administrativos basilares), a garantia do princípio da publicidade.

Ao comentar o aspecto da publicidade das decisões jurisdicionais, Aulis Aarnio (1991, p. 16) concebe que qualquer raciocínio de índole jurídica por trás de decisões que afetem terceiros deve se sujeitar à inspeção pública. Nesse passo, a publicidade dos atos processuais praticados pelos magistrados, por afetarem precipuamente interesses de terceiros, sejam particulares, ou até mesmo o interesse secundário do poder público (o interesse de cada ente público propriamente dito), deve ser erigida como um dos deveres mais caros aos magistrados na sua atuação funcional de decidir lides.

Quanto ao processo do trabalho em espécie, Carlos Henrique Bezerra Leite (2008, p. 489) bem ressalta que esse princípio da publicidade dos atos processuais, nessa seara especializada, adquire ênfase muito maior em virtude do fato de que na audiência trabalhista há uma concentração de quase todos os atos processuais.

Assim sendo, em razão da peculiaridade de que no processo do trabalho a audiência é una – embora seja "fracionável", como aduz Renato Saraiva (2006, p. 380) –, a publicidade dos atos finda por ser muito mais necessária, afinal, caso os atos ali praticados não sejam desvelados, há o perigo de que arbitrariedades sejam praticadas e o processo seja finalizado em apenas uma oportunidade.

Desse modo, todos os julgamentos devem ser públicos, excetuando, obviamente, aqueles que demandem o manto protetor do segredo de justiça, os quais em virtude do conteúdo neles abordado, possam ferir direitos da intimidade das partes. Nessas hipóteses, a própria lei limita à presença das próprias partes e de seus causídicos a publicidade do ato processual (art. 155 do Código de Processo Civil). Assim sendo, tais hipóteses configuram-se como exceções ao princípio geral da publicidade.

O mesmo inciso constitucional (IX, do art. 93) fixa que é dever do juiz fundamentar suas decisões. Esse dispositivo chega, inclusive, até a estabelecer "pena" de nulidade às decisões que sejam proferidas sem que haja a correspondente fundamentação. Tecnicamente há de se pontuar que não se trata de uma "pena" propriamente dita. Na verdade, refere-se a uma consequência processual.

A Constituição estabelece que não sendo fundamentada a decisão, ela será nula (ou poderá ser nula) justamente pela ausência do requisito inserto no inciso XI do art. 93 do diploma maior, o qual também se configura como um princípio processual basilar.

No plano infraconstitucional, o art. 35 da LOMAN é o dispositivo que trata dos deveres funcionais dos magistrados. Tal norma aponta como exemplo de dever do juiz a obrigação de ele cumprir e fazer cumprir, com independência, serenidade e exatidão, as disposições legais e os atos de ofício que lhe competem.

Ademais, o mesmo artigo citado, em seu inciso II, determina como dever do juiz observar os prazos processuais para sentenciar ou despachar, indicando, inclusive, as providências necessárias para que os atos se realizem dentro do lapso temporal estipulado legalmente. Ou seja, o magistrado não deve exceder injustificadamente os prazos para sua atuação jurisdicional, algo que vem a favorecer sobremaneira o princípio constitucional da razoável duração do processo (art. 5º, inciso LXXVIII da CR/1988), uma vez que se todos os magistrados respeitarem efetivamente os prazos legais para a prática dos seus atos, o trâmite processual finda por ser bem mais célere.

Nesse sentido, há de se concluir que deve o juiz estar atento em determinar as providências necessárias para que os atos processuais se realizem dentro dos prazos legais.

O artigo em tela, que estipula os deveres infraconstitucionais dos magistrados repete uma regra contida no Código de Ética da Magistratura, a qual consiste em tratar com urbanidade as partes, os membros do Ministério Público, os advogados, as testemunhas, os funcionários e auxiliares da Justiça, enfim, todas as pessoas com as quais o juiz se relacione em seu ambiente de trabalho ou com as quais mantenha contato em função de seu exercício.

Assim sendo, é imprescindível que o juiz tente ter o máximo de presteza ao atender os que o procuram, a qualquer momento, principalmente quando se tratar de providência que reclame e possibilite solução de urgência.

Também se relaciona como um dever infraconstitucional inerente aos magistrados, o de residir na sede da comarca, salvo autorização do órgão a que estiver subordinado. Esse é, na verdade, um dever inserto na LOMAN que apenas reproduz o comando constitucional já estudado. Na verdade, em termos de repetição, levando em conta que a Constituição foi editada posteriormente à LOMAN, quem repetiu o comando foi o Carta Magna que apenas ratificou a importância de tal determinação em sua redação final.

Além dessas figuras de deveres infraconstitucionais atinentes aos juízes, também é estabelecida a necessidade de o magistrado manter conduta irrepreensível na vida pública e particular. Há de se ressaltar que essa é outra determinação da LOMAN que também se encontra disposta no já perscrutado Código de Ética da Magistratura Nacional.

O art. 35 da LOMAN, em seu inciso VI, dispõe que é dever do magistrado comparecer pontualmente ao início do expediente ou sessão, e não se ausentar injustificadamente antes de seu término. No que concerne à pontualidade do juiz, é interessante observar que o art. 815 da CLT concede ao magistrado a tolerância de 15 minutos para que inicie a audiência, pois, somente decorrido esse lapso temporal, é que os presentes (partes, membros do Ministério Público e advogados) poderão se retirar, devendo o ocorrido constar do livro de registro das audiências.

A doutrina é uníssona em asseverar que esse lapso de tolerância só é aplicável ao juiz (BEZERRA LEITE, 2008, p. 490; SARAIVA, 2006, p. 379), de maneira que, como bem salienta a Orientação Jurisprudencial nº 245 da SDI-I: "Inexiste previsão legal tolerando atraso no horário de comparecimento da parte à audiência".

O fundamento para tanto é que as partes devem comparecer no horário marcado, pois não existe norma legal que autorize a tolerância, porque a discussão a esse respeito seria motivada por critérios meramente subjetivos, ou seja, a norma celetista direciona-se exclusivamente para a pessoa do juiz, não tendo aplicação genérica às partes.

Assim sendo, o juiz tem o privilégio de poder se atrasar em 15 minutos sem que nenhuma sanção lhe seja atribuída. Por outro lado, as partes não possuem nenhum prazo de tolerância, e caso se atrasem podem sofrer os efeitos da revelia (no caso dos reclamados), terem seus processos arquivados, ou receberem a pena de perempção trabalhista (no caso de primeiro atraso e no caso de segundo arquivamento da ação, respectivamente, para os reclamantes que se atrasem).

Desse modo, há de se perceber que muito embora a LOMAN trace de maneira teórica a obrigação de o magistrado não se atrasar para o início dos atos processuais, a própria legislação ordinária permite que haja impontualidade por parte do magistrado. Em função disso, a regra de pontualidade estabelecida na LOMAN permanece deveras prejudicada (ou pelo menos de aplicação bastante enfraquecida na prática), ao menos em sede trabalhista.

Nesse mesmo contexto de deveres do juiz, cabe a ele exercer assídua fiscalização sobre os subordinados, no que tange ao cumprimento de seus deveres funcionais. A regra inscrita no inciso VII, do art. 35, da LOMAN ainda destaca que tal fiscalização deve ser exercida especialmente no que concerne à cobrança de custas e emolumentos, mesmo que não haja reclamação das partes nesse sentido.

2.4.2. Proibições da magistratura

São proibições (vedações) constitucionais aos juízes aquelas também previstas no art. 95 da Constituição de 1988. A primeira delas diz respeito à proibição de o magistrado exercer outro cargo ou função, salvo a de magistério (ainda que em disponibilidade). Isso é autorizado pela redação do art. 95, parágrafo único, inciso I.

Importante salientar que o CNJ regulamentou o exercício da atividade de magistério em sua Resolução nº 34, de 24 de abril de 2007.

Segundo as determinações do CNJ, o exercício da docência por magistrados, na forma estabelecida na citada resolução, pressupõe compatibilidade entre os horários fixados para o expediente forense e para a atividade acadêmica, o que deverá ser comprovado perante o Tribunal.

Assim sendo, a rigor, não há restrição quanto a essa atividade, bastando apenas que o exercício da atividade de docência seja comunicado formalmente pelo magistrado ao órgão competente do Tribunal, com a indicação do nome da instituição de ensino, da(s) disciplina(s) e dos horários das aulas ministradas. O Tribunal, por sua vez, deve repassar essas informações ao CNJ com o fito de que seja feito o levantamento estatístico de tal atividade.

A única vedação explícita no que tange à atividade de docência dos magistrados contida no § 1º, do art. 2º, da citada resolução, diz respeito ao desempenho de cargo, função administrativa ou técnica em estabelecimento de ensino. Desta feita, tais atividades, por extrapolarem o âmbito do exercício de lecionar, passam a ser vedadas aos magistrados, os quais, além do seu mister jurisdicional, só podem se dedicar ao próprio magistério.

A Constituição da República proíbe, expressamente, que o juiz receba custas ou participação em processo, conforme determina o inciso II, do parágrafo único, do art. 95, da CR/1988. Dessa maneira, o juiz não pode receber nenhum tipo de participação monetária no processo como já ocorreu historicamente, haja vista que isso abalaria o pilar da imparcialidade no julgamento, inclinando a decidir em benefício daquele que o subvencionasse pecuniariamente.

O juiz também não pode se dedicar à atividade político-partidária (redação do art. 95, parágrafo único, inciso III, CR/1988). Veda-se, portanto, ao juiz, o exercício de qualquer tarefa relacionada aos partidos políticos, inclusive a filiação. Nesse sentido, nem se afigura adequado ao juiz em seu ambiente de trabalho se prestar a emitir juízos de valor acerca dos desígnios políticos, afinal, a atividade política não pode se imiscuir na atividade jurisdicional. Tal ingerência seria bastante danosa para a necessária imparcialidade que o Poder Judiciário deve manter, livre de conspurcação.

O juiz também não pode receber auxílios ou contribuições oriundas de pessoas físicas, entidades públicas ou privadas, ressalvadas as exceções previstas em lei. Dentre essas exceções legais inclui-se, por exemplo, os valores advindos da participação societária do magistrado, o que é plenamente possível. Essa vedação elencada encontra-se no art. 95, parágrafo único, inciso IV do diploma constitucional.

Por fim, há de se dizer que também está proibido ao magistrado exercer a advocacia no juízo ou tribunal do qual se afastou, antes de decorridos três anos do seu afastamento do cargo, seja por aposentadoria ou por exoneração.

No que tange a essa inovação trazida pela Emenda Constitucional nº 45, de 2004 (que inseriu o inciso V, no parágrafo único do art. 95), há, porém, algumas dúvidas sobre a interpretação dessa determinação constitucional, pois não há clareza no sentido de se definir o alcance de tal regramento. Não se consegue, em uma análise superficial, deduzir se essa vedação é exclusiva para o tribunal ao qual estava vinculado funcionalmente o magistrado ou se tal vedação se estende a toda a jurisdição daquele órgão.

Como bem asseveram Mendes, Coelho e Branco (2008, p. 936), o escopo de tal "quarentena" é o de evitar situações de um estado de suspeição quanto ao bom funcionamento do Poder Judiciário. Nesse sentido, ela é um bom reforço da independência e imparcialidade impregnadas em todas as decisões exaradas pelos órgãos de tal Poder.

Essa vedação constitucional visa prevenir que o (ex) juiz se valha de sua influência política no tribunal onde já atuou para lograr êxito em suas ações, agora como causídico. Há de se compreender que a vedação deve incidir apenas no órgão em que o magistrado laborou.

Seria um ônus excessivo, por exemplo, exigir que um antigo ministro do TST, após se aposentar, não pudesse atuar no primeiro grau de jurisdição de um Estado qualquer. Isso seria o mesmo que privar de exercer seu mister em qualquer instância da Justiça do Trabalho, impedindo, assim, seu exercício laboral, o que iria de encontro aos princípios sociais encartados na atual Constituição.

Em sede infraconstitucional, o art. 36 da LOMAN elenca três vedações explícitas aos magistrados. A primeira delas se refere à proibição de o juiz exercer o comércio ou participar de sociedade comercial, inclusive de economia mista, exceto como acionista ou cotista (como anteriormente aludido). Portanto, o juiz pode ser sócio de uma sociedade empresária, desde que não exerça nenhum cargo de direção ou atividade de gerência.

Também se proíbe ao juiz exercer cargo de direção de sociedade civil, associação ou fundação, de qualquer natureza ou finalidade. Ressalva-se apenas a possibilidade de o magistrado ocupar cargo de direção em sua associação de classe, e que tal atividade se dê sem a devida remuneração, ou seja, de forma voluntária.

É por essa razão, repise-se, que a supramencionada Resolução nº 34 do CNJ não permite ao juiz, ainda que seja dedicado ao magistério, assumir atividades de coordenação administrativa em instituições de ensino, podendo apenas assumir atividade de coordenação técnica ou pedagógica.

Com efeito, essas duas vedações abordadas no plano infraconstitucional congregam o mesmo escopo teleológico normativo: impedir que o magistrado se imiscua no que se costuma denominar de "ética comercial". Ou seja, no plano dos negócios e dos comércios existe uma sistemática totalmente diversa daquela perpetuada nos meandros do Poder Judiciário.

Existem diversas operações comerciais (afinal, o fim por elas colimado é unicamente a obtenção de lucro) que mesmo consideradas imorais, segundo o ponto de vista da ética comum aplicável ao senso de justiça do homem médio (e até mesmo dos juízes), em sede estritamente econômica não são consideradas como um desvio ético, segundo a referida ética comercial.

Nesse sentido, não há como o juiz participar desses dois segmentos: da inclinação comercial das sociedades empresárias (quando ele se torna membro de seu corpo diretivo) e do resguardo ético da justiça. São atividades deontologicamente incompatíveis, de maneira que o escopo da LOMAN é apartar os magistrados da "promiscuidade" das relações comerciais para que mantenham seu senso ético em conformidade com o justo e o correto em termos genéricos de acepção moral.

Por fim, a LOMAN proíbe os magistrados de manifestar, por qualquer meio de comunicação, opinião sobre processo pendente de julgamento, seu ou de outrem, ou juízo depreciativo sobre despachos, votos ou sentenças, de órgãos judiciais.

Há de se ressalvar apenas a possibilidade de o juiz formular crítica nos autos, em obras técnicas ou no exercício do magistério. Isso porque em tais hipóteses ele atua como um cientista do direito que examina os meandros técnicos das normas, buscando extrair, nesse sentido, novos sentidos de explicação da realidade fática ou novos delineamentos interpretativos. Ou seja, o magistrado, nos casos citados, não atua como magistrado propriamente dito, mas, sim, como doutrinador.

Desta feita, como destaca Orlando Gomes (1996, p. 65), a simples, porém valiosa, premissa de que o juiz (enquanto doutrinador) possui a capacidade de influenciar os provimentos jurisdicionais exarados por outros juízes e tribunais, pois termina, indissociavelmente, sendo a fonte de influência dos conteúdos ministrados nas faculdades de Direito. Afinal, são os juristas que formam os futuros magistrados, advogados e membros do Ministério Público.

Ou seja, são os magistrados, como próprios pensadores do Direito, que preparam o material humano para o exercício de profissões que exigem o conhecimento de conceitos e teorias indispensáveis à compreensão do ordenamento jurídico.

Nessa condição peculiar de intérprete e de analista do Direito, pode o magistrado comentar, criticar ou assentir com julgamentos exarados por outros colegas magistrados, nada impedindo, por exemplo, que o magistrado leve a conhecimento de seus alunos casos por ele julgados. Além de fixar melhor a matéria tratada, trazem exemplos práticos de grande utilidade para os discentes.

Todavia, nesses casos em que o magistrado comenta seus próprios processos, ele deve resguardar as partes em questão, omitindo seus nomes, ou valendo-se de alcunhas fictícias, para explicitar, de maneira científica, os pontos relevantes da causa em análise.

Assim, há de se concluir que as referidas vedações ao exercício da atividade da magistratura possuem o escopo geral de resguardar o juiz de situações que possam ser danosas, de modo a preservar o prestígio e a importância da sua atividade jurisdicional perante a sociedade em que ele deve atuar.

2.5. Referências

AARNIO, Aulis Arvi. *Lo racional como razonable*. Trad. Ernesto Garzón Valdés. Madrid: Centro de Estudios Constitucionales, 1991.

GOMES, Orlando. *Introdução ao direito civil.* 11ª ed., Rio de Janeiro: Forense, 1996.

CARVALHO FILHO, José dos Santos. *Manual de direito administrativo*. 19ª ed., Rio de Janeiro: Lumen Juris, 2008.

DI PIETRO, Maria Sylvia Zanella. *Direito administrativo*. 20ª ed. São Paulo: Atlas, 2007.

LEAL, João José. *Conselho nacional de justiça e teto salarial para a magistratura*. Disponível em: <http://www.direitonet.com.br/artigos/exibir/3278 /Conselho-Nacional-de-Justica-e-teto-salarial-para-a-magistratura>. Acesso em: 16 jun. 2010.

LEITE, Carlos Henrique Bezerra. *Curso de direito processual do trabalho*. 6ª ed., São Paulo: LTr, 2008.

MENDES, Gilmar; COELHO, Inocêncio Mártires; BRANCO, Paulo Gustavo Gonet. *Curso de direito constitucional.* 2ª ed., São Paulo: Saraiva. 2008.

SARAIVA, Renato. *Curso de direito processual do trabalho*. 3ª ed., São Paulo: Editora Método, 2006.

SILVA, José Afonso da. *Curso de direito constitucional positivo*. 22ª ed., São Paulo: Revista dos Tribunais, 2003.

Parte 3

Código de Ética da Magistratura Nacional

3.1. Introdução: ética e deontologia jurídica

Ao abordar a questão do Código de Ética da Magistratura, o qual foi instituído pelo Conselho Nacional de Justiça em sua 68ª Sessão Ordinária (realizada no dia 6 de agosto de 2008 e somente publicada posteriormente no dia 18 daquele mês), deve-se, necessariamente, traçar alguns dos contornos mais básicos de seu norteamento estrutural.

Para tanto, é necessário que se apresente uma breve noção propedêutica do que se compreende por ética e por deontologia jurídica e qual sua importância para a confecção do referido Código de Ética da Magistratura, enfocando seus desdobramentos conceituais e principiológicos.

Assim sendo, ao lado da função primordial do juiz, a qual se consubstancia em sua atividade jurisdicional, emerge outra função essencial para o bom desenvolvimento de suas atividades. Tal função concorrente se foca no modo de agir do juiz, isto é, em como ele procede de maneira prática (no sentido etimológico da palavra "práxis") para colimar seu fim último, que é o de prestar de maneira satisfatória a jurisdição.

Para uma melhor delimitação do objeto de estudo do presente tema, há de se compreender que, quando se fala em uma deontologia jurídica, busca-se traçar quais os comportamentos e quais as ações "ideais" de um magistrado no exercício de sua função jurisdicional.

3.1.1. Breves contornos éticos

De forma superficial, pode-se dizer que a ética é o ramo da filosofia que se ocupa das condutas humanas, assim como da sua valoração. Foca-se nas condutas do homem perante o próprio homem e perante o mundo que o circunda. Envolve, portanto, os hábitos, os costumes, os comportamentos, as atitudes e os limites da ação humana, além de poder abarcar as regras do procedimento social.

Etimologicamente, a palavra "ética" advém da palavra grega *ethos*, a qual se refere à ideia de hábito. Pode ser considerada como o conjunto de elementos normativos correspondentes aos costumes da sociedade (LIMA, 1999, p. 15), isso porque a ação reiterada (habitual) do homem é determinante de seu modo de agir.

A origem histórica da ética, como um tema do qual a filosofia se ocupa, surgiu na Grécia antiga, com Aristóteles. Para o referido filósofo, o *ethos* situa-se como o regulador, o princípio e o fim da conduta humana: "adquire-se tal ou tal disposição ética agindo de tal ou tal maneira". (VERGNIÈRES, 1999, p. 105). Ademais, vale notar que Aristóteles congloba em sua conceituação ética os preceitos de felicidade e de virtude. (ARISTÓTELES, 2001, p. 42).

Para explanar o que é virtude, em uma compreensão ética, Aristóteles a denomina como uma prática. A excelência moral, revelada pela prática da virtude, seria, antes de tudo, uma disposição de caráter. Para o referido exercício prático seria indispensável conhecer, julgar, ponderar, discernir, calcular e deliberar acerca das condutas humanas.

Ao se avançar no curso da história, percebe-se que outro grande sistema ético foi desenvolvido por Tomás de Aquino. Em sua filosofia cristã, o referido filósofo desenvolve um sistema baseado essencialmente na revelação e na bem-aventurança.

Para explicar o que é bem-aventurança em sua construção ética é necessário se compreender que, dentro do seu sistema filosófico, o homem foi criado à imagem e semelhança de Deus, isto é, um ser perfeito em qualidades e virtudes. Assim sendo, a bem-aventurança é um retorno ao modelo divino de uma maneira original. Assim, as práticas reiteradas de amor e justiça para com o semelhante é que fazem com que o ser humano se erga no caminho da revelação do retorno ao seu Criador.

A revelação, portanto, consiste em uma demonstração da fé, não com argumentos intrínsecos de evidência, o que é impossível, mas com argumentos extrínsecos de credibilidade (profecias, milagres, etc.), que garantem a autenticidade divina da Revelação. É justamente nesse caminho ascético que o ser humano exercita suas condutas éticas e finda por encontrar a bem-aventurança que lhe garante a resistência ao mal e outras intempéries de cunho moral ao qual o ser humano, em seu agir, está sempre suscetível.

No curso da evolução filosófica, Immanuel Kant trouxe uma nova conceituação ética, baseada em uma estrutura legalista de deveres e obrigações, que o aproximam da metafísica. Na definição inicial de Kant acerca do tema, infere-se que a metafísica em questão não é mais o sistema utópico de ideias aludido pelos filósofos antigos, e sim um estudo das leis que regulam a conduta humana sobre um ponto de vista meramente racional, embasando-se prioritariamente na exatidão e precisão fornecidas pela razão para tal fim (KANT, 2003, p 15). É com essa perspectiva de uma lei moral formal que emerge o sistema de imperativos.

3.1.2. Deontologia jurídica

Em um contexto moderno, a filosofia começa a traçar contornos utilitaristas para a ética, desta feita, é nesses termos que surge a deontologia em sua acepção diferenciada, a qual pode ser aplicada ao campo jurídico. Sua primeira determinação básica foi cunhada pelo filósofo anglo-saxão Jeremy Bentham (*apud* GSCHWENDTNER, 2010), ao enunciar que a deontologia é a "ciência do que é justo e conveniente que o homem faça, dos valores que decorrem do dever ou norma que dirige o comportamento humano".

Dessa acurada conceituação se extrai que a deontologia jurídica é o conjunto de princípios e regras de conduta prática de um indivíduo imerso no campo jurídico, o qual deve atentar para que tais ações sejam escorreitas e se pautem pelo agir correto, pela consciência jurídica. De acordo com Pasold (2001, p. 54):

> (...) a consciência jurídica é a noção clara, precisa, exata, dos direitos e dos deveres que o indivíduo deve ter, assumindo-os e praticando-os consigo mesmo, com seus semelhantes e com a Sociedade.

Desta maneira, com o escopo de fomentar uma verdadeira consciência jurídica naqueles cuja função é prestar a satisfação pelos meios jurisdicionais é que foi confeccionado o Código de Ética da Magistratura.

Assim, ao sistematizar um conjunto de princípios e regras que delimitem condutas, o Código de Ética da Magistratura estatui preceitos e clarifica as ações mais condignas com o exercício jurisdicional, em uma formalização de característica eminentemente ético-política, depreendendo-se que o intuito primordial do referido diploma é fornecer todo o substrato teórico e o espeque filosófico para que aqueles que lograrem êxito no concurso da magistratura possam exercer com maior propriedade o seu ofício judicante.

3.1.3. Atributos da deontologia jurídica da magistratura

A deontologia jurídica da magistratura parte de uma miríade de questionamentos éticos que põem em análise a atividade jurisdicional do magistrado. São questionamentos acerca de como deve ser o comportamento ético do juiz na sua atuação funcional, qual tipo de magistrado gostaria de se ter para que julgasse sua causa. Dessas questões genéricas levantam-se outras que se referem à própria universalidade da atuação jurisdicional, ou seja, quais qualidades e virtudes devem os membros da magistratura possuir? Como chegar até essas virtudes? Muito se questiona se tais virtudes são passíveis de codificação, pois se pode recair na utopia de um juiz ideal, incompatível com a conhecida falibilidade humana. De qualquer forma, o que se pretende com a difusão dos atributos básicos da deontologia jurídica é uma reflexão filosófica sobre a conduta dos juízes, nos campos jurisdicional, administrativo e pessoal, a partir de uma teoria jurídica sólida.

Como já mencionado, a escolha do Conselho Nacional de Justiça foi por codificar as condutas ou ao menos para indicar formalmente quais os preceitos basilares de tais condutas tidas como adequadas, com os seus pormenores a serem traçados nos tópicos vindouros.

3.2. Código de Ética da Magistratura

Seguindo o anseio social de delinear normas de condutas básicas aplicáveis a todos os magistrados, o Código de Ética da Magistratura foi criado. Tal diploma foi elaborado com vistas a prover não só maior segurança jurídica aos provimentos jurisdicionais exarados, bem como formalizar, de maneira principiológica, o fulcro teórico das ações dos magistrados, criando uma série de disposições programáticas com o fito de prover delineamentos práticos ideais aos membros da magistratura.

Dessa maneira, a consolidação de tais princípios põe em evidência a necessidade de os magistrados transmitirem uma postura pautada em valores culturais e sociais informados pela ética, ou seja, a própria deontologia da profissão na busca de uma sociedade cada vez mais justa, solidária, fraterna e igualitária.

O Código de Ética da Magistratura tem por fundamento firmar um compromisso institucional dos membros do Poder Judiciário para com a sociedade, com excelência na prestação da justiça. Ele representa um instrumento essencial para os juízes fomentarem a confiança da sociedade em sua autoridade moral.

Não se pode encarar os instrumentos estabelecidos no Código como um simples conjunto de restrições, cobranças de condutas e imposições, e sim como um conjunto de virtudes, de ideal a ser alcançado pelo magistrado, para que sua atividade jurisdicional seja escorreitamente desenvolvida.

Ademais, o referido Código se justifica no fortalecimento da legitimidade do Poder Judiciário, algo que ajuda, inclusive, a incutir no seio social a ideia de que os princípios éticos devem ser exercitados em sua acepção prática. Isto é, serve de modelo de conduta a toda a extensão do corpo social em que o magistrado exerce seu mister.

Por fim, estabeleceu-se a necessidade de tal código pormenorizar os princípios éticos contidos na Lei Orgânica da Magistratura (Lei Complementar nº 35, LOMAN) no que tange às obrigações e condutas próprias a serem efetivadas pelos magistrados.

3.2.1. Deveres gerais

Os deveres gerais estão estabelecidos logo no início do Código de Ética da Magistratura. O seu primeiro comando assevera que os magistrados devem ter uma conduta compatível com os preceitos estatuídos pelo código e também por aqueles delineados no Estatuto da Magistratura, devendo, portanto, os juízes manterem obediência aos seus ditames éticos. Por conseguinte, o magistrado, como bem pontua a parte de deveres gerais do Código de Ética, deve respeitar e zelar pela obediência à Constituição da República e às leis do País.

Os juízes devem ainda prezar pelo desenvolvimento da atividade judicial, de modo a garantir e fomentar a dignidade da pessoa humana. Esse comando tem por escopo conjugar o princípio basilar do atual sistema jurídico brasileiro, que é a dignidade da pessoa humana tal qual estatuído no art. 1º, inciso III da Constituição. Deve-se privilegiar a atividade judicial, perquirindo obter como efeito uma maior confiança da sociedade nos próprios provimentos jurisdicionais, prestigiando, assim, a referida atividade judicante. O objetivo, com isso, é assegurar e promover a solidariedade e a justiça na relação entre as pessoas.

Os deveres gerais, portanto, primam por prover o respeito condigno dos magistrados aos princípios que serão estabelecidos pelo Código, prezando, assim, pela sua observância em prol da boa prestação jurisdicional, a qual deve ser a preocupação ética primordial dos juízes.

3.2.2. Princípios do Código de Ética da Magistratura

A conduta ética do magistrado, em consentâneo com as premissas estatuídas no referido diploma, determina a inarredável observância de tais direcionamentos para que o exercício da magistratura se dê da maneira mais escorreita possível.

Para tanto, são estabelecidos alguns princípios, os quais são sintetizados no seguinte elenco: independência, imparcialidade, transparência, integridade pessoal e profissional, diligência, dedicação, cortesia, prudência, sigilo profissional, conhecimento e capacitação, dignidade, decoro e honra.

3.2.2.1. Princípio da independência

O princípio da independência representa a não interferência de um juiz na atividade jurisdicional de outro juiz, exceto nos códigos legalmente admitidos, como, por exemplo, no julgamento de recursos ou nos casos de substituição legal.

Considera-se independente aquele juiz que não se submete a receber indevidas influências quanto as suas convicções. Tais influências podem ser tanto de ordem econômica quanto de ordem política ou social. Por vezes, observa-se que pode haver a indesejável situação de existência de juízes que são mais políticos que juristas, pois, ao manipular seus provimentos jurisdicionais findam por ceder a pressões de certos grupos políticos ou às inclinações políticas de certas lideranças, algo que, sobremaneira, retira-lhes totalmente a independência necessária para o exercício do referido cargo.

A independência do juiz também pode ser aferida de uma maneira ativa, e não simplesmente passiva. A independência passiva é a de não ser afetado ou influenciado por outras pessoas ou determinado grupo de pessoas, conforme já se explicou. A independência ativa aparece nos casos em que o magistrado cumpre o dever de denunciar qualquer interferência que venha a limitar sua atuação jurisdicional.

Convém ressaltar que, nesse caso de independência ativa, a interferência não necessariamente deve provir de uma fonte externa. É possível que seja exercida internamente (por outros membros do Poder Judiciário) de maneira vertical ou horizontal.

Considera-se interferência interna vertical quando um membro de cargo da carreira de nível elevado pressiona o magistrado para que decida de uma determinada forma. Já a interferência interna horizontal ocorre quando um membro de mesmo posto funcional influi no trabalho de outro magistrado. Em ambos os casos o juiz que sofreu a interferência deve se valer da denúncia para manter intacta a independência funcional de sua atividade jurisdicional.

Por fim, o Código de Ética da Magistratura faz uma reminiscência a uma disposição constitucional que visa a assegurar a independência dos magistrados. Assim, o referido código assevera que é vedada a participação político-partidária dos magistrados.

A inclinação política do ser humano é algo que comumente acontece, tanto que Aristóteles em sua obra *A Política* conceitua que o ser humano é um animal político. Contudo, o que a referida disposição ética do Código visa a combater é o proselitismo político por meio de filiações partidárias. Se fosse possível ao magistrado manter uma associação política em concomitância com sua atividade jurisdicional, é certo que seus julgamentos e demais atos decisórios ficariam vinculados, mesmo que indiretamente, a essa orientação política ou partidária.

A hipótese mais conflituosa seria indubitavelmente nos casos em que os juízes de direito (além dos demais que compõem os tribunais eleitorais) findam por acumular as funções de juiz eleitoral. Nesse caso, como seria possível que ele julgasse impugnações de registros de candidaturas, recursos contra diplomação e demais ações de investigação judicial de candidatos se ele próprio teria um vínculo político formal predeterminado? Assim, acharam por bem, tanto a Constituição da República quanto o Código de Ética, delimitar a inclinação política do magistrado ao seu próprio foro íntimo, vedando, portanto, sua vinculação formal a um determinado partido político.

3.2.2.2. Princípio da imparcialidade

O princípio da imparcialidade é próprio da sistemática processual vigente. Nesse sentido, a imparcialidade decorre da exigência de igualdade no tratamento dispensado às partes na relação processual. A imparcialidade significa, em última instância, sua impessoalidade.

Desse modo, há de se depreender que a imparcialidade é condição primordial para que um juiz atue. É questão inseparável e inerente ao magistrado não tomar partido, não favorecer qualquer parte, enfim, não ser parte (PORTANOVA, 1995, p. 79).

O escopo do princípio em tela é, portanto, assegurar um tratamento isonômico entre aqueles que litigam em um processo, atuando em uma dupla vertente, tanto em sua acepção processual quanto em sua acepção ética, a qual proporciona, substancialmente, maior segurança jurídica à formação processual da própria lide.

3.2.2.3. Princípio da transparência

O princípio da transparência está positivado no ordenamento jurídico, no Código de Defesa do Consumidor, contudo, nesse diploma, ele assume uma feição totalmente diversa daquela apresentada no Código de Ética da Magistratura.

No referido diploma de condutas éticas da magistratura, o princípio em tela é um consectário lógico de outro princípio anteriormente abordado, o princípio da imparcialidade. Isto porque, aquele magistrado que se mantém imparcial na condução de um determinado processo, consequentemente não tem nada a esconder, nenhum ato escuso a encobrir, assim, a transparência no seu agir surge de maneira natural.

Assim, com o fito de enquadrar o referido princípio em uma série de atos a serem tomados pelos magistrados no exercício de suas funções, o Código de Ética da Magistratura determina que se proceda à documentação dos atos processuais de modo a assegurar a sua publicidade.

Na verdade, há de se compreender o referido princípio da transparência como um enfoque mais detido do próprio princípio da publicidade. O referido princípio constitucional, inserto no art. 37 da atual Constituição da República, já norteia toda a sistemática administrativa e, a partir dele, determina-se quais atos devem ou não ser formalizados e, consequentemente, arquivados e documentados.

O princípio da transparência, por seu turno, eleva essa preocupação em documentar os atos para que lhe seja conferida maior publicidade e, por conseguinte, maior controle de sua condução formal. Assim, ele estabelece que sejam documentados todos os atos processuais de relevância, até mesmo aqueles não especificados pela lei.

Ademais, o princípio em tela estabelece que o juiz deve prestar as adequadas informações aos interessados acerca dos processos sob sua responsabilidade. Desta feita, cabe ao magistrado transmitir ao interessado todas as informações indispensáveis para a compreensão clara e útil do transcorrer do processo.

Estabelece, ainda, que deve o juiz manter uma relação prudente e equitativa com os meios de comunicação social. A prudência nessa relação, por vezes deveras conturbada, é obtida com atitudes que busquem evitar prejuízo a quem quer que seja, por força de suas manifestações feitas junto às empresas de mídia.

Nesse horizonte, o juiz deve evitar comportamentos que impliquem a busca incessante, injustificada e desregrada de reconhecimento ou promoção pessoal, sobretudo no que tange a sua autopromoção em suas publicações. Os juízes são considerados servidores públicos *lato sensu* e, por isso, têm o dever de prestar contas à sociedade de seus atos, de maneira que não se pode exercer nenhuma função pública sem se praticar diuturnamente princípios morais e éticos.

É certo que a carreira da magistratura traz muito prestígio aos seus membros, fato esse que, por muitas vezes, acaba por deslumbrar alguns magistrados recém-empossados na carreira. Contudo, o princípio da transparência visa a tolher essa expressão desregrada de reconhecimento social para que o visualizado pela sociedade seja apenas a atuação jurisdicional do magistrado e não a sua figura pessoal, algo que é indubitavelmente inadequado para quem ocupa os referidos cargos.

Por fim, a transparência do magistrado se torna evidente quando ostenta uma conduta positiva de colaboração para com os órgãos de controle e de aferição do seu desempenho profissional. Isso porque, o magistrado não deve, em hipótese alguma, mascarar o seu aproveitamento laboral, maquiando seus desenvolvimentos jurisdicionais e sua produtividade como um todo, prevalecendo a transparência quando ele colabora com as correições e demais atos revisionais em seu gabinete.

3.2.2.4. Princípio da integridade pessoal e profissional

O princípio da integridade pessoal e profissional é sem dúvida um dos princípios que exibem maior carga ética e, por isso, é um que na prática mostra-se mais difícil de ser cumprido pelos magistrados. Ele se divide de maneira bastante didática em duas vertentes; a integridade de foro íntimo ou pessoal e a integridade em uma abrangência pública, isto é, integridade profissional.

O núcleo teórico, de viés ético da integridade pessoal, sustém-se em um comportamento privado do juiz que venha a dignificar a sua função. Desta maneira, deve o juiz proceder, em âmbito privado, de maneira a que a sua função jurisdicional não venha a ter sua imagem danificada. Assim sendo, percebe-se que o cuidado em manter um regramento adequado para seu foro íntimo reverbera em sua amplitude pública, em específico na sua integridade profissional.

Depreende-se, portanto, que a integridade do magistrado surge em seu seio mais internalizado (algo que se funda, propriamente, em seus valores morais), mas, por se imbricar de modo indelével na sua integridade profissional, deve ser com ela compatível, delineando, assim, os mesmos contornos ideológicos básicos.

Nesse horizonte, o magistrado deve ter consciência de que o exercício da atividade da magistratura lhe impõe restrições e exigências pessoais especiais. Muito embora esses comandos sejam deveras abstratos, há de se traçar algumas condutas que são indubitavelmente tidas como restritivas aos magistrados.

Exemplo de demonstração de integridade pessoal e profissional enunciada pelo próprio Código de Ética da Magistratura consiste na recusa por parte do magistrado de qualquer benefício oriundo de entes públicos, de sociedade empresária privada ou de pessoas físicas que possam, de alguma maneira, comprometer a sua independência.

Percebe-se que nesse comando ético se conjuga o princípio em comento com o mencionado princípio da independência. Isso porque, caso o magistrado não promova a recusa de benefícios das referidas pessoas, findará por ser influenciado por elas, seja direta ou indiretamente. Não deve, portanto, haver "promiscuidade" na relação entre essas pessoas e a vida pessoal do magistrado, para que sua integridade possa restar intacta e inexpugnável.

Seguindo esse raciocínio, o magistrado também não deve se valer de bens públicos ou quaisquer outros meios destinados à prática da função jurisdicional para fins privados. Nesse sentido, o princípio da integridade, ao inserir um comando em consentâneo com a moralidade administrativa, finda por resguardar tanto o patrimônio público – o qual somente deve ser destinado a satisfazer o interesse público – quanto à imagem do magistrado, que deve se manter apenas com o subsídio assegurado por lei.

Por fim, o princípio da integridade, ao se valer de uma regra de transparência, determina que o magistrado necessita adotar medidas para evitar dúvidas acerca da legitimidade de suas receitas e de seu patrimônio, determinações essas que buscam, mais uma vez, evitar a "promiscuidade" entre o patrimônio público e o privado, resguardando, dessa maneira, a integridade privada e profissional do magistrado.

3.2.2.5. Princípios da diligência e dedicação

O princípio da diligência é aquele que estabelece uma estrutura teórica de manutenção para todos os outros princípios éticos estabelecidos no código em apreciação. Isso porque, ao ser diligente, o magistrado mantém o cuidado e a prudência para a observância da sua regularidade profissional. Assegura-se, dessa forma, a qualidade do trâmite processual, e, de maneira escorreita, cuida-se ativamente de todos os princípios éticos fundamentais por ora discorridos.

Para que tanto a diligência quanto a dedicação sejam abstraídas pelo magistrado em sua máxima efetividade, ele deve zelar para que atos processuais sejam celebrados com a maior pontualidade possível. Consequentemente, deve também manter estrita observância para que os processos a seu cargo sejam resolvidos em um prazo razoável, isto é, deve efetivar o novel comando principiológico de índole constitucional estabelecido pela Emenda Constitucional nº 45, que inseriu no art. 5º o inciso LXXVIII, denominado de princípio da razoável duração do processo.

Nesse horizonte de uma célere prestação jurisdicional, é contemplado como diligente e dedicado aquele juiz que busca reprimir toda e qualquer iniciativa dilatória ou atentatória à boa-fé processual. Na verdade, os instrumentos para que esse comando ético se efetive já estão dispostos na própria legislação infraconstitucional. O grande exemplo disso é o art. 18 do Código de Processo Civil, o qual dispõe que:

> O juiz ou tribunal, de ofício ou a requerimento, condenará o litigante de má-fé a pagar multa não excedente a um por cento sobre o valor da causa e a indenizar a parte contrária dos prejuízos que esta sofreu, mais os honorários advocatícios e todas as despesas que efetuou.

Impende destacar que a pena de litigância de má-fé não possui apenas natureza indenizatória. A atual redação do diploma processual civil é expressa ao estabelecer que o juiz condenará o litigante de má-fé "a pagar multa". Assim, é evidente que, agora, além da natureza indenizatória, quanto aos danos sofridos pela parte contrária, há também a natureza sancionatória, de penalização.

Essa imposição de pena àquele que se valeu de alguma brecha processual escusa é dever ético do juiz ao ter que equacionar a condução escorreita do processo, sem que isso venha a ser caracterizado como parcialidade do juiz na causa. Do mesmo modo, não há nenhuma parcialidade quando o magistrado aplica a pena de litigância de má-fé de ofício, aliás, deve fazê-lo até mesmo de ofício, bem porque o processo não deve se tornar um instrumento contrário à justiça, nem deve ser usado apenas para protelar, com manobras burocráticas, maliciosas e ardilosas a efetivação de direito subjetivo da parte.

Ademais, cabe ao magistrado não assumir encargos ou contrair obrigações que perturbem ou impeçam o cumprimento apropriado de suas funções específicas, salvo as exceções constitucionais. De fato, além da observância quanto à compatibilidade de horários entre a atividade paralela e a atividade jurisdicional (é considerada antiética a conduta do juiz que durante o horário de expediente do tribunal exerce atividades próprias da docência). Omagistrado deve zelar para que suas condutas em seu outro recinto laboral sejam condignas com sua função de juiz.

Há de se salientar que o magistério deve sempre priorizar a atividade judicial, dispensando-lhe efetiva disponibilidade e dedicação. Isto porque a atividade jurisdicional, indubitavelmente, é aquela que mais lhe sobrecarrega e mais o ocupa em sua rotina de trabalho. Deve, portanto, estabelecer horários de trabalho mais dilatados e mais específicos para o encerramento de seus afazeres jurisdicionais, antes de assumir qualquer outro encargo.

Por fim, quando o magistrado assume outros encargos, como a docência em instituições de ensino superior, tem o dever de manter uma conduta adequada a sua condição de juiz, tendo em vista que, aos olhos dos alunos e sociedade, o magistério e a magistratura são indissociáveis, e faltas éticas na área do ensino refletirão necessariamente no respeito à função judicial.

Um bom exemplo de como o magistrado mantém observância a esse princípio ocorre quando ele é um professor intolerante com condutas estudantis escusas, como plágios e trapaças avaliativas. Caso, porventura, o magistrado, no exercício de seu magistério, tolere que seus alunos façam plágio em seus trabalhos acadêmicos ou não reprima veementemente alunos que insistam em trapacear os instrumentos avaliativos formais, ele será visto como uma pessoa de índole relapsa e pouco atenta aos preceitos éticos da própria instituição estudantil, que muito provavelmente veda tais práticas.

3.2.2.6. Princípio da cortesia

O princípio da cortesia estabelece que o magistrado precisa ser cortês com todas as pessoas, sejam elas integrantes de qualquer estrutura hierárquica; com seus colegas da magistratura, com os membros do Ministério Público, advogados, partes, subordinados diretos e indiretos. Essa regra de conduta estabelece que o juiz deve tratar bem todos aqueles com quem convive.

De todos os princípios até então abordados, esse é aquele que expressa uma carga ética mais firmada no próprio senso comum. Isto porque é uma regra comezinha de convivência ser cortês para com o próximo, uma regra de procedimento bastante difundida, e deveras explícita para o homem médio, o que se dirá para o entendimento de um magistrado, de quem se espera sempre um comportamento mais refletido e rígido.

Aqui, o Código de Ética da Magistratura toma por empréstimo uma formalização calcada na repetição do senso comum para elevá-la ao grau de princípio, conferindo-lhe, sobremaneira, uma abrangência ética rigorosa necessária para a difusão mais eficaz aos membros da magistratura.

O magistrado também dá sinais de ser cortês quando se vale de uma linguagem correta, polida, respeitosa e compreensível a todos. Deve-se evitar uma linguagem que possa dificultar o entendimento sobre o que foi decidido. É importante que a decisão seja claramente compreendida não só por aqueles que estão imersos no meio jurídico e que elaboram as próprias decisões, mas também pelos advogados e pelas partes.

Essa preocupação de o magistrado se valer de uma linguagem simples e clara não é nova, afinal, é comum que sejam atribuídos adjetivos como vetusta e diacrônica para alguns verbetes comumente utilizados nos meandros jurídicos. Assim, o escopo do Código de Ética da Magistratura é evitar o uso de linguagem incompreensível na elaboração dos provimentos jurisdicionais. Há, portanto, a necessidade de os magistrados manifestarem seu entendimento de forma clara, para não prejudicar a prestação do serviço jurisdicional.

A regra de cortesia também é plenamente aplicável no trato do magistrado com a imprensa, bem porque quando o magistrado se expressa, não é ele quem está se manifestando, mas o Estado. É preciso, então, ser muito claro, caso contrário o que foi anunciado pode se voltar contra a instituição. Isso não significa que o magistrado deva abdicar de usar termos técnicos em seus provimentos jurisdicionais ou em seus pronunciamentos, apenas que tente simplificar os termos que sejam passíveis de uma explanação mais clara, procurando usar sinônimos mais comuns ao público geral para explicar os termos técnicos-jurídicos.

3.2.2.7. Princípios do conhecimento e da capacitação

O juiz deve conhecer o Direito vigente para que possa desempenhar plenamente suas funções judicantes. Com esse intuito é que foram desenvolvidos os princípios do conhecimento e da capacitação.

O conhecimento é a etapa inicial de apreensão material do magistrado para poder exercer o seu mister. No que se refere ao princípio da capacidade, este se consubstancia no desenvolvimento de capacidades técnicas adequadas para aplicar o conhecimento previamente apreendido de maneira correta e adequada para a obtenção de um serviço de qualidade na administração da justiça.

O princípio da capacitação realmente é aquele que merece maior destaque, haja vista que o conhecimento é algo que deve ser inerente à própria posição do magistrado. Assim, o Código de Ética da Magistratura tem por finalidade, ao institui-lo, promover o constante exercício de formação contínua, tanto em matérias jurídicas quanto em outros conhecimentos que possam favorecer o cumprimento das funções jurisdicionais.

Os tópicos incentivados pelo próprio Código são aqueles especialmente relacionados à máxima proteção dos direitos humanos e ao desenvolvimento dos valores constitucionais de favorecimento da dignidade da pessoa humana. Ou seja, foca-se nos elementos basilares da hodierna conduta jurídico-filosófica do magistrado.

Ademais, pode-se trazer como exemplo de capacitação "extracurricular" do magistrado, em termos de magistratura trabalhista, o contínuo aprendizado de matérias relativas às condições laborais. Temas de ciências sociais atrelados ao mercado de trabalho, incluindo aí, tópicos de sociologia do trabalho e de economia – matérias que auxiliam, sobremaneira, o magistrado a compreender a mecânica dos processos laborais e como tais variantes influenciam as demandas processuais que lhe são submetidas.

Assim, o magistrado ao aumentar o seu espectro de conhecimento, por meio da capacitação, finda por dinamizar seu próprio labor, incrementando e potencializando o adensamento crítico e teórico de seus provimentos jurisdicionais, algo que vem somente favorecer a qualidade de sua prestação laboral. Ou seja, deve o juiz se esforçar, contribuindo com os seus conhecimentos teóricos e práticos para o melhor desenvolvimento do Direito e à administração da justiça, como já anteriormente mencionado.

3.2.2.8. Princípio do sigilo profissional

Outro princípio inserido no rol normativo do Código de Ética da Magistratura é o denominado princípio do sigilo profissional. O princípio em tela não é exclusividade da atividade jurisdicional dos magistrados, na verdade, é um comando ético bastante antigo, que se iniciou com as primeiras ordenações sacerdotais da Igreja Católica – instituição na qual os membros eclesiásticos devem guardar segredo sobre as confissões e demais fatos e informações de que tomam conhecimento em razão de sua função sacerdotal.

O referido preceito ético determina que o magistrado deve guardar absoluta reserva, na vida pública e privada, sobre dados ou fatos pessoais de que haja tomado conhecimento no exercício de sua atividade. Esse comando finda por ser essencial não apenas para aqueles casos em que já é garantido o segredo de justiça, isto é, quando os autos ficam reservados à consulta apenas pelas partes, seus procuradores e, eventualmente, do Ministério Público, mas como também é uma garantia a qualquer outro trâmite processual que mereça o devido resguardo.

O princípio em tela, de maneira alguma visa a limitar ou simplesmente tangenciar o âmbito aplicativo de outro princípio de estatuto constitucional, qual seja, o da publicidade dos atos administrativos. O comando do sigilo profissional visa apenas que as informações obtidas pelo juiz em função de sua atividade jurisdicional permaneçam resguardadas da indevida manipulação, se fornecida pelo juiz fora dos casos de comunicação oficial.

O Código também traz um comando específico para os magistrados que atuam em segundo grau, pois em seu art. 28 está posto que aos integrantes de órgãos colegiados se impõe o dever de preservar o sigilo de votos ainda não proferidos e daqueles de cujo teor tomem conhecimento, eventualmente, antes do julgamento. Assim, o dever de sigilo deve ser disseminado em toda a estrutura do Poder Judiciário para que se mantenha a boa administração da justiça e se possa garantir a segurança jurídica de seus provimentos.

3.2.2.9. Princípio da prudência

Esse princípio remete ao estudo das virtudes, tal como foram delineadas por Platão em sua obra *A República* (1983, p. 410), e posteriormente nominadas por Ambrósio de *Virtudes Cardeais* (PAULI, 2010): prudência, fortaleza, temperança, justiça.

Dessa maneira, apesar de o código fazer referência explícita apenas à prudência, há de se ter em mente que todas as virtudes cardeais estão insertas como orientação ao magistrado em seu exercício funcional – bem porque no sistema platônico elas são conjunturalmente indissociáveis, pois à cada parte da alma corresponde uma virtude principal – e, para tanto, é cabível tecer breves comentários sobre elas.

A razão de o código ter apenas destacado a prudência também tem uma fundamentação filosófica, isso porque o próprio Platão (1983, p. 451), ao fazer a classificação de cada espécie de virtude, a enquadra como própria da classe dirigente, e os magistrados podem ser considerados aqueles que determinam o rumo de várias querelas.

A prudência, como virtude, também denominada de sabedoria, deve ser compreendida como a determinação racional do bem. Consiste em agir de forma reta (decidir em cada momento da forma mais acertada). A importância dessa virtude é tamanha que por vezes ela foi nominada de "genitora das virtudes" (*genitrix virtutum*) dado o seu alicerce teórico para as demais virtudes.

Desta feita, a prudência consiste em ver a realidade como ela é, da maneira mais racional possível. Assim, ela não se configura como uma neutra contemplação da natureza, mas se foca na incorruptível "busca da verdade" a respeito de situações nas quais costumam estar fortemente envolvidos fatores de interesse pessoal.

O que importa, portanto, é fazer calar os interesses próprios e também ouvir o outro para que o julgamento se calque em preceitos imbuídos de racionalidade, isto é, uma decisão prudente. O magistrado que não consegue assim proceder, não está disposto a ser prudente ou jamais chegará a ver a realidade como ela é.

Igualmente, cabe ao juiz adotar comportamentos e decisões que sejam resultado de juízo racional, atuando de maneira cautelosa, especialmente ao proferir decisões que possam ser consideradas polêmicas ou envolvendo temas deveras delicados que gerem efeitos controversos na sociedade.

Para que a prudência seja exercitada, o magistrado também deverá manter uma atitude aberta e paciente para receber argumentos ou críticas lançados de forma cortês e respeitosa. Somente assim, num processo dialético racional, poderá o juiz agrupar as melhores teses e argumentos abordados para construir seus provimentos jurisdicionais.

A outra virtude cardeal a ser abordada é a denominada fortaleza, dita também valentia. É a virtude do entusiasmo (do grego *thymoiedés*), ou seja, refere-se aos impulsos volitivos e aos afetos, elementos que regram o coração. Acerca desse tema, já enunciava Ambrósio (*apud* Pieper, 2010) que: "a fortaleza não deve fiar-se de si mesma".

Dito de outro modo, o bem não se impõe por si mesmo. Para que isso ocorra, é necessário o empenho da pessoa. Isto é, deve o magistrado ter firmeza para aderir ao bem.

O juiz só conseguirá assim proceder se perseverar, arduamente, na busca do bem, vencendo, por vezes, seu próprio medo ou receio de decidir as questões que lhe são postas.

O magistrado, em seu agir cotidiano, também deve estar imbuído de outra virtude nomeada de temperança. Muito embora essa virtude tenha uma feição essencialmente moral, inclinada para os ditames da teologia cristã, é adequado que o magistrado reserve para seus atos o mínimo de temperança em sua amplitude mais genérica.

Desta maneira, age com temperança o magistrado que não atua em desconformidade com os preceitos éticos trazidos pelo código, uma vez que nessa seara não se pode buscar exemplos mais concretos sem ter que se inserir no campo da moralidade estrita de cada juiz, algo atinente apenas ao seu próprio alvedrio.

A última virtude em questão é a denominada justiça, objeto de análise em um momento de estudo anterior. É justo o juiz que, com base no ordenamento jurídico, dá a cada um o que é seu.

Por fim, percebe-se claramente como a prudência (entendida como um princípio posto no Código de Ética) é exponencial para o escorreito cumprimento dos deveres funcionais do magistrado, isso porque, em última instância, a sua observância racional conduz aos preceitos básicos de decisões calcadas na pedra de toque da justiça.

3.2.2.10. Princípios da dignidade, da honra e do decoro

Para uma boa compreensão do conteúdo dos princípios elencados no final do Código de Ética da Magistratura há de se ter em mente que tanto o princípio da dignidade como o da honra possuem bases eminentemente filosóficas. Em contrapartida, o princípio do decoro exibe uma abordagem deveras dogmática.

Traçado o perfil de análise a ser empregado para cada um dos princípios, convém iniciar a análise pelo princípio da dignidade. Em linhas gerais, a dignidade se traduz no respeito que o indivíduo demonstra para com os outros. Contudo, essa definição é em verdade incipiente ao se tentar examinar tal princípio com um enfoque filosófico.

Assim, vê-se que a dignidade, como um estatuto filosófico básico do atual sistema constitucional, calca-se na impossibilidade de se valer de outro homem como um meio para um determinado fim. Em outras palavras, o homem é um fim em si mesmo.

Abstraindo tais lições para o enquadramento ético delineado pelo Código de Ética da Magistratura, o princípio da dignidade finda por se corresponder com o princípio da transparência. Isso porque, como bem determina o princípio da dignidade, o juiz não pode se valer do seu cargo para, com base em fatos e dados pessoais de outras pessoas, no caso, das partes, lograr benefícios próprios ou projetar-se socialmente de maneira indevida e obviamente imoral.

Desta feita, entende-se que o juiz deve observância a sua estrita conduta para que não pratique qualquer ato ou comportamento que implique discriminação injusta ou arbitrária de qualquer pessoa ou instituição. Isso seria atentatório à dignidade do cargo, uma vez que estaria agindo de uma maneira que sua máxima não pode ser erigida a se tornar um comando prático universalmente válido, pois está ocorrendo em detrimento de outrem. Algo que, deliberadamente, a dignidade prima por evitar.

O princípio da honra, por sua vez, necessita de um retorno aos tempos mais distantes da filosofia grega. Isso porque o sentido emprestado por Homero à palavra honra é o vocábulo grego *areté*.

Há de se salientar ainda que no próprio sentido moral, *areté* faz às vezes das nobres ações na obra *A República* de Platão (2005, p. 494), tais como beleza, força e vigor.

Todo esse arcabouço moral era transmitido na antiguidade pelos poemas homéricos. Como afirma Marrou (1990, p. 27), essa forma de transmissão de "conhecimento" foi utilizada na educação grega porque seu conteúdo transformava os poemas em um manual ético. Eles eram os transmissores da moral heroica da honra às sucessivas gerações de jovens por eles educadas.

A partir dessa breve digressão histórico-filosófica, é de fácil percepção que, desde a cultura grega antiga, a honra tem esse sentido formador moral. Ela já servia como instrumento de modelagem do homem ao seu ambiente social (JAEGER, 1979, p. 78).

É com essa perspectiva que a honra deve ser preservada no cotidiano do magistrado. Exercitar o princípio da honra é, portanto, agir de tal maneira que tais ações possam ser tidas como um modelo para as demais pessoas, sejam elas advogados, partes ou interessados em geral.

Manter a honra é um dos imperativos daqueles que ocupam a posição de magistrado, devendo, portanto, se comportar de maneira tal que a própria dignificação do seu agir seja ínsita às suas condutas, pautadas pelos preceitos éticos estatuídos pelo código em comento.

Por fim, há de se abordar o princípio do decoro. O Código de Ética é taxativo na impossibilidade de o magistrado exercer atividade empresarial, exceto na condição de acionista ou cotista e desde que não exerça o controle ou gerência.

Essa é uma regra básica de decoro para que o juiz não se contamine com aquilo que comumente denomina-se "ética empresarial". Isso porque, como é sabido, o meio empresarial é meandro no qual os preceitos éticos estabelecidos no código não possuem muita importância. Na verdade, nessa seara empresarial, o que mais importa, dentro da lógica capitalista, é o lucro. Para tanto, alguns dos princípios até agora abordados são simplesmente desconsiderados em prol da atividade empresarial.

Assim, traçados os contornos atinentes à atividade empresarial, faz-se por bem que o magistrado não esteja à frente de nenhuma sociedade empresarial e muito menos seja dela gestor.

3.2.3. Descumprimento dos princípios e sanções

Nas disposições finais do Código de Ética da Magistratura são postas apenas referências às normas abstratas da Lei Orgânica da Magistratura como consequência ao descumprimento dos princípios por ele próprio elencados.

Por mais que possam ser atribuídas críticas a um diploma legal que não estatui sanções claras e bem definidas, pela própria natureza principiológica do Código, há de se compreender que acertadamente não foram estabelecidos padrões punitivos prévios.

Isso porque, caso os princípios estudados sejam descumpridos ou desrespeitados, as práticas que levam a essas condutas dissonantes findam por se enquadrar em outras estruturas punitivas da própria LOMAN.

Isto é, quando há um descumprimento principiológico, sempre haverá como consequência uma punição de ordem administrativa, civil ou penal, já dispostas na supracitada Lei Complementar.

3.3. Referências

ARISTÓTELES. *Ética a nicômaco*. Tradução de Edson Bini. 3ª ed., São Paulo/Bauru: Edipro, 2009.

BITTAR, Eduardo C. B. *Curso de ética jurídica: ética geral e profissional*. 4ª ed., Saraiva: São Paulo. 2007.

GSCHWENDTNER, Loacir. *Deontologia jurídica: ética e legislação*. Disponível em: <http://www.oab-sc.org.br/documentos/ted/artigos/deontolo gia.doc>. Acesso em: 19 jan. 2010.

HEIDEGGER, Martin. *Ser e tempo*. Tradução de Márcia Sá Cavalcante Schuback. 3ª ed., Rio de Janeiro: Vozes, 2008.

JAEGER, Werner. *Paideia*. Tradução de Artur M. Parreira. São Paulo: Martins Fontes, 1979.

KANT, Immanuel. *Fundamentação da metafísica dos costumes (contendo A Doutrina do Direito e A Doutrina da Virtude)*. Tradução de Edson Bini. 2ª ed., São Paulo/Bauru: Edipro, 2007.

LIMA, Henrique C. Vaz de. *Escritos de filosofia IV: introdução à ética filosófica 1*. 2ª ed., São Paulo: Edições Loyola, 1999.

PASOLD, César Luiz. *O advogado e a advocacia*. 3ª ed., Florianópolis: OAB/SC, 2001.

PAULI, Evaldo. *O divino Platão: filosofia moral e social de Platão*. Disponível em: <http://www.cfh.ufsc.br/~simpozio/Megahist-filos/D-PLATAO/6316y226.html>. Acesso em: 20 jan. 2010.

PIEPER, Josef. *Estar certo enquanto homem: as virtudes cardeais*. Título original *Menschliches Richtigsein*. Tradução de Luiz Jean Lauand. Disponível em: <http://www.hottopos.com.br/videtur11/estcert.htm>. Acesso em: 20 jan. 2010.

PLATÃO. *A República*. Tradução de Edson Bini. 1ª ed., São Paulo/Bauru: Edipro, 2005.

PORTANOVA, Rui. *Princípios do processo civil*. Porto Alegre: Livraria do Advogado, 1995.

VERGNIÈRES, Solange. *Ética e política em Aristóteles: physis, ethos, nomos*. São Paulo: Paulus, 1999.

Sistemas de controle interno do Poder Judiciário: corregedorias, ouvidorias, conselhos superiores e Conselho Nacional de Justiça

4.1. Introdução

Inicialmente, há de se pontuar que no sistema constitucional brasileiro o Judiciário é um dos poderes do Estado que goza de plena autonomia administrativa e financeira. A partir da Constituição de 1988, este poder adquiriu um prestígio especial no panorama nacional. Deixou de ser um conglomerado de órgãos meramente técnicos para assumir uma postura também política – tanto quanto o Legislativo e o Executivo –, a par de suas facetas já existentes.

Apesar disso, o Poder Judiciário preserva, e deve preservar inexoravelmente, algumas características distintas dos demais poderes. Especialmente porque os seus membros não são investidos por via eleitoral, mas, sim, ao menos em regra, por concurso público.

Idealmente, há de se ponderar que a conduta de um membro do Poder Judiciário deve ser sempre calcada na imparcialidade de sua atuação. Ou seja, o juiz deve decidir com imparcialidade e com fundamento na estrutura normativa e principiológica da qual ele participa. Ainda assim, há de se ponderar que o poder dos membros do Judiciário, como tudo que ocorre em um Estado Democrático de Direito, é, invariavelmente, um poder representativo que deve ser exercido em nome do povo.

No entanto, por características culturais e históricas, a Justiça – compreendida como toda a prestação e representação estatal do Poder Judiciário – sempre esteve em posição de distanciamento da população. Isso ocorreu, sobretudo, para a manutenção de sua isenção e em função de certo instinto de autopreservação de sua atividade.

Essa nebulosidade tradicional também foi responsável pela perpetuação de condutas éticas e, mais recentemente, juridicamente reprováveis, como, por exemplo, desvio de recursos públicos e proliferação do nepotismo como prática institucionalizada. Essas práticas estão igualmente presentes nos outros poderes, não há dúvidas quanto a isso. A particularidade é que no Poder Judiciário tais práticas ficaram mais expostas à fiscalização.

Todavia, há de se salientar que essas circunstâncias passaram a não ser mais acolhidas ou toleradas pela sociedade, a qual tem cada vez mais cobrado transparência e responsabilidade do Poder Judiciário e de seus membros.

Esses fatores, associados a um maior controle popular, inclusive por intermédio de uma atitude ativa da imprensa e demais veículos midiáticos, acabaram por proclamar a necessidade da construção de um sistema de controle do Poder Judiciário. Esse controle deveria ser responsável por sua gestão e organização, ainda que trouxesse consigo a incumbência efetiva de controlar desvios administrativos e funcionais de seus integrantes.

Assim sendo, conjugam-se duas necessidades fundamentais dessa nova configuração do Poder Judiciário: o planejamento estratégico e a transparência de seus atos.

Contudo, ao lidar com esse tema, é imperioso atentar-se para o fato de que o Judiciário, por definição, deve ser um poder estatal independente, que não pode sofrer ou estar à mercê de qualquer tipo de influência ou interferência que comprometa sua idoneidade no julgamento, nem a independência de seus integrantes.

Com base nesses argumentos, ao discorrer acerca dos sistemas de controle da magistratura, a primeira cautela que deve se preservar é que tais instrumentos de controle jamais poderão recair sobre os atos jurisdicionais. Assim, somente os atos administrativos ou procedimentais é que estão subordinados a um sistema de controle interno, haja vista que os atos jurisdicionais apenas ficam vinculados ao sistema recursal pertinente a cada ramo processual (seja atrelado ao sistema recursal ordinário ou extraordinário).

Os atos jurisdicionais, portanto, não podem servir como fundamento para nenhum tipo de provocação perante os órgãos de controle, muito menos apresentarem-se como motivação para a aplicação de normas disciplinares aos magistrados.

Dessa forma, tendo como embasamento o contexto acima descrito, o sistema de controle interno do Poder Judiciário é composto por figuras criadas recentemente que se combinam com outras formas de controle preexistentes, historicamente já presentes na sua estrutura interna.

Assim sendo, serão abordadas as três espécies de organismos que fazem esse tipo de controle: os conselhos (com enfoque no Conselho Nacional de Justiça e no Conselho Superior da Justiça do Trabalho), as corregedorias e as ouvidorias.

4.2. Conselho Nacional de Justiça (CNJ)

O Conselho Nacional de Justiça foi criado pela Emenda Constitucional nº 45, de 31.12.2004 e teve sua instalação efetivada em 14.6.2005. Sua criação foi precedida de amplo debate acerca de como deveria ser conduzida a reforma do Poder Judiciário no Brasil.

Sinteticamente, esse debate orbitava em torno da questão de ser possível ou não instituir um mecanismo de controle dessa natureza, similar aos que existem em outros países, como França, Portugal e Itália. Evidencia-se bastante relevante a observação feita por Alexandre de Morais (2006, p. 477) de que esses países são parlamentaristas ou semipresidencialistas o que diminui a ingerência política do Parlamento e do Primeiro-Ministro sobre o Poder Judiciário, a partir da constitucionalização do regime parlamentar de governo, ou seja, uma realidade política totalmente diversa da brasileira.

Portanto, as duas críticas principais a um órgão como esse consistiam em afirmar que ele vilipendia o princípio da separação dos poderes (art. 2º da CR/1988) e também que é uma ofensa ao princípio da independência judicial.

Há quem defenda que até mesmo um controle externo do Poder Judiciário não afrontaria os postulados constitucionais. Um dos maiores defensores de tal entendimento é Mário Brockman Machado (citado por CARVALHO, 2009, p. 1283). Machado defende que o objetivo da separação dos poderes é a limitação mútua, e não o isolamento e a dilatação independente deles (algo que pode fatalmente levá-los a uma expansão isolacionista). Com o isolamento de tais poderes, corre-se o risco de advir, como consequências indesejáveis, a irresponsabilidade, o privilégio, o abuso de poder e ainda, acrescente-se ao pensamento do referido autor, a impunidade pelos atos irregularmente perpetrados.

Machado faz uma breve reminiscência ao pensamento de John Locke (filósofo empirista inglês) e de Montesquieu (pensador iluminista francês que concebia o poder de julgar como temporário, invisível e nulo, por ter sua duração condicionada ao lapso temporal necessário para a solução do impasse, devendo ser exercido por pessoas extraídas do próprio povo, para que sua legitimação fosse patente). Finda por concluir que não há nada na teorização acerca da separação dos poderes que desautorize (ou ao menos desaconselhe) o controle externo do Poder Judiciário. Isso porque, na tradição do pensamento liberal, não há identificação filosófica de cunho terminológico entre separação e independência, pois cada poder deve controlar os demais.

Outro autor que comunga do mesmo entendimento esposado por Machado é Antônio Álvares da Silva. Ele afirma que é imperioso haver um controle externo do Poder Judiciário para que suas funções típicas sejam exercidas de maneira satisfatória.

Todavia, Silva (2004, p. 106) ressalta que sistemas de controle externo são apenas um dos instrumentos paralelos na reforma do Poder Judiciário. Eles não podem ser o elemento principal nessa reforma, o qual não poderá por si mesmo corrigir todas as mazelas desse poder. Os sistemas de controle externo afetam apenas a administração do Poder Judiciário, não alterando profundamente as suas estruturas, afinal, não se prestam a alterar modelos e procedimentos jurisdicionais (os quais só podem ser modificados através de atuação legislativa).

Outro argumento utilizado por Silva (2004, p. 107) na defesa de tais sistemas consiste em afirmar que, como ainda se está longe de se admitir a eleição dos juízes pelo próprio povo (algo já acontece há bastante tempo no sistema judicial americano), é premente que lhe seja ofertada alguma forma de controle sobre a magistratura, uma vez que não se admite que um poder aja em nome da população e não possa ser por ela minimamente fiscalizado e controlado.

Ademais, o autor pontua que o controle efetuado através de outros meios (como o Ministério Público, advogados, Tribunal de Contas, etc.) é aparente e insuficiente, por serem apenas administrativos, funcionais e internos. O que se necessita, em seu entendimento, é de um controle eminentemente político, externo e exercido pelo cidadão.

Em sua visão da reforma do Judiciário, não há nenhuma diminuição no prestígio desse poder quando se implementam controles administrativos da magistratura, aliás, essa é uma forma de afirmá-lo perante aqueles que são os destinatários de seus serviços. Em síntese, Silva (2004, 109) destaca que "o controle externo fornece ao povo um instrumento para influenciar no Judiciário, que exerce o poder em seu nome, mas que não lhe abre espaço para controle e julgamento desse desempenho".

Assim, o exercício de um controle externo serve para limitar e condicionar o exercício de um poder do povo que, por vezes, é mal executado pelos membros do Judiciário.

Com um discurso mais ameno e equilibrado, José Adércio Leite Sampaio (2007, p. 251) defende a legitimidade do Conselho. Ele sustenta que o controle por ele efetivado não compromete a separação de poderes, a hierarquia e a independência do Judiciário, tampouco contraria o princípio federativo. Na verdade, o CNJ vem ao encontro das exigências da sociedade e das necessidades de legitimação popular para que o exercício do Poder Judiciário perpetue-se de maneira correta e cada vez mais prestigiada.

Ainda assim, todas as exposições doutrinárias anteriormente expostas são minoritárias. O entendimento consagrado atualmente informa que o CNJ não exerce um verdadeiro controle externo sobre o Poder Judiciário, e desta forma não viola a separação dos poderes e tampouco ofende a independência da atuação judicial.

O grande expoente desse entendimento é Alexandre de Moraes (2006, p. 483). Segundo suas lições, o CNJ não se trata de um verdadeiro instrumento de controle externo do Poder Judiciário (ele é na verdade um órgão interno do Poder Judiciário, tanto que está elencado no art. 102 da CR/1988), nem mesmo de última instância controladora da magistratura nacional, uma vez que haverá a possibilidade de impugnação de suas decisões por ação própria para o Supremo Tribunal Federal (art. 102, I, "r" da CR/1988).

Independentemente do posicionamento político acerca da conveniência ou não da existência de um órgão com essa inclinação de controle administrativo, existem três pontos que dirimem quaisquer dúvidas acerca da constitucionalidade dele (suposta ofensa ao art. 60, § 4º, inciso III da CR/1988): ser órgão integrante do Poder Judiciário, sua composição apresentar maioria absoluta de membros do Poder Judiciário e a possibilidade de controle de suas decisões pelo órgão de cúpula do Poder Judiciário (STF).

Moraes fortifica esse posicionamento ao enunciar que essas características do CNJ findam por reforçar e centralizar na força do Supremo Tribunal Federal todo o ordenamento jurídico-constitucional brasileiro, tornando-o não apenas a cúpula jurisdicional do Poder Judiciário brasileiro, como tradicionalmente estabelecido, mas também, após a EC nº 45, sua cúpula administrativa, financeira e disciplinar, pois todas as decisões do CNJ são passíveis de um último controle pelo STF.

O entendimento de Moraes identifica-se com o mesmo caminho trilhado por Gilmar Mendes (2008, p. 990). O ministro do STF menciona que a Associação dos Magistrados do Brasil (AMB) questionou a constitucionalidade[3] da Emenda Constitucional nº 45 no que concerne à criação do Conselho Nacional de Justiça, com os argumentos já citados acima em prol de sua inconstitucionalidade (lesão ao princípio federativo e da separação de poderes).

Além de rememorar os argumentos acerca da constitucionalidade do CNJ no que tange à violação dos poderes (o fato de o CNJ ser composto em sua maioria por magistrados e não ser um órgão externo), Mendes acrescenta que não se acolheu a impugnação quanto à afronta ao princípio federativo, tendo em vista o perfil nacional do Poder Judiciário, fortemente enraizado na versal original do texto constitucional de 1988. Na ótica do referido ministro, esse argumento é suficiente para espargir qualquer dúvida quanto à constitucionalidade do recém-criado Conselho.

---

3 ADI 3.367/DF, Rel. Cezar Peluso, DJ de 17.3.2006.

Em síntese, as decisões proferidas pelo CNJ não afetam a autonomia do Poder Judiciário, pois são feitas estritamente no âmbito interno desse Poder. Ademais, apesar de parte de seus membros não serem oriundos da magistratura (como anteriormente aludido), isso não o desqualifica nem o desnatura, haja vista que a maior parte de seus integrantes ainda continua sendo de juízes.

Por outro lado, o Conselho Nacional de Justiça não ostenta nenhuma função jurisdicional, pois, como bem colocam em relevo os ensinamentos de García de Enterría e Fernandez Tomás-Ramón (1988, p. 28), a relação entre o Direito e o juiz é direta, sem que nenhum outro sujeito ou órgão possa intervir no momento de tomar suas decisões. Assim sendo, não lhe cabe nem lhe compete reapreciar decisões do Poder Judiciário, nem imputar a ocorrência de faltas funcionais derivadas dos julgamentos de seus membros.

Assim sendo, apesar das inúmeras críticas apostas à nova instituição disciplinadora do panorama administrativo e financeiro do Poder Judiciário, José Afonso da Silva (2006, p. 567) se filia à corrente que defende positivamente a implantação do CNJ. O referido autor comenta que esse tipo de órgão é benéfico à eficácia das funções judiciais, não só por sua colaboração na formulação de uma verdadeira política judicial, como também porque impede que os integrantes do Poder Judiciário se convertam em um corpo fechado e estratificado, ou seja, obstaculiza o corporativismo entre pares na aplicação de medidas disciplinares.

Ademais, sob outro aspecto, não se afigura desprezível a ideia de que um órgão como esse contribua para dar legitimidade democrática aos integrantes do Poder Judiciário, cuja investidura não nasce da fonte primária da democracia, que é o povo, como anteriormente já enunciado.

Com essa disposição teórica, o CNJ certamente presta bons serviços ao sistema nacional de administração da justiça, mesmo sendo um órgão interno do Poder Judiciário e que é composto predomenantemente de magistrados.

4.2.1. Descrição e atribuições

O Conselho Nacional de Justiça, por disposição constitucional, possui 15 (quinze) membros, denominados de conselheiros, cujos nomes são aprovados por maioria absoluta do Senado Federal e nomeados pelo Presidente da República. Caso as indicações previstas não sejam efetuadas no prazo legal, a escolha caberá ao Supremo Tribunal Federal.

O requisito substancial para a indicação dos conselheiros é que possua mais de 35 (trinta e cinco) anos de idade. Eles devem cumprir um mandato de 2 (dois) anos, sendo admitida uma recondução.

As principais atribuições do CNJ são aquelas estabelecidas no art. 103-B da Constituição e regulamentadas em seu próprio regimento interno. De maneira concisa, entre as atribuições do Conselho estão as de zelar pela autonomia do Poder Judiciário e pelo cumprimento do Estatuto da Magistratura, expedindo atos normativos e recomendações.

Também se insere como atribuição do CNJ o dever de definir o planejamento estratégico, os planos de metas e os programas de avaliação institucional atinentes ao Poder Judiciário.

O CNJ também recebe reclamações contra membros ou órgãos do Judiciário, inclusive contra seus serviços auxiliares, serventias e órgãos prestadores de serviços notariais e de registro que atuem por delegação do poder público ou oficializados.

Outra atribuição ínsita ao CNJ consiste em julgar processos disciplinares, assegurada ampla defesa, podendo determinar aplicações de sanções administrativas aos integrantes do Judiciário, sejam eles juízes ou servidores, inclusive os de entidades extrajudiciais que prestem serviços ao Poder Judiciário.

Também compete ao CNJ elaborar e publicar semestralmente relatório estatístico sobre movimentação processual e outros indicadores pertinentes à atividade jurisdicional em todo o país.

Especificamente, no que diz respeito a sua atribuição normativa, cumpre destacar que o CNJ tem praticado uma série de atos muito importantes para a modernização do Judiciário.

Um bom exemplo dessa modernização promovida pelo CNJ é a Resolução nº 75, de 12 de maio de 2009, cuja disposição exigiu e determinou que fossem parte do conteúdo programático dos concursos da magistratura as disciplinas de formação humanística – Sociologia do Direito, Psicologia Judiciária, Ética e Estatuto Jurídico da Magistratura Nacional, Filosofia do Direito e Teoria Geral do Direito e da Política.

A intenção de tal determinação foi exigir dos candidatos à magistratura uma formação mais abrangente a respeito de temas que por vezes são testados na prática jurisdicional e muitos magistrados ingressavam na carreira sem ter domínio satisfatório sobre eles.

4.2.2. Natureza jurídica e organização interna

O Conselho Nacional de Justiça é um órgão interno, de controle administrativo, financeiro, organizacional e disciplinar do Poder Judiciário. Como já informado anteriormente, esse órgão não possui nenhuma função jurisdicional dentro da estrutura decisória do poder citado.

Ainda que pesem tais considerações, é considerado pela maioria da doutrina como um órgão interno de controle do Poder Judiciário. Sua composição é mista, pois além de membros do próprio Judiciário, congrega membros do Ministério Público, membros indicados pela OAB, pelo Senado e pela Câmara.

Segundo o art. 9º do Regimento Interno do CNJ, de 11 de março de 2009, e o art. 103-B da CR/1988, a composição do CNJ é estabelecida de modo que ele tenha um Ministro do Supremo Tribunal Federal, indicado pelo respectivo tribunal; um Ministro do Superior Tribunal de Justiça, indicado pelo respectivo tribunal; um Ministro do Tribunal Superior do Trabalho, indicado pelo tribunal respectivo; um desembargador de Tribunal de Justiça, indicado pelo Supremo Tribunal Federal; um juiz estadual, indicado pelo Supremo Tribunal Federal; um juiz de Tribunal Regional Federal, indicado pelo Superior Tribunal de Justiça; um juiz federal, indicado pelo Superior Tribunal de Justiça; um juiz de Tribunal Regional do Trabalho, indicado pelo Tribunal Superior do Trabalho; um juiz do trabalho, indicado pelo Tribunal Superior do Trabalho; um membro do Ministério Público da União, indicado pelo Procurador-Geral da República; um membro do Ministério Público estadual, escolhido pelo Procurador-Geral da República dentre os nomes indicados pelo órgão competente de cada instituição estadual; dois advogados, indicados pelo Conselho Federal da Ordem dos Advogados do Brasil e dois cidadãos, de notável saber jurídico e reputação ilibada, indicados um pela Câmara dos Deputados e outro pelo Senado Federal.

Internamente, o Conselho Nacional de Justiça se organiza com base na sua formação plenária, como dispõe o art. 3º do RI-CNJ. O Plenário é o órgão máximo dessa instituição e nele estão todos os conselheiros empossados, sendo certo que o quórum mínimo para a sua instalação e funcionamento é representado por 10 (dez) de seus membros. Ao Plenário do CNJ compete precipuamente o controle da atuação administrativa e financeira do Poder Judiciário e do cumprimento dos deveres funcionais dos magistrados.

A Presidência do CNJ, como dispõe o art. 103-B, § 1º da CR/1988 e o art. 6º do RI-CNJ, é exercida pelo presidente do STF. Na ausência dele, esse cargo deverá ser ocupado pelo seu vice-presidente, como bem assevera a EC nº 61, de 2009. A Corregedoria Nacional de Justiça é exercida pelo ministro do STJ que compõe o CNJ. Essa disposição se encontra posta no art. 103-B, § 5º, da CR/1988 e no art. 7º, do RI-CNJ.

O CNJ possui ainda comissões formadas com o escopo de estudar e analisar os temas e atividades específicas de interesse do próprio Conselho, sempre no intuito de buscar soluções e melhorias organizacionais para o Poder Judiciário. Atualmente cinco comissões encontram-se em funcionamento. São elas: Comissão de Eficiência Operacional e Gestão de Pessoas; Comissão de Acesso à Justiça e Cidadania; Comissão de Gestão Estratégica, Estatística e Orçamento; Comissão de Relacionamento Institucional e Comunicação e Comissão de Infraestrutura e Tecnologia da Informação.

Todas as comissões são reguladas pelo art. 27 e seguintes do Regimento Interno do CNJ, o qual estatui que o Plenário poderá criá-las para que sejam permanentes ou temporárias, devendo ser compostas por, no mínimo, três conselheiros, para o referido estudo de temas e o desenvolvimento de atividades específicas do interesse respectivo ou relacionadas com suas competências. Os conselheiros integrantes das supramencionadas comissões permanentes deverão ser eleitos pelo Plenário.

Cada comissão deve comunicar ao presidente do CNJ, em até 30 dias após a sua constituição, os assuntos e as metas de sua atuação, os quais serão discutidos, votados e aprovados pelo Plenário em sessão específica de planejamento interno. No que diz respeito ao encerramento das atividades das comissões, o art. 31 do Regimento Interno do CNJ, em seu parágrafo único, determina que qualquer comissão poderá propor sua dissolução a qualquer tempo.

O Conselho possui ainda uma Secretaria-Geral (art. 32, RI-CNJ) cujo objetivo consiste em assegurar e garantir a assessoria e o apoio técnico e administrativo necessários à preparação e à execução da gestão administrativa, das atividades do Plenário, da Presidência do CNJ, da Corregedoria Nacional de Justiça, dos conselheiros e das comissões.

O secretário-geral é um magistrado não membro do CNJ, designado livremente pelo presidente da instituição. Operacionalmente, nos processos administrativos submetidos ao CNJ, os atos ordinatórios, de administração ou de mero expediente terão a sua execução atribuída à Secretaria-Geral. Já as comunicações, determinações ou ordens de execução concessivas ou restritivas de direito serão subscritas conjuntamente pelo secretário-geral e pelo presidente do CNJ.

É certo também que a Secretaria-Geral poderá prestar apoio para a execução da gestão administrativa mediante protocolo de cooperação entre titulares das secretarias de outros órgãos partes, tudo isso com o intuito de promover uma melhor integração administrativa dos diversos componentes da estrutura organizacional do CNJ.

Outro componente do CNJ é o chamado Departamento de Pesquisas Judiciárias – DPJ (conforme determinação dos arts. 36 ao 40, do RI-CNJ) –, um órgão de assessoramento técnico do Conselho. Ou seja, as atribuições desse órgão não visam proporcionar uma melhor estruturação administrativa da instituição, mas apenas se detém em desenvolver tecnicamente assuntos afeitos ao CNJ.

O art. 39 do Regimento Interno do CNJ determina que o DPJ seja dirigido por um Diretor Executivo, um Diretor de Projetos e um Diretor Técnico, sob a coordenação do primeiro, e disporá, em sua estrutura, de um Conselho Consultivo composto de nove membros cujas competências serão fixadas em regulamento a ser editado pelo Plenário.

Os membros do Conselho Consultivo do DPJ serão indicados pela presidência e aprovados pelo Plenário do CNJ, devendo obrigatoriamente a escolha recair sobre professores de ensino superior e magistrados, em atividade ou aposentados e com reconhecida experiência nas atividades do Poder Judiciário. Essa última determinação reforça ainda mais o caráter técnico de tal órgão, que deverá ter em sua composição eminentes juristas e doutrinadores de sólida formação acadêmica e que sejam reconhecidamente grandes estudiosos dos temas pesquisados pelo DPJ.

Seus objetivos fulcrais se encontram descritos no art. 37 do Regimento Interno do CNJ. Dentre eles se destacam o dever de subsidiar a presidência na elaboração do relatório anual do CNJ; desenvolver pesquisas destinadas ao conhecimento da função jurisdicional brasileira; realizar análise e diagnóstico dos problemas estruturais e conjunturais dos diversos segmentos do Poder Judiciário; elaborar relatórios conclusivos e opinar sobre matéria que lhe seja submetida pelo Plenário, pelo presidente, pelo corregedor nacional de justiça, por conselheiro ou pelas comissões; fornecer subsídios técnicos para a formulação de políticas judiciárias, e, por fim, disseminar informações e conhecimentos por meio de publicações, seminários e outros veículos.

Para a consecução dos objetivos institucionais do DPJ, o CNJ poderá estabelecer vínculos de cooperação e intercâmbio com órgãos e entidades públicas ou privadas, nacionais, estrangeiras ou multinacionais, no campo de sua atuação e também celebrar contratos com autoridades públicas nacionais ou estrangeiras e pessoas físicas e jurídicas especializadas nos assuntos que lhe sejam submetidos a exame.

Nos termos do art. 103-B, § 7º, da CR 1988 e do art. 41, do RI-CNJ, essa instituição possui um órgão denominado Ouvidoria, coordenada por um conselheiro, eleito pela maioria do Plenário, com atribuições regulamentadas por ato específico desse mesmo órgão.

O Plenário atua com a totalidade de atribuições inerentes ao CNJ (art. 4º RI-CNJ). Assim, tudo que compete ao CNJ, compete, como regra, ao seu órgão Plenário. Por isso, como determina o § 1º do artigo supramencionado, seus atos são irrecorríveis. A única possibilidade que existe é de questionamento, por ação própria, junto ao STF (como possibilita o art. 102, "r", da CR/1988).

A Corregedoria Nacional de Justiça, por seu turno, possui como incumbência o dever de receber e processar reclamações e denúncias relativas a magistrados, tribunais, serviços auxiliares, serventias, órgãos prestadores de serviços notariais e de registro (serviços auxiliares extrajudiciais). É dirigida pelo corregedor nacional de justiça, cuja função será exercida pelo ministro do STJ, o qual restará apartado da distribuição de processos judiciais no âmbito do seu tribunal.

Compete à Corregedoria Nacional de Justiça,instaurar sindicâncias, inspeções e correições; além de poder propor processos disciplinares, dentre outras medidas disciplinadas no art. 7º do RI-CNJ.

Os procedimentos que tramitam na Corregedoria Nacional de Justiça são públicos, todavia, enquanto não admitidos ou durante as investigações, se for o caso, o acesso aos autos respectivos poderá ficar restrito aos interessados e seus procuradores nos termos da Constituição e da legislação ordinária.

Outro ponto a ser destacado acerca das decisões da Corregedoria, do corregedor nacional de justiça e dos juízes auxiliares por ele delegados, é que, em qualquer caso, será dada ciência ao requerente ou interessado pela imprensa oficial, e por intimação pessoal, pelo modo mais diligente ou por via eletrônica, quando a decisão importar em alteração de situação jurídica pessoal do interessado.

No que tange aos conselheiros, há de se asseverar inicialmente que o art. 9º e seguintes do RI-CNJ confere a eles o tratamento de magistrados. Aqueles que não são magistrados de origem, ou seja, aqueles que são conselheiros, mas advêm do Ministério Público, da OAB, ou foram indicados pelo Senado e pela Câmara (totalizando seis membros externos do Poder Judiciário), possuem os mesmos direitos, prerrogativas, deveres, impedimentos constitucionais e legais, suspeições e incompatibilidades dos juízes enquanto perdurar o mandato, inclusive os externos (art. 11, § 3º. RI-CNJ).

Os conselheiros possuem vários direitos inerentes a sua posição e ao seu cargo. Dentre eles se destacam o de tomar lugar nas reuniões do Plenário ou das comissões para as quais hajam sido eleitos, usando da palavra e proferindo voto; registrar em ata o sentido de seus votos ou opiniões manifestadas durante as sessões plenárias ou reuniões das comissões para as quais hajam sido eleitos, juntando, se entenderem conveniente, seus votos; eleger e serem eleitos integrantes de comissões instituídas pelo Plenário.

Os conselheiros também têm o direito de receber o mesmo tratamento protocolar dos ministros dos tribunais superiores e obter informações sobre as atividades do CNJ, tendo acesso a atas e documentos.

Ademais, também podem elaborar projetos, propostas ou estudos sobre matérias de competência do CNJ e apresentá-los nas sessões plenárias ou reuniões de comissões, sempre devendo observar a pauta fixada pelos respectivos presidentes para que se evite o tumulto procedimental. Cabe aos conselheiros também requisitar de quaisquer órgãos do Poder Judiciário, do CNJ e de outras autoridades competentes as informações e meios que considerem úteis e profícuos para o exercício de suas funções.

Há de se destacar também que os conselheiros podem propor à presidência a constituição de grupos de trabalho ou comissões necessários à elaboração de estudos, propostas e projetos a serem apresentados ao Plenário do CNJ. Compete-lhes igualmente requerer a inclusão, na ordem de trabalhos das sessões do Plenário ou das reuniões das comissões, de assunto que entendam dever ser objeto de deliberação e propor à presidência do CNJ a realização de sessões extraordinárias. Semelhantemente, também possuem a faculdade de propor a convocação de técnicos, especialistas, representantes de entidades ou autoridades para prestar os esclarecimentos que o CNJ entenda convenientes.

Deve-se destacar também que não se retira do arbítrio dos conselheiros a possibilidade de exercício regular da magistratura e do Ministério Público (como dispõe o art. 17, § 1º do RI-CNJ). Obviamente isso só se aplica àqueles que já são membros dessas corporações, excluindo-se dessa prerrogativa os denominados membros externos, como já anteriormente mencionado. Nesse caso, inclusive, permite-se que eles requisitem o afastamento de suas atividades funcionais para que se dediquem única e exclusivamente, de forma prioritária, as suas funções de conselheiro (art. 17, § 2º).

Consequentemente, os conselheiros do CNJ possuem alguns deveres ínsitos ao cargo que ocupam. Dentre as suas obrigações se destacam a necessidade de: participar das sessões plenárias para as quais forem regularmente convocados; despachar, nos prazos legais, os requerimentos ou expedientes que lhes forem dirigidos; desempenhar a função de relator nos processos que lhes forem distribuídos; desempenhar, além das funções próprias do cargo, as que lhes forem delegadas pelo Regimento, pelo Plenário, pelo presidente ou pelo corregedor nacional de justiça; guardar sigilo dos seus atos, das suas deliberações e das providências determinadas pelo CNJ, ou pelos seus órgãos, que tenham caráter reservado na forma do Regimento da instituição e declarar os impedimentos, as suspeições ou as incompatibilidades que lhes afetem, comunicando-os de imediato à presidência.

No que diz respeito aos impedimentos, suspeições ou incompatibilidades, há de se observar que tais declarações não são cabíveis quando se tratar de atos normativos, isso porque, dada a abstração e generalidade de tais determinações, não há possibilidade de se opor um elemento subjetivo que tolha a participação do conselheiro em tal atuação funcional.

O art. 11, § 4º do RI-CNJ propõe a vedação ao exercício da advocacia perante o CNJ pelo lapso temporal de dois anos subsequentes ao término do mandato de qualquer conselheiro, independentemente de sua condição, isto é, se é um membro externo ou não ao Poder Judiciário. Desta feita, ao terminar o mandato, o conselheiro não poderá advogar perante o CNJ, estipulando-se, assim, o que comumente se denominou chamar de *quarentena* para os ex-conselheiros.

Os conselheiros possuem restrição contida no art. 15, do RI-CNJ que diz respeito à impossibilidade de concorrer à vaga do quinto constitucional, de ser promovido pelo critério de merecimento na carreira da magistratura ou ser indicado para integrar tribunal superior durante o período do mandato e até dois anos após o seu término.

Essa restrição também se aplica aos membros do Ministério Público e da OAB no que diz respeito à possibilidade de eles concorrerem ao quinto constitucional. A dúvida que persiste no que concerne particularmente aos membros do *parquet* alude à impossibilidade de que ascendam verticalmente dentro da própria instituição, afinal, analogamente, os magistrados que integram o CNJ não podem ascender por critério de merecimento durante o biênio.

Há quem defenda que essa vedação de promoção por merecimento persista na carreira do Ministério Público, haja vista que por um simples exercício de aplicação analógica, tais membros não poderiam progredir dessa maneira, uma vez que os magistrados que integraram o CNJ ficam impossibilitados de assim proceder. Destarte, igualmente, os membros do *parquet* deveriam ficar impossibilitados de ascender por meio do critério de merecimento, pois, se assim não o fosse, haveria tratamento diferenciado entre as duas carreiras.

Todavia, há de se pontuar que o entendimento mais ponderado, e possivelmente o mais equilibrado para esse caso seja compreender que, por se tratarem de carreiras totalmente distintas, tanto que o Ministério Público nem se insere nos quadros da magistratura, essa vedação por analogia seria totalmente descabida.

Superando-se o fato de que vedações e impossibilidades jurídicas devem ser interpretadas restritivamente, pontua-se que o escopo da norma em tela é tolher a possibilidade de um ex-conselheiro do CNJ angariar influência por ter exercido esse cargo e, assim, ascender por meio do merecimento. Deve-se atentar, portanto, que esse exercício de influência seria inexpressivo, para não dizer inexistente, entre um ex-conselheiro do CNJ e os demais membros do Ministério Público. Essa vedação seria aplicável somente àqueles que fossem membros do Conselho Nacional do Ministério Público (CNMP), que seria, analogamente, aquele cargo que poderia exercer influência para uma progressão por merecimento na carreira do *parquet*.

Qualquer conselheiro do CNJ perde automaticamente seu mandato caso haja a perda da condição funcional e institucional que originou sua nomeação (art. 14 do RI-CNJ). Exemplificativamente, tem-se a situação de um magistrado quando deixa de sê-lo ou se aposenta, ou um membro do Ministério Público nas mesmas condições. Nesses casos, há perda imediata e automática da qualidade de membro do CNJ, devendo este ser sucedido por novo representante a ser indicado pelo respectivo órgão legitimado, nos termos do art. 103-B da Constituição Federal.

Ademais, o art. 16 do mesmo diploma estipula as hipóteses ordinárias de perda do mandato de conselheiro. Elas ocorrem em três casos: condenação do Senado Federal, ou por parte dele, por crime de responsabilidade (art. 16, I); condenação por sentença judicial transitada em julgado (art. 16, II); e declaração de perda de mandato por invalidez, pelo Plenário do próprio CNJ (art. 16, III). Deve-se atentar para o fato de que as duas últimas hipóteses também são casos de perda da condição funcional do magistrado, ou seja, o art. 14 do RI-CNJ já engloba tais casos, eles são apenas um reforço da gravidade de tais fatos e que por isso ensejam a perda do mandato por parte do conselheiro.

4.2.3. Funções institucionais

Abstraindo-se a ideia geral do que o CNJ visa a abranger em seu escopo institucional, consegue-se extrair disso três funções primordiais: função disciplinar, função consultiva e função normativa.

A função disciplinar representa a atribuição de sanções administrativas a magistrados e servidores do Poder Judiciário, e de titulares de serviços notariais e de registro por infração praticada no exercício de suas atribuições. A função consultiva, por seu turno, condensa-se na possibilidade de se formular consultas, em tese, de interesse e repercussão geral quanto à dúvida suscitada na aplicação de dispositivos legais e regulamentares concernentes à matéria de sua competência – algo semelhante ao que ocorre na Justiça Eleitoral, ramo do direito em que consultas também podem ser formuladas. Por fim, a competência, ou função normativa, diz respeito à capacidade de o CNJ promover a edição de atos normativos.

4.2.3.1. Função disciplinar

A denominada função disciplinar passa por procedimentos de sindicância, reclamação disciplinar, processo administrativo disciplinar (PAD), representação por excesso de prazo, avocação de processos em curso nos tribunais (que digam respeito a processos disciplinares) e de revisão disciplinar. Há de se ressaltar que essa miríade de processos disciplinares afeitos à competência do CNJ será analisada mais profundamente adiante, em um tópico específico, dentro do estudo da Corregedoria Geral de Justiça.

4.2.3.2. Função consultiva

A função consultiva do CNJ encontra-se disposta no art. 89 do seu Regimento Interno. O objeto dessa função atine às questões de interesse e repercussão geral no que tange à dúvida suscitada na aplicação de dispositivos legais e regulamentares em matéria de sua competência.

Nesse passo, deve ser citado que o art. 4º do RI-CNJ em seu § 2º, determina a aplicabilidade específica dessa função no caso de o Poder Legislativo estadual ou o Tribunal de Justiça ter a possibilidade de consultar o CNJ sobre os projetos de lei referidos no inciso XXXI do art. 4º – projetos de leis de criação de cargos públicos, de estrutura e de natureza orçamentária dos órgãos do Poder Judiciário.

Isso ocorre porque o Conselho poderá propor esses projetos no que diz respeito ao Poder Judiciário, sendo certo que o Legislativo estadual ou o Tribunal de Justiça podem consultá-lo em se tratando de envolvimento de interesse estadual nas deliberações do referido órgão do Judiciário.

O procedimento de apuração consultiva deve ser feito por meio de provocação, a qual deverá ter a indicação precisa do seu objeto (que será o cerne da consulta), bem como também deverá ser formulada articuladamente e estar instruída com a documentação pertinente à análise e deslinde do caso.

No que se refere aos efeitos da consulta, quando for proferida pela maioria absoluta do Plenário, terá caráter normativo geral. Torna-se, portanto, uma norma bastante semelhante ao que já ocorre na Justiça do Trabalho, na qual existe o poder normativo, sendo que no caso do CNJ os efeitos da consulta são ainda mais abrangentes, em função da sua posição hierárquica dentro da estrutura do Poder Judiciário.

Essa decisão de efeitos normativos gerais poderá ser feita de maneira monocrática quando a matéria já estiver expressamente regulamentada em resolução ou enunciado administrativo do próprio Conselho Nacional de Justiça, ou caso seu objeto tenha sido apreciado por pronunciamento definitivo do Plenário do CNJ ou do Plenário do STF.

Deve-se atentar mais uma vez para o fato de que as decisões do plenário não comportam recurso, podendo apenas ser objeto de ação própria para o Plenário do STF.

A função consultiva se aperfeiçoa mediante os chamados procedimentos de controle administrativo (elencados no art. 91 do RI-CNJ). Esses terão início sempre que houver o vilipêndio dos princípios estabelecidos no art. 37 da Constituição (legalidade, impessoalidade, moralidade, publicidade e eficiência) por atos derivados do Poder Judiciário. Ressalve-se apenas que há um lapso decadencial para que tais procedimentos tenham início, uma vez que não se admite o controle de atos administrativos praticados há mais de 5 (cinco) anos, salvo quando houver afronta direta ao próprio texto constitucional.

Nos casos em que haja afronta aos princípios basilares da Constituição, basta que haja um requerimento por escrito com a qualificação do requerente e a indicação clara e precisa do ato impugnado.

Pode haver o início de tais procedimentos de controle administrativo por meio da determinação de ofício pelo Plenário, proposição de conselheiro, do procurador-geral da República ou do presidente do Conselho Federal da OAB. Qualquer dessas instituições ou pessoas se afigura legitimada para efetivamente suscitar o procedimento em tela.

Após a instauração do procedimento, o Relator determinará a notificação da autoridade que praticou o ato impugnado e dos eventuais interessados em seus efeitos, no prazo de 15 dias. Há a possibilidade de o relator determinar as formas e os meios de notificação pessoal dos eventuais interessados, desde que julgue que alguma delas em específico será mais eficaz. Há na lei apenas a ressalva de que a notificação será feita por edital quando dirigida a eventuais interessados não identificados, desconhecidos ou com domicílio não informado nos autos, tudo isso em prol do princípio da publicidade de tais atos.

Quando tal procedimento é acolhido, as suas consequências são a sustação da execução do ato impugnado, a desconstituição ou a revisão do respectivo ato administrativo e, eventualmente, se necessário, o afastamento da autoridade competente pela prática do ato impugnado.

Outro procedimento realizado em consentâneo com os elementos da função consultiva do CNJ é o denominado pedido de providências, estatuído pelo art. 98 do RI-CNJ. Os pedidos de providências consistem em propostas e sugestões tendentes à melhoria da eficiência e eficácia do Poder Judiciário, bem como todo e qualquer expediente que não tenha classificação específica e tampouco possa ser classificado ou enquadrado como procedimento acessório ou incidente. Na verdade, a providência é determinada e especificada por aquele que a pede, isto é, por quem postula algum tipo de providência em relação às matérias de competência do Conselho Nacional de Justiça.

Nessa espécie de pedido há, inclusive, a possibilidade de providências acautelatórias (art. 99). Isso ocorrerá sempre que houver risco de prejuízo iminente ou de grave repercussão. Assim sendo, o Plenário do CNJ, o presidente ou o relator poderão, no âmbito de suas competências e motivadamente, adotar as referidas providências acauteladoras, sem prévia manifestação da autoridade e observados os limites legais. Sempre que a medida cautelar for deferida pelo relator, será submetida a referendo do Plenário na primeira sessão ordinária seguinte, ou seja, serão sempre operadas na modalidade *ad referendum* do órgão colegiado máximo.

Por fim, existe ainda um procedimento no âmbito do CNJ denominado Reclamação para Garantia das Decisões (disposta no art. 101 RI-CNJ). Esse procedimento é bastante semelhante à reclamação constitucional, algo que é admitido pela maioria da doutrina e que é atualmente considerado uma ação autônoma.

A peculiaridade dessa reclamação no CNJ é que ela pode ser instaurada de ofício ou mediante provocação, sendo submetida ao presidente da instituição que ordenará as providências para seu cumprimento.

A reclamação, como o próprio nome já demonstra, visa a garantir o cumprimento efetivo das decisões exaradas pelo Conselho, de modo que é cabível quando algum ato de autoridade judiciária ou de seu subordinado violar expressa decisão do CNJ. O único requisito imposto pela lei para sua apreciação é que o requerimento de reclamação deverá ser instruído com cópia da decisão atacada e referência expressa ao ato ou decisão do Plenário cuja autoridade se deva preservar, sob pena de indeferimento liminar.

4.2.3.3. Função normativa

Por fim, assevera-se que a função normativa encontra-se disciplinada no art. 102 e parágrafos do RI-CNJ. Os atos normativos, que serão aprovados pelo Plenário podem assumir as formas de resoluções, instruções ou enunciados administrativos e, ainda, recomendações. Vale ressaltar que somente por maioria absoluta pode haver aprovação de ato normativo.

A edição de ato normativo ou regulamento poderá ser proposta por conselheiro ou resultar de decisão do Plenário quando apreciar qualquer matéria, ainda que o pedido seja considerado improcedente, podendo ser realizada audiência pública ou consulta pública.

Assim, havendo a aprovação da edição da norma, em outra sessão, necessariamente, será aprovada a redação do ato, salvo comprovada urgência (como bem observa o § 2º do art. 102 do RI-CNJ), que será lançada a cargo de um dos conselheiros tido como relator. Pode, eventualmente, ser precedida a aprovação desse ato de audiência ou consulta pública (§ 3º do mesmo artigo).

Os efeitos desses atos, em regra, assim como ocorre com as decisões consultivas, são vinculantes. Embora o próprio regimento determine que os efeitos do ato sejam definidos pelo Plenário, ou seja, há possibilidade de modulação de efeitos quanto à obrigatoriedade dos atos.

Por fim, há de se ressaltar que podem as resoluções e enunciados (§ 5º) obrigar o cumprimento efetivo de integrantes do Poder Judiciário, sejam juízes ou auxiliares do Judiciário.

4.3. Conselho Superior da Justiça do Trabalho

O Conselho Superior da Justiça do Trabalho também foi criado pela Emenda Constitucional nº 45/2004 e encontra-se disposto no art. 111-A, § 2º, inciso II da Constituição da República de 1988, tendo a sua regulamentação prevista pelo art. 75 do Regimento Interno do Tribunal Superior do Trabalho.

Trata-se de órgão central do sistema, que funciona junto ao TST e dotado de autonomia administrativa. Sua função constitucional se assenta na supervisão administrativa, orçamentária, financeira e patrimonial da Justiça do Trabalho, tanto no primeiro quanto no segundo grau.

No que diz respeito as suas decisões, possuem efeito e impõem observância obrigatória pelos juízes de 1º e 2º graus. Primordialmente, a função do conselho é realizar o planejamento administrativo dos órgãos da estrutura judiciária no plano da seara trabalhista, melhorando, assim, a aplicação dos seus recursos e organizando, de modo mais adequado, a prestação jurisdicional no aspecto da gestão institucional.

A composição do Conselho (art. 2º do Regimento Interno do CSJT) é representada por membros natos e permanentes. Nessa primeira categoria se inserem o presidente do TST, vice-presidente do TST e o corregedor geral da Justiça do Trabalho. Essas três autoridades são consideradas membros natos. Assim, o simples fato de ocuparem o cargo no seu tribunal de origem já lhes confere efetivamente a participação junto ao Conselho Superior da Justiça do Trabalho.

Além disso, há oito membros eleitos, sendo três ministros do Tribunal Superior do Trabalho, eleitos pelo Tribunal Pleno, e cinco presidentes de Tribunais Regionais do Trabalho, eleito cada um deles por região geográfica do País. Esses membros são eleitos pelo próprio TST, lembrando-se sempre que os membros do TRT, indicados para o Conselho, representam regiões geográficas do Brasil, e não a distribuição regionalizada de cada TRT, como ocorre na seara trabalhista.

Para cada membro eleito há um membro suplente, de modo que os membros suplentes também são três ministros do TST e cinco integrantes de TRTs, um de cada região geográfica do País. É comum que o membro suplente seja exatamente o vice-presidente dos mesmos regionais já indicados como membros eleitos.

A natureza do Conselho Superior da Justiça do Trabalho é ser órgão interno de controle administrativo e financeiro, além de realizar o planejamento e gestão da Justiça do Trabalho. A ele cabe, dentre outras atribuições, propor a criação de varas e tribunais, além de sua modificação ou extinção, bem como propr a criação de funções ou cargos de juízes e de servidores.

O Conselho, todavia, não ostenta nenhuma função jurisdicional, assim, não pode de maneira alguma atuar em matéria de cunho jurisdicional que sobeje a sua disposição de controle administrativo por excelência. E, além disso, o órgão somente aprecia conflitos que evidenciem existir interesse supraindividual. O CSJT não analisa, portanto, processos ou recursos que envolvam interesses individuais.

Possui uma miríade de atribuições dentro da sua estruturação de órgão gestor da organização administrativa e financeira da Justiça do Trabalho. Dentre elas se destacam a expedição de normas gerais de procedimento relacionadas com os sistemas de informática, recursos humanos, planejamento e orçamento, administração financeira, material e patrimônio e de controle interno de 1° e 2° graus, e normas que se refiram a sistemas relativos a outras atividades auxiliares com necessidade de coordenação central. Além disso, compete-lhe supervisionar e fiscalizar os serviços atinentes às áreas previamente citadas acima.

Também se insere no seu rol de competências o dever de apreciar, de ofício ou a requerimento de qualquer interessado, as decisões administrativas dos tribunais que contrariem a lei ou as decisões exaradas pelo próprio CSJT. O exame da legalidade das nomeações para os cargos efetivos, em comissão e funções comissionadas, também é sua atribuição, com o escopo de tolher a malfadada prática do nepotismo como forma de provimento de tais cargos, algo que afronta sobremaneira a própria dignidade da justiça.

O Conselho deve propor ao Tribunal Superior do Trabalho alterações na legislação trabalhista e processual que visem conferir maior dinâmica ao sistema laboral como um todo. Por fim, há de se destacar que também se encontra inserido em seus expedientes realizar auditorias nos Tribunais Regionais do Trabalho, como forma de implementar seus sistemas de controle interno.

Destaque-se, novamente, que a apreciação feita em sede recursal de decisões administrativas dos tribunais só pode ser realizada quando se referir a tema de interesse supraindividual. Quando se tratar de processo que seja exclusivamente individual, não poderá ser objeto de apreciação no Conselho, o qual não conhecerá do recurso nesse sentido.

4.4. Corregedorias e ouvidorias

As corregedorias são órgãos internos do Poder Judiciário incumbidas da fiscalização, disciplina e orientação da sua administração. Em regra, existem em cada tribunal e são ocupadas por integrantes destes mesmos tribunais, que são eleitos para mandatos com duração, geralmente, de dois anos.

Serão ressaltadas especificamente três espécies de corregedoria: Corregedoria Geral de Justiça do CNJ; Corregedoria Geral da Justiça do Trabalho, que é órgão do TST; e Corregedorias Regionais do Trabalho, afetas aos TRTs.

Juntamente com as corregedorias, os tribunais mantêm em funcionamento as ouvidorias, órgãos de apoio à presidência e corregedoria de cada tribunal – no caso do da Corregedoria Nacional de Justiça, manter em contato direto com o CNJ, como determina o § 7º, do art. 103-B, da CR/1988.

Essa função de contato direto com a sociedade é algo que exsurge da extinção do tradicional sistema judicial, calcado na mera institucionalização dos conflitos. José Afonso da Silva (2006, p. 570), em mais uma de suas acrisoladas lições, assevera que esse tipo de ouvidoria é algo similar a instituições de alguns ordenamentos jurídicos europeus, que atuam por delegação do Poder Legislativo, denominadas de *ombudsman* – também grafado de diversas outras formas como: *ombudsmannen, ombudsmand* ou *ombudet.*

Esse termo, de origem sueca, dinamarquesa e norueguesa (afinal derivam do contexto etimológico do norueguês arcaico: *umbudsmann*), significa *representante*. Nos países que adotam essa sistemática, refere-se a um profissional contratado por um órgão, instituição ou empresa que tem a função de receber críticas, sugestões, reclamações, devendo agir, imparcialmente, em defesa da comunidade.

Uma breve crítica feita pelo referido autor se atém ao fato de que apenas criar ouvidorias, sem, contudo, conferir-lhes poderes de apuração das reclamações e denúncias, não tem sentido. Afinal, o que está sendo conferindo a elas já se atribui ao próprio ministro corregedor.

Ao adentrar a questão da institucionalização dos conflitos e discutir acerca das novas perspectivas que circundam o Poder Judiciário, Celso Fernandes Campilongo (1997, p. 118-119) retoma a questão da incapacidade de representação dos interesses coletivos pelos canais da democracia representativa e as dificuldades de defesa e garantia dos direitos sociais pelos mecanismos de adjudicação da dogmática jurídica, que colocam a magistratura diante de um problema sem precedentes.

Isso porque o principal instrumento de trabalho, o direito positivo, torna-se um dos principais objetivos do conflito social. Dito de outra forma, a "institucionalização do conflito" que tinha uma aplicação pacífica, resolutiva nos tribunais, na lei e na ordem passa a ser questionada, politizada e transformada em agitado instrumento de expansão da cidadania.

Desta maneira, os tribunais deixam de ser a sede de resolução das contendas entre indivíduos e passam a ser uma nova arena de reconhecimento ou negação de reivindicações sociais. Ainda que essa não seja a situação mais confortável para os membros do Poder Judiciário – quer por modelos de formação profissional, quer pela ruptura que a situação provoca no sistema de rotinas e procedimentos jurisdicionais – existe a politização e a aproximação que as partes (autores e réus), com frequência e conscientemente, imprimem aos processos.

Toda essa nova perspectiva de ação para com o Judiciário, a qual soçobra a antiga sistemática de abordagem e de distanciamento do público para com os órgãos desse poder, vem a ser um reflexo da implantação das ouvidorias. Esses órgãos internos cada vez mais ajudam a promover essa aproximação, outrora inexistente, entre os cidadãos (sejam partes, advogados ou meros interessados) e os demais órgãos do Poder Judiciário. Na verdade, essa aproximação é a tendência nas próximas abordagens quase que "simbióticas" entre as estruturas estatais e o seu público, sendo tudo isso o fruto dos novos paradigmas da administração judiciária.

Após essa breve digressão sobre a aproximação promovida com a instalação das ouvidorias nos tribunais, há de se ressaltar que elas possuem a função precípua de receber reclamações e denúncias de qualquer interessado contra membros ou órgãos do Poder Judiciário ou contra seus serviços auxiliares.

Como já referido, o art. 103-B, § 7º, da Constituição da República de 1988, determina que a União deve manter ouvidorias de justiça justamente com a finalidade já suscitada, ou seja, encaminhar ao CNJ a apreciação dessas reclamações e denúncias.

No caso dos tribunais, não há obrigatoriedade da existência de tais órgãos (muito embora seja bastante recomendável que haja, pelas razões acima debatidas). Na prática, a maioria deles tem implementado ouvidorias com a finalidade de aprimorar a prestação dos serviços judiciários, evidenciando sua transparência.

Da mesma forma, essas ouvidorias se encarregam de receber as reclamações e denúncias de qualquer cidadão e encaminhá-las à administração do tribunal para a devida apreciação e processamento. Aquelas matérias de análise da Presidência são a ela encaminhadas, tanto quanto as que dizem respeito à Corregedoria.

4.4.1. Corregedoria Nacional de Justiça

A Corregedoria Nacional de Justiça é um órgão que integra a estrutura funcional do Conselho Nacional de Justiça. Sua direção é conduzida pelo ministro do STJ que compõe o CNJ.

Tem como função primordial receber e processar reclamações e denúncias de qualquer interessado relativas aos magistrados e aos serviços judiciários auxiliares, serventias, órgãos prestadores de serviços notariais e de registro que atuem por delegação do poder público ou oficializados (serviços extrajudiciais), e ainda exercer funções executivas do Conselho, relacionadas às inspeções e correições. Também é sua atribuição promover a expedição de atos regulamentares no âmbito de sua competência, os denominados atos normativos, cuja finalidade de esclarecer e orientar a execução dos serviços judiciais e extrajudiciais.

Esses provimentos são exarados pelo ministro corregedor, tais como aqueles elencados no art. 13 do Regimento Interno da Corregedoria Geral de Justiça. O provimento é o ato de caráter normativo interno e externo, e podem se destinar a alterar outro provimento. Nesse caso, deverá ser redigido de forma a indicar expressamente a norma alterada, a fim de preservar a sistematização e a numeração existentes.

Deve-se sempre salientar que esse ato é submetido ao Plenário do Conselho, porque cabe efetivamente ao corregedor propor a sua edição, mas cabe efetivamente ao Plenário decidir pelo regramento a respeito do tema, sem que isso acarrete prejuízo da sua eficácia imediata.

Outro ato a ser expedido pela Corregedoria Nacional de Justiça é a denominada instrução normativa. É um ato de caráter vinculante e complementar, cujo objetivo consiste em orientar a execução de serviços no âmbito interno das corregedorias de justiça. Em regra, tal espécie normativa complementa lacunas estabelecidas pelos provimentos.

Existem também as orientações emanadas da Corregedoria. São consideradas atos de caráter orientativo, como o próprio nome já indica, com medidas que visem ao aperfeiçoamento dos serviços das corregedorias de justiça. O CNJ, portanto, norteia as corregedorias sobre como devem proceder no exercício de suas tarefas mais próprias, como mais adiante será melhor perscrutado.

A Corregedoria Nacional de Justiça também está apta a expedir o ato normativo denominado de ofício-circular. É um ato de caráter requisitório ou de divulgação, o qual contém solicitações de informações administrativas, técnicas, processuais e financeiras, estabelecendo o modo de sua realização, ou a divulgação de decisões e atos da própria Corregedoria. Em regra, portanto, é um ato que tem por escopo divulgar aquilo que foi praticado em termos de outros atos normativos por parte da referida Corregedoria.

O último ato normativo a ser analisado denomina-se portaria. É o ato interno que contém delegações ou designações, de natureza geral ou especial, para o desempenho de funções definidas no próprio ato. Destina-se ainda a aprovar e alterar o regulamento da Corregedoria, bem como instaurar procedimentos. Dos vários procedimentos atinentes à competência da Corregedoria a sua instauração, em regra, é feita por portaria.

Além dos atos normativos, a Corregedoria também pratica atos de cunho disciplinar. Um deles é a chamada reclamação disciplinar. Essa reclamação é proposta contra membros do Poder Judiciário, titulares de seus serviços auxiliares, serventias e órgãos prestadores de serviços notariais e de registro.

Aplica-se a situações de descumprimento de dever funcional ou outra prática tida por irregular por parte das pessoas citadas. A finalidade dessa reclamação é a abertura de sindicância ou processo disciplinar contra o acusado (ou acusados) da prática da reputada infração.

Este ato pode resultar na determinação de abertura de processo pelo tribunal responsável, não sendo necessário, para tanto, que o próprio CNJ determine. O corregedor pode entender que cabe ao próprio tribunal ao qual se vincula o acusado fazer a apuração da infração (ou irregularidade). Pode ainda o corregedor aguardar, caso o tribunal de origem já esteja apurando aquela conduta, que ele conclua o procedimento para somente depois analisar a pertinência ou não de algum ato do CNJ. Da mesma forma, pode a reclamação disciplinar, se absolutamente impertinente ou que diga respeito a práticas que não representam infrações, ser arquivada por decisão do corregedor.

Existe ainda a representação por excesso de prazo que, como o nome já diz, serve para corrigir situações em que há o descumprimento injustificado dos prazos a serem cumpridos no processo, nos moldes das determinações contidas nos artigos 198 e 199 do Código de Processo Civil.

Essa representação poderá ser formulada por qualquer interessado, pelo Ministério Público, pelos presidentes de tribunais ou pode ser suscitada de ofício por qualquer dos conselheiros. Neste caso, o corregedor pede informações ao juiz responsável pelo ato em testilha, com prazo de 15 dias para resposta – art. 23 do Regulamento Geral da Corregedoria Geral de Justiça.

Disso podem advir algumas consequências para o deslinde da representação, tais como: a perda de objeto (se houver o cumprimento efetivo do ato que estava por ser procrastinado); sobrestamento da representação (caso não haja cumprimento do ato, mas haja uma previsão para a sua prática); arquivamento (caso não haja cumprimento dos requisitos mínimos para o seu processamento); proposta de processo disciplinar ou providência administrativa necessária, caso o corregedor julgue pertinente proceder a sua aplicação disciplinar.

Outro ato disciplinar que se insere no âmbito da competência da Corregedoria Nacional de Justiça é a sindicância. É um procedimento investigativo sumário destinado a apurar irregularidades nos serviços prestados por magistrados e aos serviços judiciários auxiliares, serventias, órgãos prestadores de serviços notariais e de registro que atuem por delegação do poder público ou oficializados.

Nesse caso, instaura-se o procedimento e sua conclusão deve ser efetuada dentro do lapso temporal não excedente a 30 dias (art.

26 do RG-CNJ), salientando-se apenas que o prazo poderá ser prorrogado por igual período, a juízo do ministro corregedor. Essa conclusão deve ser feita mediante a preparação de um relatório contendo o resumo dos atos praticados, das diligências realizadas e provas colhidas, bem como a síntese dos fatos apurados. Dependendo do resultado da sindicância, abre-se prazo para defesa prévia do magistrado envolvido no procedimento.

As conclusões do corregedor devem ser apreciadas pelo Plenário, o qual ficará encarregado de, se necessário, promover a instauração de processo disciplinar ou determinar o arquivamento do feito.

Por fim, no que diz respeito aos atos disciplinares, há de se analisar a chamada revisão disciplinar. É o ato que permite a análise por parte do CNJ dos processos de natureza disciplinar, contra juízes e membros de tribunais, julgados há menos de um ano. Essa apreciação pode ser feita de ofício (nos termos do art. 86 do RI-CNJ) ou mediante provocação de qualquer interessado

As hipóteses para a instauração da revisão disciplinar também se encontram dispostas no regimento interno do Conselho Nacional de Justiça. A primeira delas diz respeito aos casos em que a decisão proferida pelo magistrado ou por um órgão colegiado for contrária a texto expresso da lei, à evidência dos autos ou ainda se oponha flagrantemente a um ato normativo do CNJ.

Outra hipótese que lastreia a instauração desse tipo de procedimento disciplinar ocorre quando a decisão questionada se fundar em depoimentos, exames ou documentos comprovadamente falsos.

Por fim, a última hipótese de instauração desse procedimento se dá quando a decisão exarada, ou após ela, surgirem fatos novos, novas provas ou circunstâncias que possam justificar ou autorizar a modificação da decisão proferida pelo órgão de origem.

Nesses casos, ocorrerá uma variedade de efeitos decorrentes da análise das hipóteses já elencadas. Dentre os referidos efeitos destaca-se a determinação da instauração de processo administrativo disciplinar para melhor se aprofundar na análise fática colacionada ao procedimento. Ademais, pode ocorrer a alteração da classificação da infração, podendo haver também a absolvição ou condenação de plano do juiz ou membro de tribunal. Por fim, poderá ocorrer a modificação da pena ou anulação do processo, tudo isso como estipula o art. 88 do RI-CNJ.

A Corregedoria Geral ainda pratica outros atos, como, por exemplo, a correição, que se encontra disciplinada no art. 38 do seu próprio regimento interno. Essa correição deve ocorrer sempre que se verificar a existência de fatos relacionados à deficiências graves ou relevantes dos serviços judiciais e auxiliares, das serventias e dos órgãos prestadores de serviços notariais e de registro que atuem por delegação do poder público, ou quando houver descumprimento de resoluções e decisões do CNJ. Os casos tidos como relevantes para ensejar a correição são aqueles que efetivamente prejudicam a prestação jurisdicional, a disciplina e o prestígio da Justiça brasileira.

Nesse caso, quando se procede à correição, há a possibilidade de se baixar provimentos, expedir instruções e instaurar sindicâncias, devendo constar todas as informações no relatório final de apuração. O processo será levado ao conhecimento do Plenário e, eventualmente, poderá conter propostas de medidas adequadas a suprir a necessidade ou deficiências constatadas. Ele pode, conforme o caso, dar azo à responsabilidade disciplinar do magistrado e de servidores cuja conduta não for compatível com seus deveres funcionais.

Dentre os outros atos que podem ser praticados pelo CNJ na consecução dos seus objetivos de controle administrativo do Poder Judiciário, pode-se elencar a existência de inspeções. A inspeção (disciplinada pelo art. 45 do Regimento Geral da Corregedoria Geral de Justiça) consiste na verificação *in loco*, por parte do corregedor, de fatos que interessem à instrução de processos em tramitação na Corregedoria ou no Conselho. Analisa também o funcionamento dos órgãos jurisdicionais, serviços auxiliares, serventias, órgãos prestadores de serviços notariais e de registro, objetivando o aprimoramento dos seus serviços.

Nesse caso, cabe ao corregedor avisar a autoridade responsável pelo órgão, com antecedência mínima de 24 horas, a fim de que ela adote as providências indicadas pela Corregedoria. Todavia, vale salientar que esse "aviso prévio",[4] no lapso temporal acima anotado, não

---

4 Note-se que o termo "aviso prévio" por ora empregado em nada se refere ao instituto homônimo afeito ao direito do trabalho. Apenas se refere ao fato de o próprio Regimento da Corregedoria Geral de Justiça usar o termo específico "avisar", com o intuito de dar uma prévia ciência à autoridade investigada, no que tange às primeiras alterações e modificações que ela deverá promover em sua unidade administrativa.

ocorrerá em procedimentos sigilosos ou nos casos em que a ciência prévia do magistrado ou servidor comprometer a eficácia da diligência.

Nas hipóteses de inspeção também poderá o corregedor promover a realização de audiências públicas e também, da mesma maneira que ocorre com as correições, a partir do que ele tenha analisado em seu decorrer, poderá a autoridade do CNJ baixar provimentos, expedir instruções e instaurar sindicâncias, as quais deverão constar no relatório final do procedimento executado.

Por fim, a Corregedoria também aprecia recursos administrativos (conforme dispõe o art. 63 do seu Regimento Geral). Esse recurso poderá ser manejado pela parte ou o interessado que se considerar prejudicado por decisão do ministro corregedor. Assim, no prazo de 10 dias, contados da intimação, poderá interpor o referido recurso administrativo. Ressalte-se que esse prazo é o mesmo estabelecido pelo art. 59, da Lei nº 9.784, de 29 de janeiro de 1999, o qual igualmente determina que, salvo disposição legal específica, é de 10 dias o prazo para interposição de recurso administrativo, contado a partir da ciência ou divulgação oficial da decisão recorrida.

A interposição desse recurso deve ser feita diante da mesma instância que proferiu a decisão, ou seja, o recurso é dirigido para o próprio ministro corregedor. Desta feita, é facultada a ele a possibilidade de sua retratação, no prazo de cinco dias. Nesse momento ele faz a apreciação efetiva do tema posto no recurso administrativo.

No entanto, se mantida a decisão outrora proferida, o corregedor trata de remeter o recurso ao Plenário, o qual ficará incumbido de estabelecer a pertinência da irresignação recursal. Caso seja dado provimento, o ato será modificado, caso não seja dado provimento, será consequentemente mantido. Deve-se sempre relembrar apenas que dessa decisão plenária não cabe nenhum outro recurso, exceto ação própria para o Plenário do STF, nos termos do art. 102, I, "r" da CR/1988.

4.5. Corregedoria Geral da Justiça do Trabalho

A Corregedoria Geral da Justiça do Trabalho é um órgão já presente na estrutura judiciária da justiça trabalhista desde sua origem. O art. 693, § 1º da Consolidação das Leis do Trabalho (CLT) já designava que dentre os juízes togados do TST, alheios aos interesses profissionais, seriam eleitos o presidente, o vice-presidente e o corregedor, além dos presidentes das turmas na forma estabelecida em seu regimento interno. A redação por ora transcrita é a original do referido artigo, haja vista que ela ainda menciona o termo "juiz togado", algo extinto desde a EC nº 24/1999, que acabou com a representação classista nessa seara do Direito, sendo certo que desde então todos os juízes são de carreira.

Da mesma forma, o art. 709 da CLT estabelece a competência do corregedor, o qual é eleito dentre os ministros do Tribunal Superior do Trabalho. Possui duas funções precípuas: primeiramente, deve exercer as funções de inspeção e correição permanente com relação aos tribunais regionais e seus presidentes; ademais, também deve decidir acerca das reclamações contra os atos atentatórios da boa ordem processual praticados pelos tribunais regionais e seus presidentes, quando não houver recurso específico para sanar tais irregularidades.

As funções acima citadas são meramente genéricas, e não mais comportam toda a carga de trabalho efetuada pela Corregedoria Geral da Justiça do Trabalho. Por essa razão outras funções mais específicas foram agregadas ao rol de atividades desse órgão.

Essas outras funções encontram-se dispostas no art. 5º, do Regimento Interno da Corregedoria Geral da Justiça do Trabalho, cabendo apenas pontuar que esse acréscimo de funções é autorizado pelo art. 39 do Regimento Interno do TST, o qual indica que a competência do corregedor-geral da Justiça do Trabalho será definida no Regimento Interno da Corregedoria Geral da Justiça do Trabalho. Ou seja, houve a delegação por parte do TST para a própria Corregedoria para que definisse quais seriam as suas atribuições.

Assim sendo, há de se expor que ao corregedor geral da Justiça do Trabalho compete exercer funções de inspeção permanente ou periódica, ordinária ou extraordinária, geral ou parcial sobre os serviços judiciários de segundo grau da Justiça do Trabalho. Além disso, deve a referida autoridade decidir reclamações contra atos atentatórios à boa ordem processual, praticados pelos tribunais regionais, seus presidentes e juízes, quando inexistir recurso processual específico. Por fim, cabe ao corregedor expedir provimentos para disciplinar os procedimentos a serem adotados pelos órgãos da Justiça do Trabalho, além de consolidar as respectivas normas.

Há de se observar que as duas primeiras funções específicas são quase as mesmas determinadas pelo texto celetista. Isto é, o grande implemento conferido à Corregedoria Geral da Justiça do Trabalho diz respeito à possibilidade desse órgão consolidar normas e expedir regulamentos de ordem disciplinar.

Como já registrado, o corregedor geral é um dos ministros do TST, eleito pelos seus pares, e atualmente não há mais qualquer distinção; qualquer um deles pode ser eleito (não há mais sentido na expressão juiz togado presente no texto celetista, como já explanado), até mesmo aqueles que ocupam esse cargo por força do quinto constitucional podem ocupar o cargo de corregedor geral.

Não obstante, existe uma miríade de outras funções conferidas ao corregedor (por força do art. 6º do diploma em comento) que são encaradas como complementares. Dentre essas, cabe destaque especial para duas delas. Consistem na possibilidade de ele elaborar o Regimento Interno da Corregedoria Geral e modificá-lo, submetendo-o à aprovação do órgão competente do Tribunal Superior do Trabalho; além da sua atribuição de processar e decidir pedidos de providência em matéria de competência da Corregedoria Geral da Justiça do Trabalho, inclusive atinentes ao cumprimento do sistema BACEN-JUD, exceto, quanto a este, no caso de suposta recusa da instituição financeira em acatar a ordem judicial de transferência do numerário bloqueado.

Importante lembrar que quem se submete à fiscalização da Corregedoria Geral (como dispõe o art. 7º de seu Regimento Interno) são os Tribunais Regionais do Trabalho, abrangendo todos os seus órgãos, seus Presidentes, juízes titulares e convocados, e as seções e os serviços judiciários dos Tribunais Regionais do Trabalho para a verificação do andamento dos processos, regularidade dos serviços, observância dos prazos e seus regimentos internos. Assim sendo, os juízes de primeiro grau não sofrem a fiscalização direta do corregedor geral, apenas estão sujeitos aos provimentos e demais atos normativos que porventura venham a ser exarados pela referida autoridade, muito embora não se sujeitem a sua fiscalização direta.

Os principais procedimentos que tramitam perante a Corregedoria Geral da Justiça do Trabalho são as correições e as reclamações correicionais. A correição pode ser instaurada *ex officio*, a requerimento das partes, de qualquer interessado, ou por determinação do Tribunal

Superior do Trabalho. Pode ocorrer ordinariamente, em regra, uma vez ao ano, ou extraordinariamente, sempre que for necessário, segundo o desenho das circunstâncias factuais.

Neste caso, existe a prática da ida do corregedor até a sede do tribunal e o exame de autos, registros e documentos das secretarias e seções judiciárias, além de tudo o mais que for considerado necessário ou conveniente por ele. Essa prática de correição não tem forma nem figura de juízo. Não é, portanto, ato jurisdicional típico.

Quando se faz correições nos Tribunais Regionais do Trabalho se emite uma ata, na qual estará contida, de forma minuciosa e detalhada, toda a atividade correicional desenvolvida. Nela também se colocam todas as recomendações feitas pelo corregedor a serem aplicadas nas localidades que foram alvo de tal procedimento. Essa ata deve ser lida em sessão formal do tribunal pleno ou órgão correspondente (órgão especial nos tribunais em que houver essa composição), na presença do corregedor geral, sendo nessa ocasião entregue uma cópia ao presidente do tribunal respectivo.

Já a reclamação correicional (disposta no art. 13 do Regimento Interno da Corregedoria Geral da Justiça do Trabalho) consiste em um ato que é cabível para corrigir erros, abusos e atos contrários à boa ordem processual e que importem em atentado a fórmulas legais de processo. O requisito fundamental para o manejo da reclamação correicional é que não haja recurso ou qualquer outro meio processual específico para sanar a irregularidade ocorrida.

Sua natureza jurídica é bastante discutida (e controversa) na doutrina processualista do trabalho. Existe uma corrente que defende que a reclamação correicional (ou correição parcial, como parte da doutrina o denomina) não é recurso, e sim um mero procedimento administrativo com a finalidade de sustar procedimentos do juiz que atentem contra a boa ordem processual (SARAIVA, 2006, p. 517).

Em contrapartida, existem aqueles doutrinadores que se filiam à tese defendida por Manoel Antônio Teixeira Filho (2003, p. 565-566). O referido estudioso enuncia que a reclamação correicional possui natureza jurídica de *recurso judicial* ***sui generis*** e de origem manifestamente *clandestina*.

O citado autor enfrenta os críticos que objetam a natureza recursal que se vem atribuindo à correição e argumentam que apenas são considerados recursos aqueles meios de impugnação aos atos dos juízes previstos em lei, e nas leis processuais vigentes. Acrescentam alguns críticos que inexiste qualquer referência a essa medida na lei de ritos (CPC) bem como no diploma celetista.

O fato de que a reclamação correicional não se encontra inserta no rol dos recursos (art. 496 do CPC e art. 893, *caput*, da CLT) apenas confirma o caráter clandestino que Teixeira Filho confere a esse ato processual, uma vez que essa figura procedimental penetrou nos regimentos internos dos tribunais brasileiros, e, desta feita, vem sobrevivendo até os dias de hoje. Entretanto, o referido autor destaca que o perfil recursal desse ato se revela na sua possibilidade de acarretar a reforma ou a cassação do ato judicial por ela atacado.

É previsto pelo art. 13, § 1º do Regimento Interno da Corregedoria Geral da Justiça do Trabalho que em situação extrema ou excepcional, poderá o corregedor geral adotar as medidas necessárias para impedir lesão de difícil reparação, uma espécie de antecipação de tutela, assegurando, dessa forma, eventual resultado útil do processo, até que ocorra o exame da matéria pelo órgão jurisdicional competente. Analisando, portanto, a reclamação, ele pode proferir uma decisão que de imediato suspenda o ato.

A forma como deve ser manejada essa ação encontra-se prevista nos demais parágrafos do referido artigo do Regimento Interno da CGJT. Esses dispositivos falam tanto da petição inicial quanto da apresentação das provas necessárias à comprovação dos fatos alegados e de documentos imprescindíveis ao processo.

A decisão do corregedor geral a respeito da reclamação correicional pode representar a rejeição liminar (quando, por exemplo, ela for incabível, inepta, intempestiva ou esteja desacompanhada de documento essencial). Pode ainda determinar a suspensão liminar (e imediata) do ato impugnado, ou pode também determinar o julgamento de plano dessa reclamação, quando se tratar de figura de improcedência da pretensão deduzida pela parte interessada.

4.5.1. Corregedorias regionais do trabalho

Os tribunais regionais do trabalho também têm a figura do corregedor, a quem compete, precipuamente, a fiscalização das atividades dos juízes de primeiro grau. Ele, portanto, não analisa a atividade do tribunal regional, nem dos seus integrantes, mas apenas o desempenho dos juízes titulares e substitutos das varas do trabalho e dos órgãos auxiliares a eles vinculados.

O diploma celetista em seu art. 682 estipula, precisamente em seu inciso XI, que o exercício da atividade correicional é de competência do presidente do TRT, mas isso vale também para os tribunais menores, que possuem uma composição pequena. Não há, portanto, a figura do corregedor, já que o presidente cumula as duas atividades: a de presidente e a de corregedor. Nada impede, no entanto, que se eleja um corregedor regional que detenha competências específicas. Cabe a cada regimento interno de cada tribunal definir essa regra. Excepcionalmente apenas alguns tribunais têm disposição legal que os obriga a ter um corregedor eleito, como é o caso do Tribunal Regional do Trabalho da 15ª Região, no qual há a exigência de dois juízes corregedores.

No geral, o art. 26 da Consolidação das Normas da Corregedoria Geral da Justiça do Trabalho determina que compete à Corregedoria, integrada pelo juiz corregedor regional e que contará com a colaboração de um juiz corregedor auxiliar, exercer as funções de inspeção e correição permanentes com relação aos juízes de primeiro grau e respectivos órgãos e serviços judiciários.

A natureza das atribuições do corregedor regional é meramente administrativa e procedimental. Cabe a ele dirigir a fiscalização dos serviços das unidades de primeiro grau e do cumprimento dos deveres por parte dos juízes vinculados ao tribunal (tanto titulares quanto substitutos). Ela não possui, portanto, nenhum caráter jurisdicional.

Os deveres do corregedor regional encontram-se dispostos no art. 16 da referida Consolidação Nacional da CGJT. Dentre esses deveres se destaca a necessidade de realizar correição ordinária anual e presencial nas varas do trabalho e também nas demais unidades judiciárias da região, sem prejuízo de correição extraordinária sempre que reputar necessário.

Deve ainda o corregedor apurar e controlar a regularidade na utilização do sistema BACEN JUD pelos juízes. O sistema de bloqueio de valores deve ser usado com bastante cautela e parcimônia pelos juízes, devendo o Corregedor sempre atuar em casos que denotem abuso de tal sistema.

Cabe ainda aos corregedores promover a apuração de responsabilidade funcional dos juízes de vara do trabalho da região, titulares e substitutos, em caso de infração disciplinar, devendo sempre ser observada a Resolução nº 30 do CNJ, que trata da responsabilização administrativa dos magistrados.

Essa consolidação traz em seu art. 17 as hipóteses de vedações ao corregedor regional. A primeira delas consiste em vedar a convocação de juiz titular de vara do trabalho ou juiz do trabalho substituto para auxiliar nas correições, afinal, se isso fosse possível, toda a imparcialidade do procedimento de apuração restaria comprometida, dada a interferência do convocado. O artigo também veda que o corregedor se faça acompanhar, nas correições, de juiz de vara do trabalho, titular ou substituto, ou permitir que magistrado de primeiro grau, estranho à vara do trabalho sob correição, manipule processos dessa jurisdição. Mais uma vez, tenta-se resguardar a não interferência de um juiz no trabalho de outro, deixando, assim, imaculada a sua função decisória.

Os principais procedimentos que estão à mercê das corregedorias regionais por força das atribuições a elas elencadas e já vistas anteriormente são o procedimento correicional e a reclamação correicional, a exemplo do que ocorre também na Corregedoria Geral da Justiça do Trabalho.

A correição propriamente dita visa à fiscalização do cumprimento dos deveres funcionais dos juízes e, ainda, da regularidade dos serviços da unidade judiciária de primeiro grau. Ela pode ser instaurada *ex officio*, a requerimento das partes e de qualquer interessado ou, até mesmo, por determinação do tribunal. Em sua modalidade ordinária, ocorre uma vez por ano. Todavia, destaque-se que também poderá ocorrer extraordinariamente, hipótese em que a correição terá de acontecer sempre que assim for necessário.

Na correição, há a possibilidade de exame de autos, livros, registros, fichas, papéis e documentos e tudo o mais que for necessário ou conveniente pelo corregedor para o bom proceder de seu mister fiscalizatório. Ao final da correição, tal como ocorre na Corregedoria Geral, deve-se elaborar uma ata que conterá detalhadamente toda a atividade correicional desenvolvida e as recomendações feitas.

A correição parcial, que tramita no âmbito dos tribunais regionais, mais especificamente perante os corregedores regionais, segue o mesmo padrão das reclamações correicionais do TST. Ela é igualmente o meio processual adequado para corrigir erros, abusos e atos contrários à boa ordem processual, ação ou omissão que importe erro de procedimento (os quais dizem respeito à validade do processo).

A reclamação correicional somente é pertinente quando não há recurso específico, uma vez que esse é o requisito indispensável para seu manejo. O prazo para utilização desse meio processual é comumente fixado nos regimentos internos. Tem-se como regra o prazo de cinco dias para que a correição parcial seja disposta pela parte que está a sofrer os efeitos danosos do tumulto procedimental.

Em regra, postula-se diretamente ao corregedor regional, o qual tem a possibilidade de suspender o ato motivador do pedido, quando for relevante o fundamento e se de tal ato impugnado puder resultar a ineficácia da medida, caso seja deferida. Da mesma forma, é uma espécie de antecipação de tutela em sede de correição parcial.

A referida autoridade judiciária também pode liminarmente indeferir a reclamação correicional caso não sejam preenchidos os requisitos ou ainda se o pedido deduzido na petição for tido como manifestamente intempestivo ou descabido.

4.6. Referências

BOTTINI, Pierpaolo Cruz. *Os desafios do conselho nacional de justiça.* Disponível em: <www.migalhas.com.br/mostra_noticia_articuladas.aspx?cod=16081>. Acesso em: 25 mai. 2010.

CAMPILONGO, Celso. *Magistratura, sistema jurídico e político* in FARIA, José Eduardo (org.). *Direito e justiça: a função social do judiciário.* 3ª ed., São Paulo: Editora Ática, 1997.

CARVALHO, Kildare Gonçalves. *Direito constitucional: teoria do estado e da constituição, direito constitucional positivo.* 15ª ed., Belo Horizonte: Del Rey, 2009.

ENTERRÍA, Eduardo García; FERNANDEZ, Tomás-Ramón. *Curso de derecho administrativo.* 8ª ed., vol. I Madrid: Civitas, 1998.

MENDES, Gilmar; COELHO, Inocêncio Mártires; BRANCO, Paulo Gustavo Gonet. *Curso de direito constitucional.* 2ª ed., São Paulo: Saraiva. 2008.

MORAES, Alexandre de. *Direito constitucional.* 19ª ed. Atlas: São Paulo, 2006.

SAMPAIO, José Adércio Leite. *O conselho nacional de justiça e a independência do judiciário.* Belo Horizonte: Del Rey, 2007.

SARAIVA, Renato. Curso de direito processual do trabalho. 3ª ed., São Paulo: Editora Método, 2006.

SILVA, Antônio Álvares. *Reforma do judiciário: uma justiça para o século XXI.* 2ª ed., Belo Horizonte: Del Rey, 2004.

SILVA, José Afonso da. *Curso de direito constitucional positivo.* 27ª ed., São Paulo: Revista dos Tribunais, 2006.

TEIXEIRA FILHO, Manoel Antônio. *Sistema dos recursos trabalhistas.* 10ª ed., São Paulo: LTr, 2003.

PARTE 5

Responsabilidade civil, penal e administrativa dos magistrados

5.1. Introdução – conceituação de responsabilidade

Ao se tratar da responsabilidade dos magistrados em quaisquer das esferas de sua aplicação, é de grande importância traçar, ainda que propedeuticamente, os seus contornos conceituais mais genéricos, para que se possa, depois, delinear com maior propriedade o seu espectro de incidência.

Nos últimos tempos, a doutrina, especialmente a alemã, vem se esforçando em determinar conceitualmente qual a abrangência pragmática da responsabilização de sujeitos. Assim sendo, com esse escopo bem definido, traçaram-se dois institutos bastante caros ao tema ora abordado.

Os referidos institutos são o da *obrigação* (do original, em alemão, *schuld*) e o da *responsabilidade* (do original, em alemão, *haftung*). O *schuld* é o dever de cumprimento espontâneo da prestação. Caso o débito não seja cumprido desta maneira, surge a prerrogativa ao credor de intervir no patrimônio do devedor (*haftung*) e de lá retirar a sua respectiva reparação (WALD, 1994, p. 465).

Desse modo, há de se considerar que, ao se perpetrar a violação de uma obrigação, enseja-se a responsabilidade e, com isso, o dever de reparar o dano para restabelecer a situação que existiria se o ato ilícito não tivesse sido praticado. Restabelece-se, assim, a situação jurídica anterior – casos de indenização relativos a danos materiais – ou de uma situação compensatória, como os casos de reparação em razão de danos morais.

Há de se destacar que, comumente, as pessoas físicas respondem por seus atos em três esferas distintas de responsabilização: civil, penal e administrativa. Assim, a título exemplificativo, um acidente de trânsito com vítima poderá findar em uma penalidade administrativa, na reparação civil e na punição criminal, como disciplina o Código de Trânsito Brasileiro, arts. 161 e 291 e também o Código Civil, no art. 927.

Semelhantemente, um dano ambiental poderá resultar em três tipos de responsabilidade (CR/1988, art. 225, § 3º), lembrando que, nesse caso, a tripla responsabilização é extensível também às pessoas jurídicas.

A mesma sistemática apresentada por meios exemplificativos se aplica aos magistrados e aos servidores públicos em geral, nos casos em que os magistrados, apesar de serem membros do Poder Judiciário, são considerados servidores públicos para efeitos de responsabilização penal. Um só fato pode suscitar responsabilidade nas três distintas esferas.

É justamente com a sistemática acima apresentada que se vislumbra manter a integridade de todos os princípios de ordem ética da magistratura e também das regras de conduta, expostas na Lei Orgânica da Magistratura Nacional. Assim, os meios de responsabilização findam por se encaixar no sistema administrativo como forma de *accountability*, uma vez que possibilitam a devida responsabilização dos magistrados (aqui compreendidos como gestores públicos) quando incidirem em condutas eivadas de equívoco ou impropriedades.

Depois de traçado esse panorama, convém abordar, já no próximo tópico, a responsabilidade civil dos magistrados e suas peculiaridades. Na sequência, há de se tratar da responsabilidade penal dos magistrados e suas possibilidades persecutórias, bem como sua equiparação aos servidores públicos para fins penais. Por fim, será analisada a responsabilidade administrativa dos magistrados, mais uma vez destacando sua responsabilização como gestores públicos (*accountability*), sempre levando em conta as disposições textuais da LOMAN.

5.2. Responsabilidade civil dos magistrados

A responsabilidade dos agentes administrativos é tratada, em sua acepção mais ampla, no próprio texto constitucional, mais especificamente no art. 37, § 6º, o qual dispõe que:

> As pessoas jurídicas de direito público e as de direito privado prestadoras de serviços públicos responderão pelos danos que seus agentes, nessa qualidade, causarem a terceiros, assegurado o direito de regresso contra o responsável nos casos de dolo ou culpa.

O referido artigo da Carta da República apresenta uma espécie de regra de irresponsabilização pessoal direta dos agentes administrativos propriamente ditos. Na verdade, o que é proposto é uma reserva de lei na tipificação da responsabilidade (Silva, 2010), pois, nesses casos de danos praticados por tais agentes, a pessoa jurídica do Estado é que se responsabilizará por tais condutas. É de se dizer, ainda, que não caberá àquele que sofreu o dano perquirir do próprio agente administrativo a reparação ou a indenização devida.

Ressalve-se que a responsabilidade, no Direito brasileiro, difere muito pouco dos países que adotam o sistema romano-germânico. A diferença existe, por exemplo, na Itália e Espanha, onde a sistemática da responsabilidade civil dos magistrados é distinta: a responsabilidade é solidária entre o Estado e o juiz (ARRUDA, 2010, p. 167), postura jurídica que recebe constantes críticas, visto que ambas acabam por terem origem na mesma causa.

No sistema pátrio, os magistrados, por serem agentes administrativos na acepção mais ampla e genérica possível – pois são, na realidade, agentes políticos –, também se enquadram nessa premissa inicial de uma não responsabilização civil pessoal.

Contudo, a disciplina legal para os juízes não finda apenas nessa definição responsabilizatória extremamente vaga e dispersa. Isso porque tanto a referida Lei Orgânica (Lei Complementar nº 35) quanto o Código de Processo Civil trazem uma regra complementar a essa disposição genérica.

Assim sendo, tem-se estabelecido positivamente que a previsão do art. 49 da LOMAN praticamente repete o art. 133 do CPC, prescrevendo a responsabilidade por perdas e danos quando o juiz agir com dolo ou fraude no exercício de suas funções e quando recusar, omitir ou retardar, sem justo motivo, providência que deva ordenar de ofício ou a requerimento das partes.

Há de se fazer a ressalva de que essa última hipótese ocorrerá somente se, após requerimento da parte ao magistrado, a determinação necessária não for atendida no prazo de dez dias (BARBI, 1975, p.542). Impende ainda destacar que o motivo justo, como o acúmulo de serviço, é suficiente para excluir a responsabilidade do magistrado quando este protela o andamento do processo.

Assim sendo, percebe-se que a responsabilização civil dos magistrados é algo excepcional e bastante difícil de ocorrer. Tal formato de responsabilização é o mais correto, pois se fosse de outra maneira, isto é, se sempre o juiz respondesse civilmente por suas decisões, muito provavelmente haveria uma legião de magistrados amedrontados, que não resolveriam os casos que lhes fossem submetidos com a devida coragem e independência de consciência pelo justificável temor de serem responsabilizados por suas deliberações.

Assim, a questão da dificuldade de responsabilizar os magistrados civilmente converte-se em uma técnica legislativa que impulsiona a própria atividade jurisdicional, atuando como garantia de independência dos magistrados. Tal obstáculo lhes confere a segurança necessária para decidir de maneira independente e imparcial.

5.3. Responsabilidade penal dos magistrados

Para que se possa falar com propriedade acerca da responsabilidade penal dos magistrados cumpre traçar uma breve distinção entre a responsabilidade penal e as possibilidades faltosas destes. Isto é, os juízes podem praticar condutas que são consideradas faltas éticas, disciplinares ou criminais. Uma mesma conduta pode caracterizar as três infrações, embora também possa se enquadrar em apenas uma dessas categorias de faltas.

Para efeitos de persecução penal, apenas as faltas criminais são relevantes. O fato de o juiz poder ser processado penalmente não afasta as outras apurações de faltas de natureza diversa.

Desse modo, exemplificativamente, um magistrado que porventura destratar injustificadamente uma testemunha durante sua oitiva poderá, concomitantemente, sofrer ação penal por abuso de autoridade, com base no art. 4º, "h" da Lei nº 4.898/1965, além de também ter de responder a procedimento administrativo com fundamento no art. 35, IV da Lei Orgânica da Magistratura Federal – LOMAN.

Assim sendo, ao se analisar a responsabilidade penal dos magistrados, há de se asseverar que ela pode advir tanto da prática de crime comum – todos os previstos no Código Penal –, assim como dos crimes que só podem ser praticados por funcionários públicos, incluindo os juízes, tais como: violência arbitrária, peculato, prevaricação, emprego irregular de verbas públicas, sonegação, entre outros.

Os aludidos crimes, quando praticados por magistrados, recebem duplo tratamento de responsabilidade: interno, por meio de processo administrativo e disciplinar; e externo, por meio de processos judiciais (ARRUDA, 2010, p. 168).

Ainda estão sujeitos ao processo de responsabilidade administrativa civil e penal, nos casos da Lei nº 4.898/1965, referentes a casos de abuso de autoridade, possuindo os juízes privilégio de foro para o seu processamento e julgamento.

Em termos de competência para a apuração de faltas criminais, há de se salientar que os juízes de primeira instância respondem perante os tribunais aos quais estão subordinados, excetuando-se apenas os juízes do trabalho, que, por não haver competência penal alguma na Justiça do Trabalho, possuem foro privilegiado no Tribunal Regional Federal.

Os desembargadores e juízes de segunda instância, por sua vez, deverão ser processados no Superior Tribunal de Justiça. Os ministros dos tribunais superiores (por exemplo, STJ) devem ser processados penalmente no Supremo Tribunal Federal e os Ministros desta Corte Máxima possuem foro privilegiado no Senado (crimes de responsabilidade) ou no próprio STF, quando se tratar de crimes comuns.

5.4. Responsabilidade administrativa dos magistrados

A fundamentação da responsabilidade administrativa dos magistrados correlaciona-se à garantia de independência no exercício da função jurisdicional, pois decorre da Constituição da República que a subordinação do juiz deve ser tão somente ao ordenamento jurídico e a sua consciência (ARRUDA, 2010, p. 168).

Isto é, mesmo que haja a necessidade de se imputar a responsabilidade de cunho administrativo aos magistrados quando procederem de maneira contrária aos ditames do regime jurídico-administrativo ao qual estão submetidos, tal imputação deve ser sempre interpretada levando em conta a necessidade de o magistrado decidir apenas com base na lei (em sentido amplo) e no seu convencimento motivado (CR/1988, art. 93, IX).

Somente com a entrada em vigor da Lei Orgânica da Magistratura é que foi traçado um sistema normativo unificado para regulamentar as infrações administrativas dos juízes e desembargadores em geral.

O sistema determinou seis formas de disciplinamento administrativo para os magistrados faltosos. Segundo o art. 42 da LOMAN, essas sanções podem ser: advertência, censura, remoção compulsória, disponibilidade com vencimentos proporcionais, aposentadoria com vencimentos proporcionais e demissão.

O legislador pátrio excluiu a suspensão como sanção administrativa para os magistrados, sob o argumento de que um juiz suspenso não teria condições de exercer suas funções quando retornasse à vara.

Nessa hipotética situação, além de a vara ter acumulado muitos processos pela impossibilidade operacional de uma efetiva substituição em razão de lapso temporal tão exíguo, no retorno do magistrado hipoteticamente suspenso, este estaria certamente "desambientado" e "desacreditado" por ter sido afastado de suas funções jurisdicionais em razão de uma sanção.

Nos artigos precedentes aos que delimitam positivamente quais as sanções cabíveis, a LOMAN se preocupa em estabelecer que a sanção aplicada deve ser exercida com a devida observância da independência e da dignidade dos magistrados, uma vez que, pelo cargo de destaque que ocupam, não podem ser vilipendiados por suas expressões jurisdicionais, muito menos por suas convicções quando racionalmente motivadas.

Nesse sentido, o art. 41 bem determina que, salvo os casos de impropriedade ou excesso de linguagem, o magistrado não pode ser punido ou prejudicado pelas opiniões que manifestar ou pelo teor das decisões que proferir.

5.4.1. Advertência e censura

Adentrando especificamente na análise de cada espécie de sanção administrativa que podem ser submetidas aos magistrados, convém destacar, inicialmente, que as penas de advertência e censura são reservadas para as infrações de menor potencial ofensivo.

A advertência restringe-se a casos de negligência no cumprimento dos deveres do cargo (LOMAN, art. 43) e a censura refere-se às práticas reiteradas de negligência no cumprimento dos deveres inerentes ao cargo de juiz, ou, ainda, em caso de procedimento incorreto (LOMAN, art. 44).

Desta feita, a advertência, por ser menos grave, é cabível em uma ocorrência isolada – por exemplo, a demora injustificada na assinatura de um alvará de levantamento de depósito; a censura, por sua vez, ocorre na hipótese de continuidade de infrações administrativas – por exemplo, omissão reiterada em despachar os processos – ou nos casos que possam configurar o que a lei denomina de procedimento incorreto, também sendo esta a forma mais complexa de responsabilização administrativa, dada a sua amplitude conceitual.

Há de se apor especial destaque à segunda hipótese, em que a pena de censura pode ser aplicada. A referida hipótese trata dos casos nos quais se perquire sancionar o juiz por proceder incorretamente. A conceituação de procedimento incorreto é bastante complexa, basicamente por se tratar de uma norma em aberto, a qual dá larga margem interpretativa ao hermeneuta. Segundo entendimento de Freitas (2010), o procedimento incorreto é o inadequado, descabido, condenável.

Como já mencionado, o legislador se valeu de um conceito jurídico aberto porque seria impossível prever, exaustiva e taxativamente, todas as hipóteses de ação ou omissão reprováveis administrativamente que pudessem ser imputadas aos juízes.

Destarte, o mesmo autor exemplifica que "tanto pode ser incorreto suspender uma audiência para tratar de assuntos particulares, como valer-se da condição de magistrado para desobrigar-se de um dever comum a todos." Ou seja, são vastas as possibilidades reais que podem vir a configurar um procedimento incorreto, sendo impossível que se possa elencá-las detalhadamente sem que alguma passe despercebida, por isso o legislador preferiu expressar-se através de um conceito suficientemente amplo para se renovar temporalmente e fornecer uma grande elasticidade interpretativa, enquadrando várias condutas como procedimento incorreto.

Todavia, é necessário ser razoável ao enquadrar o procedimento de certas condutas como incorreto. Algumas condutas poderão ser apenas faltas éticas – por exemplo, criticar outros colegas de profissão – ou mesmo falta de educação – por exemplo, não cumprimentar os funcionários –, sem que tais hipóteses configurem atitude reprovável do ponto de vista legal, ensejando responsabilização administrativa.

Ademais, cumpre destacar que a pena de censura possui grande repercussão na evolução da carreira do juiz, uma vez que, havendo a sua imposição, o juiz alvo de tal medida fica impedido de ser promovido por merecimento no prazo de um ano, contado a partir da data de sua imposição, como assevera o parágrafo único do art. 44 da LOMAN.

5.4.2. Remoção (como sanção administrativa)

A remoção é a sanção administrativa de grau intermediário, isto é, direciona-se a condutas mais graves que aquelas punidas por advertência e por censura, embora seja mais branda que a disponibilidade e perda do cargo. Na prática, a sanção de remoção é muito pouco utilizada, isso porque, do ponto de vista pragmático, é bastante complicado remover um juiz que praticou alguma conduta reprovável para outro local, já que, certamente, a localidade de destino do juiz não ficará satisfeita em receber um magistrado não só com um histórico problemático, mas removido em razão dele.

A remoção, portanto, visa a retirar o juiz de onde ele habitualmente exerce seu mister. É utilizada nos casos em que o juiz se envolve em situação de fato que o impede de exercer, com acerto, suas funções jurisdicionais. Vislumbra-se sua aplicabilidade em casos em que há certa tensão entre o magistrado e grande parte da comunidade onde ele atua, ou em casos em que, por envolvimentos pessoais, alguns setores da comunidade passam a ter desavenças com o magistrado, impossibilitando o pleno exercício do seu ofício.

Por fim, há de se destacar que apesar de o art. 45 prever para a remoção a necessidade da manifestação de dois terços dos membros do tribunal pleno ou do órgão especial (quando houver), o art. 93 da Constituição da República, em seu inciso VIII, assevera que o ato de remoção, disponibilidade e aposentadoria do magistrado, por interesse público, fundar-se-á em decisão por voto da maioria absoluta do respectivo tribunal ou do Conselho Nacional de Justiça, assegurada ampla defesa.

Cabe ressaltar também que por expressa disposição legal (no art. 42, parágrafo único, e art. 45, inciso II), tanto a remoção quanto a advertência e a censura são aplicáveis somente aos magistrados (juízes) de 1º grau de jurisdição, fato esse que terá repercussão direta na própria aplicação das sanções mais severas (disponibilidade e aposentadoria compulsória), como se verá mais adiante.

5.4.3. Disponibilidade e aposentadoria compulsória

Tanto a disponibilidade quanto a aposentadoria compulsória são espécies de sanções administrativas aplicáveis aos magistrados que visam a coibir condutas consideradas graves. Assim sendo, colocar um magistrado em disponibilidade consiste em torná-lo não adstrito a uma determinada localidade, podendo ser convocado pelo tribunal ao qual está vinculado para atuar segundo a sua discricionariedade. Desta feita, enquanto não seja convocado, o magistrado passa a receber seus proventos de forma proporcional ao tempo de exercício no ofício jurisdicional.

A aposentadoria compulsória se destina aos casos em que a disponibilidade é aplicável, contudo, a diferença nesse caso é que o magistrado já possui tempo suficiente para se aposentar. Destarte, o tribunal ao qual ele esteja vinculado promove a sua aposentadoria, sem necessidade da aquiescência do magistrado para tanto. Ou seja, como não se aposenta voluntariamente, o tribunal pode fazê-lo, como sanção administrativa a uma determina conduta que seja fortemente reprovável. Seus vencimentos serão integrais, como o de todos os demais magistrados que já tenham tempo suficiente para se aposentar.

Assim como asseverado na análise do instituto da remoção, considerada nesse tópico como sanção administrativa, para que haja a imposição da disponibilidade ou da aposentadoria compulsória devem ser seguidas as determinações do art. 93, VIII, da Constituição da República. Ou seja, exige-se a manifestação da maioria absoluta dos membros do tribunal para que sejam aplicadas tais sanções, e, não os dois terços, mencionados na LOMAN.

Há de se pontuar que, uma vez impostas tais sanções, não cabe qualquer recurso na esfera administrativa, nem mesmo pedido de reconsideração, como já bem pacificou a matéria o Superior Tribunal de Justiça, no Recurso de Mandado de Segurança nº 4.132/SP, julgado pela 6ª Turma, o qual teve como relator o Min. Hamilton Carvalhido.

Foi estabelecido que dado o interesse público do afastamento do juiz, não cabe nenhuma espécie de revisão administrativa dessa decisão, sendo facultado ao interessado ingressar na via judicial para desconstituir o ato, caso esteja eivado de ilegalidade, haja vista que não se poderá discutir o mérito administrativo de tal decisão.

Impende ressaltar que a aplicação das referidas sanções, tanto a disponibilidade quanto a aposentadoria, são, usualmente, pouco compreendidas pela sociedade de uma maneira geral. Em regra, tais decisões que determinam a disponibilidade de um magistrado ou a sua aposentadoria não voluntária são vistas como meios ou subterfúgios utilizados pelos magistrados para se esquivar de suas ações ou condutas, não condizentes com o cargo que ocupam.

Desta maneira, fica a impressão, para os leigos, de que não houve nenhuma sanção imposta ao magistrado, e, sim, que ele findou por não receber a punição que deveria, ou seja, algo mais grave, como uma "demissão" (mais adiante se verá que essa sanção não existe mais, embora ainda prevista na LOMAN).

Na verdade, as aplicações de sanções administrativas possuem como enfoque primordial a manutenção dos bons trabalhos e da boa imagem do Judiciário brasileiro. Seguindo esse raciocínio, uma decisão que promova a disponibilidade ou a aposentadoria de um magistrado que comete uma falta grave está atendendo a essa premissa de maneira inexpugnável. O que se visa não é o escarnecimento pessoal do juiz ou desembargador, e sim a manutenção da irretocável e ilibada imagem do Judiciário pátrio, para que a sociedade continue a confiar em seus desígnios jurisdicionais.

Assim sendo, apesar de uma compreensão à primeira vista um tanto complicada, as referidas sanções devem ser aplicadas sempre que a conduta grave de um magistrado seja apurada. Além da necessidade estrita de se seguir as determinações da LOMAN a esse respeito, deve-se primar pela imagem do Judiciário como um todo, seja pondo o magistrado em disponibilidade para depois reaproveitá-lo, ou para retirá-lo do quadro da magistratura por meio de uma aposentadoria não manifestada por vontade própria.

Como já mencionado, as penas de advertência, censura e remoção só se aplicam aos juízes de primeira instância. Essa regra contida na LOMAN é de todo injustificada porque se fundamenta em uma norma de tratamento totalmente despida de isonomia, promovendo a distinção entre magistrados de diferentes graus de jurisdição, como se uns (segunda instância e tribunais superiores) fossem superiores aos outros (primeira instância).

Ademais, a grande problemática não é apenas o tratamento desigual entre magistrados, mas sim a repercussão prática do efeito dessa norma. Quando magistrados de segundo grau ou ministros de tribunais superiores cometem alguma falta grave e que, contudo, não seja relevante o suficiente para que seja posto em disponibilidade ou aposentado compulsoriamente, a conduta, apesar de grave, findará por não ser punida, pois apenas essas duas espécies seriam aplicáveis ao magistrado.

Acaba-se por considerar o fato atípico e o magistrado faltoso não é punido. Assim, além de se gerar um quadro de distinção infundada entre magistrados, é possível argumentar que se promove certo grau de injustiça por meio de tal regra sancionatória.

5.4.4. Demissão

A pena de demissão é a última a ser prevista no rol de sanções do art. 42 da LOMAN. Todavia, essa regra disciplinar só se manteve válida até 1988, quando foi editada a nova Constituição. Isto porque no inciso I, do art. 95, está disposto que os juízes são vitalícios e só perderão o cargo através de sentença judicial transitada em julgado.

Aliás, há de se destacar que nem mesmo o Conselho Nacional de Justiça tem poderes para aplicar pena de demissão (CR/1988, art. 103-B, § 4º, III), apesar de este ser o órgão administrativo máximo da estrutura judiciária brasileira a quem compete revisar e aplicar sanções mais pungentes.

Desse modo, segundo os ditames constitucionais, a demissão do magistrado não pode advir de uma decisão administrativa, sendo somente possível essa modalidade de desligamento do Poder Judiciário por meio de sentença transitada em julgado. Como o texto constitucional não fala na natureza da sentença judicial, entende-se que tanto pode ser uma sentença penal transitada em julgado quanto uma sentença civil transitada em julgada – como no caso de alguma responsabilização indenizatória em razão de seu ofício.

Assim, vislumbra-se a possibilidade de o juiz perder o cargo por meio de uma sentença civil transitada em julgado, desde que o objeto nela tratado seja diretamente relacionado ao seu ofício (FREITAS, 2010). Porém, essa hipótese, apesar de plausível, é de repercussão prática quase que improvável, para não ser totalmente inexorável nessa análise e dizer que realmente não existe em termos realísticos. Isso porque esse tipo de ação, ao tramitar por todas as instâncias do Poder Judiciário, poderá levar até dez anos para ser concluída (em média) e é evidente que a demissão por esse fato raramente ocorrerá.

A situação é totalmente diversa quando se trata de condenação criminal, ou seja, nos casos de sentença penal condenatória transitada em julgado a perda do cargo de Juiz é imediata, tal como dispõe a alínea "b", do inciso I, do art. 92 do Código Penal. Assim, a perda do cargo será automática, independentemente de qualquer questionamento. Transitada em julgado a condenação criminal, o juiz de direito deverá comunicar o fato ao tribunal ao qual o condenado estiver vinculado, que procederá de imediato à demissão. Para tanto, prescinde-se da abertura de novo processo ou oportunizar nova defesa, haja vista que já foi utilizada na ação penal originária.

Apresentando-se toda a sistemática de sanções aplicáveis aos magistrados, convém asseverar que as disciplinas as quais lhes podem ser impingidas seguem uma gradação normativa, assim, não é sensato aplicar a toda e qualquer infração de cunho administrativo a sanção mais gravosa, pois isso seria uma flagrante desproporcionalidade.

Outrossim, nas palavras de Carlos Gustavo Viana Direito (2003, p. 122) há de se entender que é importante haver uma gradação da pena disciplinar. Assim, as penas mais graves, em princípio, só devem ser aplicadas quando o juiz já demonstra indisciplina comprovada por meio de outras punições. A aplicação das demais penas administrativas – remoção compulsória, disponibilidade e aposentadoria proporcional – afetarão diretamente as garantias constitucionais do juiz, como a vitaliciedade, a inamovibilidade e a irredutibilidade salarial.

Um ótimo direcionamento na gradação sancionatória, como já aludido anteriormente, é a intensidade com a qual a conduta do juiz afeta a boa imagem ou o bom procedimento da magistratura como um todo. Igualmente, quando as condutas irregulares por eles praticadas são eivadas de desvios funcionais, imbuídas de invocação de sua condição funcional, ou como causa de isenção da responsabilidade denotam espécies de faltas que, obrigatoriamente, devem ser punidas com maior rigor para que possam caracterizar a preocupação das instâncias administrativas em preservar a magistratura dos atos irresponsáveis de alguns magistrados.

5.4.5. Sistemática do procedimento administrativo

Para que seja apurada alguma conduta do magistrado reputada como dissonante do que se espera de seu comportamento ilibado, deve a notícia da infração administrativa ser levada à Corregedoria Geral, órgão disciplinar dos tribunais, destinado a apurar as faltas dos juízes de primeiro grau.

É nesse momento que se faz uma análise de quais atos suscitados como infrações devem ser apurados com mais rigor e quais são totalmente infundados e descabidos – usualmente fruto do inconformismo natural de partes ou advogados que não conseguem assimilar insucesso em ação judicial. Assim, cabe ao corregedor espargir as representações inconsistentes, conforme o caso, sem sequer pedir informações ao magistrado sobre os fatos narrados.

Havendo indícios de que o magistrado cometeu alguma infração disciplinar, abrem-se dois caminhos de apuração. O primeiro consiste em processo administrativo, denominado pelo regimento interno de alguns tribunais como *sindicância*, cabível para os casos de infração de menor relevância, ou seja, quando a pena a ser aplicada consistir apenas em advertência ou censura. A simples abertura desse procedimento já necessita dos votos motivados da maioria absoluta dos membros do tribunal (CR/1988, art. 93, inciso X) ou por decisão do corregedor geral, caso o regimento interno lhe delegue tal competência. Ressalte-se que apesar de a Constituição exigir que a sanção seja aplicada pelo voto motivado da maioria absoluta dos membros do tribunal pleno ou do órgão especial, nada impede que a abertura desse procedimento seja feita pelo magistrado encarregado das funções máximas da Corregedoria. Isto porque o dispositivo constitucional não veda que o regimento designe outro órgão para apurar tais infrações, apenas reserva a aplicação da sanção ao pleno ou ao órgão especial.

A outra possibilidade diz respeito a apuração dos desvios funcionais dos magistrados de segundo grau e dos desembargadores. Estes casos são mais raros, não porque não aconteçam na prática, e sim porque a maioria dos tribunais está despreparada para enfrentar tal situação. Muitos não têm sequer previsão em seus regimentos internos de qual procedimento adotar.

Na maioria das vezes, a apuração fica por conta do presidente do tribunal ou por alguém dos conselhos de magistratura ou, até mesmo, do órgão especial. Nesses casos, salienta Freitas (2010), as dificuldades são imensas, por toda sorte de motivos, tais como convivência, relações interpessoais, vínculos decorrentes de política interna e outros tantos.

É comum que os procedimentos para a apuração de desvios funcionais de cunho administrativo estejam previstos nos regimentos internos dos tribunais, diplomas que devem observar os mandamentos constitucionais e as regras infraconstitucionais estabelecidas na LOMAN, isto é, obedecer à estrutura de apuração definida no art. 27 da referida lei.

Assim, o procedimento para a decretação da perda do cargo terá início por determinação do tribunal, do órgão especial a que pertença ou esteja subordinado o magistrado, de ofício ou mediante representação fundamentada do Poder Executivo ou Legislativo, do Ministério Público ou do Conselho Federal ou Secional da Ordem dos Advogados do Brasil.

Em qualquer hipótese de apuração de infrações administrativas, a instauração do processo preceder-se-á de defesa prévia do magistrado, no prazo de 15 dias, contados da entrega da cópia do teor da acusação e das provas existentes. Tal escorço deverá ser remetido pelo presidente do tribunal, mediante ofício, em até 48 horas subsequentes, contadas do momento da apresentação da acusação.

Terminado o prazo de defesa prévia, haja ou não sido apresentada, o presidente, no dia útil imediato, deverá convocar o tribunal ou o seu órgão especial para que, em sessão secreta, decida sobre a instauração do processo, e, caso seja determinada, no mesmo dia distribuirá o feito e o entregará ao relator.

Certa polêmica foi gerada na determinação do § 2º (também constante no § 6º do art. 27 da LOMAN) que estatui a necessidade de sessão secreta para a decisão da instauração (§ 2º) e para a aplicação da sanção (§ 6º), determinações essas se contrapõem à redação do inciso X do art. 93 da Constituição. Segundo o citado artigo, as decisões administrativas dos tribunais serão motivadas em sessão pública, sendo as disciplinares tomadas pelo voto da maioria absoluta de seus membros. Logo, mesmo as decisões de caráter administrativo devem ser tomadas em sessão pública.

O questionamento que surge é o de como ponderar a publicidade de um ato que instaura investigação administrativa de magistrado (§ 2º – nesse caso ainda não se fala em aplicação da sanção propriamente dita) com o resguardo necessário da imagem do magistrado, pois, não há, até esse ponto, como se prever se a sanção será realmente aplicada.

Com base nessas ponderações, tem-se admitido que a instauração do procedimento investigatório pode ser tomada em sessão secreta, e que apenas a aplicação da sanção é que deve ser feita em sessão pública. Desta forma se estaria garantindo tanto a proteção da imagem do membro do Judiciário, quanto a devida transparência na tomada de decisões que lhes possam impor sanções de cunho administrativo.

Seguindo na trilha dos trâmites administrativos dos procedimentos de apuração, o tribunal pleno ou seu órgão especial, na sessão em que ordenar a instauração do processo, como no curso dele, poderá afastar o magistrado do exercício das suas funções, sem prejuízo dos vencimentos e das vantagens até a decisão final. O escopo dessa norma é garantir que a apuração investigatória não seja turbada nem sofra pressões externas, tanto no sentido de absolver como de impor sanção ao magistrado investigado.

Há de se anotar também que a LOMAN estabelece o prazo de 20 dias para que as provas requeridas e deferidas, bem como aquelas que o relator determinar de ofício, sejam produzidas devendo estar cientes de tal instrução probatória o Ministério Público, o magistrado ou o procurador por ele constituído, para que possam delas participar.

Terminada a instrução probatória, o Ministério Público e o magistrado ou seu procurador terão, de maneira sucessiva, vista dos autos por dez dias, para que possam aduzir as razões finais que julguem pertinentes ao caso.

Por fim, a LOMAN estabelece que da decisão deve-se publicar somente a conclusão. Dessa maneira fica estabelecida a punição administrativa dos juízes, com sua devida motivação por parte da maioria absoluta dos membros do órgão responsável por sua aplicação, sem que, contudo, tenha que publicar todos os demais atos constantes de tal averiguação. O § 8º do art. 27 da LOMAN, que previa os casos de decisões de perda do cargo, não foi recepcionado, uma vez que não poderá mais haver demissão de magistrados sem que haja sentença judicial transitada em julgado, tal como já pontuado anteriormente.

5.4.6. Prescrição das sanções administrativas

O tema prescrição já é um tanto complexo quando se trata de qualquer outro ramo do Direito. Em termos de responsabilidade administrativa dos magistrados, o tema é ainda mais controvertido, isso porque uma conjuntura ímpar de fatores complica ainda mais esse instituto. Além de a própria LOMAN não fixar critérios ou estabelecer regras prescricionais, a doutrina não cuida de esclarecer tal assunto e muito menos as decisões acerca dos procedimentos administrativos são divulgadas para esclarecimento dessa matéria.

Assim sendo, a maneira mais efetiva de tratar do assunto é aplicar supletivamente os artigos da Lei nº 8.112/1990 que tratam de prescrição de infrações administrativas dos servidores públicos, tal como se apresenta a sistemática da responsabilização dos magistrados, tratados como servidores para tal fim em alguns casos.

O art. 142, § 2º, do referido diploma legal estatui que, quando a infração disciplinar configurar também um fato criminoso, os prazos de prescrição previstos na lei penal serão aplicados à falta funcional. Para tanto, deve-se partir da premissa de que a conduta praticada seja reconhecida tanto como crime quanto como infração administrativa.

Contudo, nem todas as condutas ilícitas se amoldam duplamente no conceito de crime e de infração administrativa. Assim, quando o fato for considerado apenas infração de caráter administrativo e for de natureza leve, ensejando apenas advertência ao juiz, deve ser previsto o prazo prescricional de 180 dias, como bem assevera o inciso III do artigo142.

No caso de uma reiterada conduta passível de advertência deverá ser aplicada a pena de censura ao juiz, todavia, não há previsão de tal admoestação no Estatuto dos servidores públicos. Desse modo, caso o fato não constitua também crime, o prazo prescricional a ser aplicado é o de dois anos, prazo aplicável à suspensão (sanção não prevista para os juízes). Esse entendimento foi definido pelo Superior Tribunal de Justiça (Mandado de Segurança nº 7.449-MA, 6ª Turma, DJ 30.3.1998) quando instado a se pronunciar sobre o tema.

Há de se asseverar também que a remoção, considerada como sanção administrativa, por também não ter prazo prescricional definido na LOMAN, nem forma punitiva equivalente na Lei nº 8.112/1990, deverá seguir o mesmo prazo prescricional da censura, pois, se assim não o fosse, findaria por ser considerada como infração imprescritível.

Nos casos de disponibilidade e de aposentadoria compulsória é pouco provável que a conduta que fomente a sua aplicação não seja considerada crime, dada à gravidade de sua incidência prática. Assim sendo, deve-se seguir a regra do § 2º, do art. 142, do Estatuto dos Servidores Públicos Civis da União, ou seja, a infração administrativa prescreverá no mesmo prazo previsto para a prescrição do crime.

Há de se falar da contagem dos referidos prazos prescricionais. A lei norteadora (Lei nº 8.112/1990) estabelece que os prazos nela estatuídos começam a fluir da data de seu conhecimento. Desse modo, a prescrição começará a ser contada a partir do momento em que o corregedor e os demais membros do Conselho da Magistratura, órgão que administra a Corte, souberem da existência da infração a ser averiguada.

O referido conhecimento pode ser tanto formal – como uma comunicação diretamente endereçada a tais órgãos – como informal – caso em que por meio da impressa ou outros instrumentos midiáticos a informação acerca da infração administrativa é repassada. Ressalte-se que a contagem desse prazo variará sempre em razão desse conhecimento, o qual só pode ser exatamente aferido no caso concreto.

Por fim, afigura-se imprescindível denotar que, por vezes, existem leis estaduais ou regimentos internos que determinam prazos prescricionais diversos dos enunciados na presente exposição. Portanto, os delineamentos aqui traçados, apesar de se referirem apenas aos servidores públicos da União, são válidos, caso não haja nenhuma outra definição sobre o tema, especialmente na falta de legislação estadual. Isso porque a Lei nº 8.112/1990 poderá ser aplicada supletivamente, como autoriza o art. 4º da Lei de Introdução ao Código Civil, também para a magistratura estadual, conforme necessário.

5.5. Referências

ARRUDA, Kátia Magalhães. *A responsabilidade do juiz e a garantia da independência.* Disponível em: <http://www.senado.gov.br/web/cegraf/ril/ Pdf/pdf_133/r133-16.PDF>. Acesso em: 8 fev. 2010.

BARBI, Celso Agrícola. *Comentários ao código de processo civil.* v.I, tomo II, Rio de Janeiro: Forense, 1975.

DIREITO, Carlos Gustavo Vianna. *Do controle disciplinar do juiz.* Rio de Janeiro: Renovar, 2003.

FREITAS, Vladimir Passos de. Responsabilidade administrativa dos juízes. Disponível em: <http://www.ibrajus.org.br/revista/artigo.asp?idArtigo =7>. Acesso em: 10 fev. 2010.

SILVA, Germano Marques da. *Responsabilidade civil e criminal dos juízes: uma perspectiva ética.* Disponível em: <http://cepen.org/portaldacidadania/2008/12/responsabilidade-civil-e-criminal-dos-juizes-uma-perspectiva-etica/>. Acesso em: 8 fev. 2010.

WALD, Arnaldo. *Obrigações e contratos.* 11ª ed., São Paulo: Revista dos Tribunais, 1994.

Parte 6

Administração judicial. Planejamento estratégico. Modernização da gestão

6.1. Introdução

No decorrer do último século, várias foram as mudanças econômicas e sociais operadas na sociedade que afetaram diretamente a estruturação aplicativa de focos e centros estatais há tempos já delineados. Com tais modificações, o Poder Judiciário foi um dos ramos institucionalizados do Estado que mais sentiu seus efeitos diretos e indiretos. Igualmente, com as frenéticas implementações sistemáticas acarretadas por tais mudanças, o Judiciário findou por se distanciar de seus objetivos mais próprios, passando a experimentar expressivo descompasso entre o exercício de sua função típica e a lida cotidiana para resolução crescente de litígios a ele submetidos.

Essa contextualização de uma crescente litigiosidade, muitas vezes posta de maneira desordenada e desenfreada, em um aparelhamento estatal ainda deficitário e carente de estruturação melhor organizada, finda por dar azo à chamada "crise do Judiciário". Um dos empecilhos mais evidentes para a superação da crise é a apresentação institucional do Poder Judiciário, pois a plena democratização da justiça não se afigura palpável e atingível quando existe um modelo instrumental resistente e defasado.

Ademais, há de se asseverar que a crise apresenta uma abordagem dúplice. Uma delas abrange seu espectro conceitual e atinge a própria noção de "poder soberano" e se refere às transformações ocorridas por esse poder. A outra perspectiva de análise é denominada de crise estrutural, a qual é composta por problemas fiscais, ideológicos e filosóficos.

Com base nesse panorama é que se pode vislumbrar a necessidade de o Judiciário buscar reformulação. Fundamentado nas diretrizes constitucionais de acesso à justiça e tendo a estratificação democrática como premissa, almeja-se galgar um redimensionamento do Judiciário, buscando promover sua readequação à realidade prática que necessita enfrentar, confrontando, assim, seus maiores desafios de organização e de estruturação administrativa.

Logo, tem-se por escopo dividir o estudo em três frentes de análise. A primeira delas focará especificamente a administração judicial (também conhecida usualmente como administração judiciária), traçando seus aspectos mais relevantes, e como se dá a dinâmica da aplicação de conceitos extraídos da forma de organização da iniciativa privada trasladada para a administração pública.

O segundo ponto a ser perscrutado consiste na exposição da definição de planejamento estratégico. Para isso, é necessária uma breve imersão em conceitos mais aprofundados de administração privada, apresentando a metodologia e as práticas que conduzem à aplicação satisfatória dessa técnica.

O último ponto a ser destacado são os recentes intentos de promover a modernização na gestão da administração judicial, tendo por base as inovações de movimentação processual virtual, que são, em última instância, a grande tendência nas inovações de gestão judiciária.

6.2. Administração judicial

Em uma breve retrospectiva histórica se pode afirmar que a referida crise do Judiciário teve sua gênese no próprio Estado do bem-estar social, por meio das alterações específicas nos sistemas produtivos, bem como na própria abrangência dilargada de seu alcance, o que já denotava certa dificuldade em atender todas as demandas propostas. Todavia, há de se pontuar que o referido problema apenas se intensificou nos demais sistemas estatais, principalmente no Estado-providência, considerando-se que as necessidades sociais a serem atendidas de maneira efetiva não foram minimamente satisfeitas.

Contudo, o redimensionamento proposto não se fundamenta em mera alteração de processos e de estruturas procedimentais. Tal método passa, essencialmente, por uma alteração na mentalidade de atuação prática daqueles que conduzem os mecanismos jurídicos adequados para a consecução do ideal de justiça.

Para lograr êxito com tal intento, surge a administração como abordagem científica adequada a minimizar as distorções operadas por décadas de distanciamento entre a efetiva aplicação do instrumental judiciário e a realidade fática a ele apresentada. Isso porque, por meio de técnicas e métodos de planejamento, com procedimentos de gestão e controle, tais como o planejamento estratégico, a gestão por processos e a gestão do conhecimento, a administração consegue obter bons resultados, fomentando a competitividade do "serviço" prestado, promovendo o incremento nos processos aplicativos por ela gerenciados.

Aliás, colocar a atividade jurisdicional como um serviço prestado é uma das mais significativas mudanças paradigmáticas que pode ocorrer no âmbito da administração judicial. Transformar a mentalidade de uma prestação jurisdicional colocada como mera imposição estatal de um ente público "superior" para uma nova forma de demonstração prática, isto é, compreendendo essa atividade como um serviço propriamente dito, possibilita que novas técnicas administrativas sejam eficazes e bem sucedidas em suas propostas de renovação da atividade para o público.

Nesse passo, as técnicas administrativas se apresentam como um instrumental teórico bastante adequado às urgências e necessidades mais comezinhas da implementação da efetividade jurisdicional. É assim, portanto, que em uma combinação entre essas técnicas e práticas advindas do ambiente empresarial com a aplicação e desenvolvimento de provimentos de caráter jurisdicional que surge a denominada administração judicial. Isto é, almeja-se, a partir das premissas básicas da administração – organizar, coordenar, comandar, controlar e rever procedimentos –, alcançar o nível de excelência na prestação jurisdicional.

A administração judicial pode ser brevemente conceituada como o aglomerado conjuntural de ações e práticas que objetivam desenvolver, implementar, organizar, planejar e otimizar as atividades ligadas à prestação da tutela jurisdicional.

A partir desse conceito, extrai-se que a administração judicial é uma confluência de aportes teóricos de duas funções estatais básicas: a judiciária e a administrativa. A função típica judiciária consiste justamente no provimento da tutela adequada à lide posta ao juízo. Já a função atípica administrativa finda por adquirir uma especificidade mais patente no caso em tela, pois, apesar de não ser a atuação primordial do magistrado, termina por se fundir na atividade jurisdicional para que seja conferido caráter efetivo ao pronunciamento.

Tal imbricamento, por decorrente, só se configura como uma tarefa desempenhada de maneira individual por parte do magistrado, denominado como agente público, e também pelos tribunais, em uma disseminação institucional, no exercício de suas funções advindas da autonomia administrativa e financeira segundo os ditames do art. 99 da Constituição da República de 1988.

A premência do papel mais destacado de uma organização estrutural se perfaz na própria necessidade de o magistrado ter de administrar os meios indispensáveis à prestação jurisdicional. Assim, no comando de uma comarca ou de uma vara, de uma seção judiciária, de seu gabinete ou na presidência do tribunal, necessita gerenciar recursos humanos e materiais, administrar e dosar o tempo, delegar atribuições (art. 90, XIV, CR/1988), e finda por estabelecer os procedimentos mais adequados para o bom funcionamento de sua unidade jurisdicional.

Para melhor entendimento do tema, faz-se mister que sejam esmiuçados alguns conceitos básicos derivados da teorização geral da administração judicial – sentido amplo –, tais como os de política judiciária, administração judiciária – em sentido estrito – e administração jurisdicional.

Política judiciária são os delineamentos mais genéricos tomados pelos gestores de políticas públicas quando, dentro de seu espectro optativo de políticas públicas, desempenham a atividade de explicitação e definição das estruturas e competências judiciárias no Estado. Assim, a política judiciária foi trazida a lume no momento em que os constituintes estatuíram a maneira pela qual determinado órgão prestaria determinada parcela de jurisdição.

Tal política se consubstancia num juízo de escolha do legislador (constituinte) para a atribuição de uma determinada função de prestação jurisdicional. Um bom exemplo que se pode tomar nesse caso foi o operado pela Emenda Constitucional nº 45 de 2004, quando transferiu do Supremo Tribunal Federal (STF) para o Superior Tribunal de Justiça a competência no tocante à homologação de sentenças estrangeiras. Isto é, o legislador optou por realizar essa "transferência" para que houvesse melhor operacionalidade na prestação jurisdicional, tornando-a, consequentemente, mais efetiva por meio de uma política judiciária bem organizada e dotada de caráter aplicativo expressivo, qual seja, imprimir ao STF o caráter de corte constitucional que nos últimos anos vem esforçando-se para alcançar.

Como bem leciona Boaventura Santos (2007, p. 174), administração judiciária deve ser concebida como organização profissional. Nessa perspectiva se inserem os estudos sobre o recrutamento dos magistrados e sua distribuição territorial, tanto quanto os estudos sobre a percepção social do direito e da justiça.

Outro tema que se insere nessa discussão diz respeito aos conflitos sociais e dos mecanismos para sua resolução, tema apreendido inicialmente pela antropologia ou etnologia social e que se estendeu à sociologia do direito. Nessa área, os estudos revelaram a existência, na mesma sociedade, de uma pluralidade de direitos convivendo e interagindo de diferentes formas. Muitos desses estudos têm por base não a norma, mas o litígio e suas estruturas informais de resolução, à margem do direito estatal.

As análises já realizadas nesse sentido acabaram por trazer a conclusão de que o "Estado contemporâneo não tem o monopólio da produção e distribuição do Direito" (SANTOS, 2007, p. 176). Outra conclusão foi a de que a litigiosidade civil declina como resultado do desvio desse conflito para outros meios informais de resolução.

A administração judiciária, por sua vez, deve ser compreendida de maneira dicotômica, isto é, possui uma amplitude mais dilargada e outra mais restrita. Na sua acepção máxima, a administração judiciária envolve todos os procedimentos e todas as estruturações de cunho administrativo voltadas para a aplicação efetiva dos provimentos jurisdicionais até então explicados, bem como outras concatenações teóricas vindouras, a seguir explicitadas, representando a enunciação mais abrangente do tema.

Na sua acepção mais restrita, denominada de administração judiciária *stricto sensu*, tem-se que essa conduz a uma atividade programada por parte do gestor público. Tal empreendimento tem como característica primordial o fato de ser exteriorizado por ações organizacionais que visam ao planejamento, direção e controle dos serviços administrativos indispensáveis a aperfeiçoar a operacionalização dos provimentos jurisdicionais.

No desenvolvimento de tais premissas de organização judiciária cabe ao magistrado aferir quais são as designações de atividade-meio que podem ser repassadas para seus subordinados mais qualificados (diretores de secretaria, assessores e chefes de gabinete) para que sua atividade-fim – administração jurisdicional, a qual será posteriormente analisada – se concentre de forma mais específica, sem que os percalços administrativos a atrapalhem.

6.3. Planejamento estratégico – introdução e evolução histórica

Para o efetivo entendimento dos aspectos gerenciais da gestão judiciária e da gestão de pessoas aplicadas ao Judiciário faz-se necessário recorrer a uma breve evolução histórica dos sistemas administrativos. Assim, inicialmente, é de grande valia destacar que existem três períodos bastante distintos concernentes aos referidos sistemas, podendo sua história ser dividida em: período patrimonialista, período burocrático e período gerencial.

O primeiro período, denominado de patrimonialista, vigorou no Brasil desde a sua formação como Estado independente – embora possua origens que remontam ao período colonial, haja vista que esse modelo administrativo também era empregado em Portugal na referida época – até meados da década de 1930 – mais especificamente entre 1936 e 1937 – quando da criação do Estado Novo. Tal período se caracteriza pela administração estar centrada no Estado, mas não ser pública, isto é, não visava ao interesse público. Nesse período há o predomínio de práticas patrimonialistas e clientelistas, o que favorecia a prevalência instrumental do poder da época.

A prática do nepotismo era disseminada, havendo a constituição do trinômio status–parentesco–favoritismo como forma de perpetuação do poder. No período imperialista (monárquico), a propriedade pertencia a uma nobreza burocrática.

Desta feita, a administração patrimonialista propiciava uma promíscua relação entre os cargos públicos e o próprio grau de parentesco e afinidades entre os nobres, demais poderosos e outros integrantes do governo, sendo, de fato, uma mera forma de continuação do modelo de administração utilizado pelas monarquias até o aparecimento do sistema baseado na burocracia.

Com a evolução da sociedade surgiu o denominado período burocrático, também denominado período weberiano, em alusão ao sociólogo alemão Max Weber. Tal modelo parte de um *ethos* burocrático, o enunciado modelo do Estado ideal. Nesse modelo, o serviço público é identificado com o interesse público, expresso por neutralidade ideológica do serviço público, bem como efetividade e segurança das decisões, dotando, assim, tal sistema de eficiência e racionalidade na administração, consubstanciando uma verdadeira afirmação do poder do Estado.

Dentre os princípios norteadores do desenvolvimento desse período se destacam a profissionalização, a ideia de carreira pública, a hierarquia funcional, a impessoalidade, e o formalismo, em síntese, o poder racional legal, baseado na razão e na lei.

Esse modelo de administração pública burocrática, caracterizado como método de organização calcado em uma sistematização racional, adveio da perspectiva de alterar e descartar a força do poder exercido por regimes autoritários. O esforço mais expressivo para implantação da administração pública burocrática se deve à tentativa de controlar o conteúdo da ação governamental, evitando que os políticos agissem em descompasso com os interesses coletivos.

Houve, desta feita, uma tentativa de controlar todos os processos de cunho administrativo e de reger o modo como as coisas deveriam ser operacionalizadas, regulando os procedimentos e controlando os insumos, fazendo, assim, com que se passasse a ignorar resultados obtidos em tal sistema.

Não obstante, há de se ter em mente que a administração pública burocrática se foca em processo legalmente definido, em estatuir procedimentos para suas atividades. Como exemplo pode-se elencar as designações legais para contratar pessoal e para a compra de bens e aquisição de serviços.

Muito embora vários desses princípios ainda estejam em vigor no atual panorama administrativo, o referido modelo sistemático de atuação administrativa encontra-se, hodiernamente, suplantado. Tal superação se deve em razão de seu caráter especificamente teórico, bastante restrito e pouco receptivo a implementações mais pragmáticas que visem à busca de uma efetividade mais próxima da realidade almejada pelos administrados. Ou seja, peca pelo excesso de comando e não se importa com a eficiência.

Nesse passo, buscando conferir maior eficiência à administração judiciária, floresce o terceiro período administrativo denominado gerencial. Tal sistema é fruto de uma implementação metodológica baseada na modernização no âmbito administrativo. Desta feita, passou-se a aplicar na administração judiciária um modelo de gestão já conhecido do gerenciamento empresarial denominado planejamento estratégico.

As benesses desse plano administrativo são seus métodos de realização de diagnósticos e de táticas para orientar as ações de gestão, com o escopo de propiciar rapidez e eficiência ao sistema, ajustando-o e tornando-o adequado às expectativas que se disseminam em torno da reforma do Judiciário.

6.3.1. A conceituação de planejamento estratégico

O termo "estratégia" tem origem na palavra grega *strategos* (στρατηγός), que quer dizer "chefe do exército". Assim, anota Fischmann; Almeida (1991, p. 15), o conjunto de técnicas administrativas implícitas em qualquer estratégia organizacional muito se assemelha aos planejamentos de guerras, realizados com a ajuda de generais, uma vez que o planejamento estratégico, em última instância, remonta a essa forma pretérita de estratégia militar.

O planejamento estratégico baseia-se na aplicação de uma administração de resultados, e quando aplicado aos meandros judiciários, busca alcançar a efetividade perdida em décadas de estruturalismo burocrático weberiano. A supracitada administração de resultados é definida por Chiavenato (1999, p. 360) como:

> (...) uma técnica de direção de esforços por meio do planejamento e controle administrativo fundamentado no princípio de que, para atingir resultados, a organização precisa antes definir em que negócio está atuando e aonde pretende chegar.

Em proximidade a essa definição, Fischmann; Almeida (1991, p. 25) definem planejamento estratégico como:

> (...) uma técnica administrativa que, através da análise do ambiente de uma organização, cria a consciência das suas oportunidades e ameaças dos seus pontos fortes e fracos para o cumprimento da sua missão e, através desta consciência, estabelece o propósito de direção que a organização deverá seguir para aproveitar as oportunidades e evitar os riscos.

Para melhor compreensão desse conceito de planejamento estratégico, deve-se explicitar, como bem coloca Djalma de Oliveira (1998, p. 116), que "missão" nada mais é do que uma forma de se traduzir determinado sistema de valores em termos de crenças ou áreas básicas de atuação, considerando as tradições e filosofias da instituição. Melhor dizendo, definir a missão equivale a deixar assentado quais os focos de atuação da instituição e quais são as premissas básicas que deve entronizar para ser bem-sucedida em suas atividades rotineiras. Aliás, definir a missão, perpassa, inexoravelmente, pela própria definição de quais são as atividades a serem desempenhadas e de como serão.

Na concepção de Fischmann; Almeida (1991, p. 26), a definição de missão é algo bem mais sucinto. Para os autores, esse termo corresponde apenas "ao papel que desempenha a organização". Em síntese, a missão é apenas a utilidade intrínseca à organização que a adota. Importante destacar que Calixta Tavares (1991, p. 87), ao também adotar uma conceituação minimalista de missão, afirma ser "a área específica de desempenho", equiparando-a ao "âmbito de negócio" da instituição. Por óbvio que, quando se tratar de administração judicial, não se poderá falar em "negócio" propriamente dito, podendo tal vocábulo ser trocado por "âmbito de atuação" da instituição pública.

Seja qual for o conceito utilizado, quer mais extenso ou mais conciso, o importante é destacar que a missão exerce a função orientadora e delimitadora da ação institucional, isto tudo dentro de um lapso temporal normalmente longo, em que ficam totalmente vinculados e comprometidos os conceitos, recursos, crenças e expectativas da instituição.

Nesse sentido, a missão representa um horizonte de eventos a serem efetuados pela instituição. É no "espaço do factível" existente entre a realidade atual e a projeção da missão que se enquadram os propósitos a serem concatenados com o escopo da instituição. Ou seja, os propósitos devem interligar a realidade atual da instituição com aquilo que ela almeja alcançar.

O propósito do planejamento pode ser definido como o desenvolvimento de processos, técnicas e atitudes administrativas que proporcionam uma situação viável para a avaliação das implicações futuras nas decisões presentes, em função dos objetivos organizacionais que facilitarão a tomada de decisão no futuro, de modo mais rápido, coerente, eficiente e eficaz.

Diferencie-se que a eficiência é a capacidade de se obter bons produtos (produtividade, desempenho, etc.) utilizando a menor quantidade de recursos (tempo, mão de obra, material, etc.) possíveis, ou seja: mais produtos utilizando a mesma quantidade de recursos. Já a eficácia se refere ao resultado da forma com que uma atividade é feita. O importante é ter em vista que o propósito traçado pela instituição deve focar tanto na eficácia quanto na eficiência para que logre êxito em sua implementação.

Transpondo tal visão da administração privada para a administração pública, sabendo que ela é operada por agentes públicos no exercício de uma função, há de se depreender que tal técnica diretiva deve ser empreendida em prol do interesse público comum, para o cumprimento de suas finalidades primordiais. Deve, portanto, imbuir-se das acepções teóricas das instituições de direito público e, assim, subordinar-se aos princípios a ele inerentes.

Em síntese, o planejamento estratégico é uma ferramenta fundamental para adequar a organização à nova realidade, pois visa, através de uma metodologia, a alcançar uma situação desejada de modo mais eficiente e eficaz, com maior concentração de esforços e recursos.

Partindo de ensinamentos da teoria geral da administração, tem-se que as funções básicas do administrador são o planejamento, a organização, a direção e o controle (CHIAVENATO, 1999, p. 225).

Dentre tais funções, destaca-se como essencialmente administrativa aquela correspondente às atividades de planejamento. Ademais, dentro da moderna teoria administrativista, o modelo mais adequado para o período gerencial é o denominado planejamento escalonado por focos.

6.3.2. As categorias de planejamento

No planejamento existe uma miríade de fatores que influenciam a sua adoção, seu projeto e sua execução, elementos esses que caracterizam os seus objetivos. Para o dimensionamento adequado de tais objetivos, faz-se mister que o administrador pondere o grau de importância, abrangência, amplitude e detalhamento de cada um dos objetivos, estatuindo posicionamentos gradativos em consonância com sua globalidade, especificidade, seu espectro de abrangência e sua operacionalidade (também usualmente denominada de operatividade).

Existem, portanto, três categorias de planejamento: o planejamento estratégico; o planejamento tático e o planejamento operacional.

O planejamento estratégico, em sentido amplo, é genérico, sintético e abrangente, voltado para perspectivas de longo prazo e que engloba a organização como um todo. É um processo gerencial que possibilita ao gestor estabelecer o rumo a ser trilhado com vistas a obter um nível de otimização na relação da instituição com o seu ambiente de atividade.

Segundo Calixta Tavares (1991, p. 22), existem cinco consequências diretas extraídas da organização estratégica desse tipo de planejamento. A primeira delas consiste em possibilitar menor interferência, com redução da supervisão nos trabalhos de suas diversas áreas.

Assim sendo, a consequência seguinte, a qual se liga diretamente com a sua predecessora, diz respeito à necessidade de maior sincronia das áreas funcionais, uma vez que, tendo menor intensidade de controle interno, há de se evocar maior sinergia organizacional entre elas para que o trabalho flua de maneira efetiva entre as diferentes áreas da instituição.

De maneira semelhante, há necessidade de outros tipos de motivação do material humano disponível que não seja a simples ascensão profissional, principalmente em virtude de a organização possuir poucos níveis hierárquicos.

Esse ponto é bastante importante quando se fala de organização judiciária, não apenas em virtude do quesito de maior relevância destacado na iniciativa privada – justamente a pouca disponibilidade de cargos de nível superior a serem ocupados via ascensão profissional –, e sim, dado o fato de que não há verticalização na progressão do serviço público sem o devido concurso. Ou seja, os meios de motivação profissional devem se focar precipuamente em outras formas que não sejam necessariamente a ascensão profissional.

Ainda que exista a possibilidade de distribuição de funções comissionadas entre os servidores de uma determinada lotação, há certa escassez de tais funções – em sua maioria desviada a outros setores ou simplesmente concedida aos servidores cedidos ou requisitados, os quais não ocupam cargos na administração judiciária, mas para continuarem a laborar no Poder Judiciário devem receber função.

Importante destacar que a questão dos requisitados deve ser resolvida o quanto antes nos meandros do Judiciário, não apenas por ser uma questão afeita à moralidade administrativa, afinal, a maioria dos requisitados são "apadrinhados" de pessoas influentes – isto quando não simplesmente denotam a clara existência de nepotismo, seja na via direta ou cruzada –, bem como é uma questão que deve ser resolvida para amenizar problemas de organização judiciária.

O grande ponto a ser discutido foca-se na insatisfação da maioria dos servidores com a presença dos requisitados, pois, apesar de não serem concursados para laborarem no Poder Judiciário – em sua maioria são concursados de prefeituras e requisitados pelo referido poder para suprir, temporariamente, suas carências de pessoal – recebem por funções comissionadas que inicialmente deveriam ser dadas aos servidores do quadro efetivo.

Destarte, fica bastante complicado promover motivação diversa da ascensão profissional tendo-se em vista que há poucas funções comissionadas a serem partilhadas entre os servidores efetivos, e que, além disso, algumas dessas funções já se dispõem a assegurar a permanência de requisitados.

Esse panorama apenas contribui para a insatisfação e o desestímulo dos servidores do Poder Judiciário, que além de não verem nenhuma perspectiva de progressão profissional, ainda se sentem diminuídos em virtude da valorização dos requisitados que só crescem quantitativamente e em importância dentro da estrutura organizacional da instituição.

Voltando ao elenco das consequências da aplicação da organização estratégica ao planejamento, tem-se que ela ocasiona a necessidade de canais desobstruídos de comunicação para que todos estejam sintonizados em uma missão comum. Fluidez na comunicação entre os diversos setores da instituição, bem como entre o escalonamento hierárquico deve ser o mote de uma organização estratégica bem estruturada.

Através de uma nova perspectiva de comunicação, diminuindo a intermediação, consequentemente reduzindo as perdas substanciais no conteúdo a ser transmitido, verifica-se que ocorre uma melhoria na gestão de processos informais, o que finda por qualificar positivamente os objetivos comuns a serem perseguidos.

Outra consequência a ser posta nesse modelo de planejamento diz respeito à concessão de maior importância à coordenação dentro do sistema estrutural da instituição. Em detrimento da diminuição dos níveis hierárquicos e dos cargos de comando e domínio da estrutura administrativa, deve haver um consequente sopesamento dessa redução por meio da valorização da coordenação. Caso houvesse uma simples diminuição nos postos de chefia sem a devida orientação da coordenação, a instituição estaria fadada ao colapso, sem a mínima chance de implementação dos seus processos produtivos.

Assim, em resposta a uma maior premência de efetividade desses níveis organizacionais, a coordenação deve ser tida como fundamental para que os escopos estratégicos sejam alcançados. Até mesmo para que os elementos de gradação estrutural sejam mantidos em conformidade com a missão institucional – a qual depende, inexoravelmente, de traçado coordenativo indispensável as suas propostas de crescimento e desenvolvimento – deve haver melhor aparelhamento dos órgãos e responsáveis pela coordenação da instituição.

O último ponto de grande relevo a ser posto na estruturação do planejamento estratégico em seu aspecto motivacional se relaciona à mudança paradigmática de postura, a qual não deve mais se focar na questão "será que poderíamos fazer isso melhor?", mas se transmutar em uma nova postura de "é isso mesmo que deveríamos estar fazendo?".

Com essa mudança no panorama motivacional, o planejamento estratégico busca fomentar em cada membro da equipe institucional a sua verdadeira aptidão (vocação) dentro da estrutura administrativa, aquilo que a doutrina chama de *skills* (KAPLAN; NORTON, 2000, p. 84). Somente com a descoberta de tais aptidões é que os recursos podem ser otimizados e alocados de maneira consentânea com as vantagens e as limitações intrínsecas à própria instituição.

O planejamento estratégico é, usualmente, de responsabilidade dos gestores de níveis mais altos na hierarquia organizacional e diz respeito tanto à formulação quanto à seleção dos cursos de ação a serem seguidos para a sua consecução (OLIVEIRA, 1998, p. 46). Para tanto, deve levar em consideração as condições internas e externas da instituição – por isso se encarregam dele aquelas pessoas com maior poder de decisão e, consequentemente, ocupando cargos mais importantes na estrutura organizacional –, bem como deve ser analisada a evolução esperada da instituição em compasso com a sua adoção.

Há de se destacar que o planejamento estratégico deve ter em conta as premissas básicas da instituição que deve regrar como um todo, para que o próprio processo estratégico guarde certa coerência e sustentação de cunho decisório, sem destoar, portanto, da missão encetada pela instituição.

Planejamento tático é mais específico e detalhado que o planejamento estratégico, pois é pragmaticamente projetado para o médio prazo e aborda cada unidade da organização separadamente. Assim sendo, seu escopo primordial consiste em otimizar apenas *parcialmente* a instituição, haja vista que se foca em desenvolver uma determinada área de resultado e não a instituição como um todo.

Como bem destaca Ackoff (1975, p. 3), estratégia e prática são dois aspectos de comportamento, sendo que a primeira se relaciona com objetivos de longo prazo e os modos de persegui-los e afetam o sistema como um todo; já a segunda se relaciona com metas de curto prazo, por isso atingem apenas parte da organização. Embora em princípio ambos os aspectos não possam ser desmembrados, frequentemente o são na prática.

Esse tipo de planejamento trabalha com a decomposição em unidades de trabalho menores de objetivos, estratégias e políticas anteriormente delineados no planejamento estratégico.

É especificamente desenvolvido em níveis organizacionais inferiores, tendo por finalidade precípua a utilização racional e eficiente dos recursos disponíveis para a consecução dos objetivos por ele pormenorizados – ainda que anteriormente fixados no planejamento estratégico, como referido –, segundo uma diretriz predeterminada e alinhada com as políticas orientativas para o processo decisório da instituição.

Dito de maneira mais clara, o planejamento tático decompõe em elementos estruturais menores aquilo que foi traçado de maneira mais abrangente e mais genérica pelo planejamento estratégico.

Tende a seguir a mesma diretriz anteriormente traçada, sempre focando na eficiência dos resultados e sendo gerido por unidades de administração menores (ou de nível de escalonamento inferior), algo que confere maior proximidade de sua atuação prática quando comparada com o planejamento estratégico, que finda por padecer de uma estruturação teórica mais distante.

Planejamento operacional é algo bem mais detalhado, específico e analítico, projetado para curto prazo e que orienta tarefas e designa atividades de caráter emergencial. É usualmente apontado como sendo a formalização dos projetos institucionais, perfazendo-se através de documentos escritos e metodologias de desenvolvimento e implantação estabelecidos em prol da efetiva consecução dos objetivos traçados.

Assim sendo, durante a execução do planejamento operacional se lida basicamente com a prática de planos específicos de ação em setores da instituição ou com o desenvolvimento e aplicação de operações localizadas em setores estratégicos.

Os planejamentos operacionais devem corresponder a um conjunto de partes homogêneas do planejamento tático. Assim sendo, ele deve conter, necessariamente, os recursos imprescindíveis para o seu desenvolvimento e implantação: os procedimentos básicos a serem adotados; os resultados finais esperados; os prazos estabelecidos; e, designar os responsáveis pela execução e a implantação de tal planejamento.

Após esse breve delineamento acerca das principais categorias de planejamento existentes, é fulcral apresentar as principais diferenças existentes entre eles, pois, apenas analisando as suas definições mais genéricas não se afigura possível visualizar com clareza as situações em que eles podem ou não ser aplicados de maneira escorreita.

A primeira grande diferença a ser destacada entre o planejamento estratégico e o planejamento tático diz respeito aos prazos de efetivação. Os prazos do planejamento estratégico, por considerarem a própria soma de planejamentos táticos, são mais dilatados.

Por conseguinte, essa espécie de planejamento possui maior amplitude em sua dispersão por áreas, sendo certo asseverar que o planejamento tático tem por intuito cobrir apenas determinadas áreas da instituição, sejam aquelas que apresentam mais deficiências, ou aquelas que necessitam de maior atenção em seus procedimentos de ordem prática.

Todos esses elementos mais amplos, seja tanto no sentido temporal (do prazo) quanto no sentido aplicativo (cobertura de áreas), levam à conclusão de que o planejamento estratégico envolve um risco muito maior que o planejamento tático.

Caso o planejamento estratégico malogre é possível que grandes esforços se esvaeçam, e que, por consequência, não seja possível a reorganização estrutural da instituição sem um plano emergencial, algo diverso tanto do planejamento estratégico quanto do tático, por envolver, fundamentalmente, a reorganização de setores ou de áreas que se encontram totalmente fora da planificação administrativa convencional (e que, portanto, não serão estudados por ora).

Outra característica distinta entre o planejamento estratégico e o tático é que este se foca (em grande parte) apenas nas atividades-meio da instituição, enquanto aquele, basicamente por possuir maior amplitude, cobre tanto as atividades-fim quanto as atividades-meio. É bem mais fácil trabalhar de maneira setorizada quando apenas as atividades-meio estão envolvidas, por isso o planejamento tático, por ser mais contido, se dispõe, usualmente, a cuidar apenas desse tipo de atividades.

Todo esse panorama leva à constatação de que o planejamento estratégico é dotado de menor flexibilidade quando comparado com o planejamento tático. Isso se deve em grande parte ao fato de ele cuidar da instituição como um todo, bem como ainda ter que resguardar sua situação e sua ambientação em uma conjuntura macroestrutural.

Existem também diferenças importantes a serem estabelecidas entre o planejamento tático e o planejamento operacional. A primeira delas se refere ao fato de ser plenamente factível haver mudanças (de objetivos, de funções, de estruturas ou de pessoas) entre o que fora pensado para o planejamento tático e o que efetivamente será executado no planejamento operacional. Como bem destaca Djalma Oliveira (1998, p. 49), o mais importante é o sucesso institucional, e para isso podem ser alterados um, alguns ou todos os aspectos anteriormente delineados na fase de transição do planejamento tático para o operacional.

Ainda assim, há de se asseverar na linha do que aponta o referido autor que as mudanças no que se referem as pessoas são as mais difíceis de serem alcançadas, até porque dependem efetivamente do seu empenho em prol de tal consecução. Por outro lado, as mudanças estruturais são mais facilmente conseguidas, basicamente porque apenas um comando de um nível hierárquico superior pode suprir uma deficiência nesse aspecto.

Para que a referida transição entre o planejamento tático e o operacional seja bem executada faz-se mister que se observem alguns aspectos centrais em tais alterações. O primeiro desses aspectos diz respeito ao enquadramento das mudanças com propósito e objetivos estabelecidos. Ou seja, mesmo que haja uma mudança em um objetivo específico, isso deve estar bem esclarecido para os operadores do planejamento operacional, pois, caso remanesça na obscuridade, tal planejamento terá grandes possibilidades de atingir um falhanço.

O segundo aspecto a ser observado nessa dinâmica condiz com o treinamento e desenvolvimento da capacitação interna. Esse é sem dúvida um dos pontos chave no sucesso do planejamento operacional e de todos os planejamentos estratégicos como um todo. Ademais, há de se consignar que esse é um dos aspectos fundamentais para o êxito da administração judicial.

Sem capacitação não é possível manter bons níveis de produção e capacidade criativa dentro do grupo. É necessário que todos passem por novos processos de atualização e de reenquadramento das próprias aptidões produtivas (as já referidas *skills*). Isso pode ser considerado uma lição comezinha para qualquer instituição, seja ela pública ou privada.

Em termos de administração judiciária é importante destacar que tal capacitação deve ser algo fornecido não apenas aos servidores, bem como também aos magistrados, sejam eles integrantes do primeiro ou do segundo grau de jurisdição.

Nesse cenário, é salutar o esforço do Conselho Nacional de Justiça em conjunto com a Escola Nacional de Formação e Aperfeiçoamento de Magistrados (ENFAM) ao implementar cursos de capacitação de magistrados. Ambas as entidades firmaram acordo de cooperação para o desenvolvimento e execução de ações relativas à meta n° 8 do Judiciário. A meta consiste em promover, até o final do ano corrente (2010), cursos de capacitação em administração judiciária para 50% dos magistrados brasileiros (cerca de sete mil juízes).

De acordo com o previsto na meta n° 8, os cursos deverão ter duração mínima de 40 horas e serão oferecidos, prioritariamente, por intermédio de ações de ensino a distância. O acordo de cooperação também pretende viabilizar o cumprimento de outra meta fixada pelo CNJ para 2010, a de nº 5, que prevê a implantação de método de gestão de processos de trabalho para 50% das unidades judiciárias de primeiro grau.

A parceria firmada entre a Escola e o CNJ é fundamental para a concretização do previsto nas metas. Isso porque o objetivo comum das duas instituições é selecionar, formar e treinar os juízes mais vocacionados, éticos e dispostos a contribuir efetivamente para a modernização da justiça. Afinal, o destaque para a capacitação judiciária é um dos motivadores dessa inovação na gestão dos órgãos jurisdicionais.

Há de se deixar fundamentado que a falta de gestão é considerada hoje um dos principais problemas a serem enfrentados pelo Judiciário. O desempenho do Judiciário depende muito mais da melhora da gestão administrativa interna do que de outros fatores, tal como o aumento do número de juízes, de computadores ou das unidades judiciais.

A ENFAM está tomando uma série de providências para concretizar os objetivos previstos nas metas. O conteúdo do curso de administração judiciária já foi produzido pela Escola e encontra-se em fase de transposição para o formato de ensino a distância (EAD).

Seguindo a orientação fixada pelo CNJ, cerca de 85% dos cursos de administração judiciária serão ministrados nesse formato, algo que permite maior acesso aos magistrados que laboram nos recônditos mais longínquos do Brasil, uma país que possui dimensões continentais. Os outros 15% serão presenciais.

O curso de administração judiciária para capacitação de magistrados será dividido em três módulos: gestão cartorária, gestão de pessoas e gestão financeiro-orçamentária, três matérias fundamentais para que os magistrados sejam hábeis em formular estratégias administrativas e planejamentos de gestão em suas unidades.

Ao executar as ações relativas às metas 5 e 8, a ENFAM cumpre um de seus objetivos institucionais, traduzido pela promoção e realização de cursos relacionados com o objetivo da magistratura nacional, com ênfase na formação humanística.

Após essa breve digressão acerca do panorama dos programas capacitação dos magistrados, há de se ressaltar como outro aspecto relevante nas mudanças organizacionais a questão da obtenção de recursos adicionais, ou melhor, alocação dos existentes.

Levando-se em conta que as instituições públicas usualmente trabalham com orçamentos restritos e previamente designados por lei de distribuição anual, há de se pontuar que só cabe a sua otimização via realocação. Ou seja, o gestor público deve analisar de maneira detida quais as suas opções mais viáveis de redução de custos para que se possa destinar maior parcela orçamentária para as áreas de sua instituição que careçam de melhor aparelhamento ou estruturação.

Ainda no sentido de otimizar a estruturação administrativa das instituições, Oliveira (1998, p. 49) coloca em destaque o desenvolvimento e a agilização do processo de solução de problemas. Esse aspecto deve assumir um caráter deveras relevante na aplicação do planejamento operacional por ser a fase executória mais pragmática de tal plano de ação.

Ele deve ser eficaz o suficiente para tolher a amplificação dos problemas que porventura surjam, bem como deve ser incisivo e dinâmico na resolução de outros problemas que se protelem desde o desenho teórico do planejamento estratégico e que, eventualmente, não tenham sido solucionados no planejamento tático. Ou seja, nessa última etapa os problemas devem ser afunilados e dispersados de maneira satisfatória.

Por fim, o último aspecto a ser destacado na transição entre o planejamento tático e o operacional a ser evidenciado se refere à necessidade da melhoria das relações de grupos existentes nos ambientes institucionais. Essa melhoria é decisiva para que haja maior sintonia entre as diversas áreas da instituição que devem manter compasso harmônico em suas atribuições.

Ademais, deve se salientar que caso não haja uma transição bem efetuada entre os dois planejamentos referidos, a simbiose que deve existir entre os grupos pode restar comprometida, algo que em médio e longo prazo pode levar a instituição a malograr em seus objetivos e sua missão.

6.3.3. Etapas do planejamento

Após breve análise das categorias de planejamento, com as suas características específicas, há de se analisar quais as etapas a serem desenvolvidas para que a missa organizacional seja completada com êxito.

O próximo passo no desenvolvimento do planejamento estratégico diz respeito aos objetivos estratégicos. Eles podem ser sucintamente definidos como os resultados prioritários a serem atingidos a longo prazo. Os objetivos estratégicos identificam os grandes assuntos estratégicos da organização.

Como bem conceitua Calixta Tavares (1991, p. 75), definir objetivos significa explicitar o que a organização pretende alcançar ao longo de um determinado espaço de tempo, a partir dos contornos proporcionados pela análise interna e externa, pelas filosofias e políticas institucionais. Todos os objetivos estratégicos devem guardar certa congruência interna, ou seja, devem ser alinhados entre si pela missão e visão que os definiu, considerando seus princípios e valores, e levando em conta as forças, fraquezas, oportunidades e ameaças identificadas na análise organizacional.

Os objetivos devem ser viáveis, porém desafiantes, claros e explícitos, coerentes e mensuráveis. Os objetivos ainda, com toda essa especialização setorial, podem ser considerados bastante abrangentes, de maneira que ainda necessitam ser decompostos em metas, que, em última instância, são fragmentos de um objetivo, algo que facilita a aplicabilidade prática de tal conjectura ainda meramente teórica.

Como bem depreende Oliveira (1998, p. 147), para que os objetivos sejam úteis, é necessário que sejam mais do que simples palavras, eles carecem de significado concreto para um fim previamente arquitetado, e devem ter o escopo de obter participação e dedicação de forma real de todos aqueles que se empenham em sua consecução.

Diante do panorama exposto, a próxima etapa do planejamento estratégico consiste em traçar metas para a aplicação dos objetivos previamente delineados. Uma meta é um objetivo "almejado" que pode ser mensurado e claramente definido. É um objetivo traduzido em termos quantitativos, a qual sempre deverá esclarecer prazos e quantidades.

Quando uma instituição tem um objetivo com metas estabelecidas, não se ocupará de outras coisas que sejam secundárias. Isso porque, a meta exige tempo e dedicação para ser atingida, ela simplesmente não brota da simples projeção de um objetivo. Precisa ser escrutinada e trabalhada com esmero e afinco para que transforme a predição teórica do objetivo em algo concreto.

Após essas duas etapas de traçado de objetivos e metas, as quais são caracterizadas pelo conhecimento da organização e pela definição de seu propósito, já se tem condições de fazer o desdobramento estratégico, definindo objetivos e metas.

Há de se sintetizar que os objetivos e as metas são alvos ou fins que o administrador deseja atingir. As metas devem ser específicas, desafiantes, realistas, qualificadas e associadas a um horizonte de tempo, aceitáveis para os que devem atingi-los e consistentes.

Após essas etapas de conjectura e de estruturação da aplicabilidade do planejamento estratégico, faz-se necessário progredir para outra etapa de avaliação das perspectivas traçadas. Nessa etapa faz-se mister que sejam providos indicadores de resultado para a avaliação dos objetivos e das metas.

Os indicadores são instrumentos elaborados e usados para valorar o cumprimento dos objetivos e metas. São as variáveis usadas para quantificar o resultado das ações. Portanto, eles são critérios explícitos de medida, que permitem estabelecer conclusões objetivas sobre aspectos particulares dos programas.

As medidas são consideradas características mensuráveis de processos e serviços, utilizadas pela organização para acompanhar, avaliar e melhorar o seu desempenho. Os indicadores necessitam da definição do que medir e o padrão de referência de comparação.

Existe uma miríade de indicadores que podem ser utilizados para as mensurações quantitativas exigidas nessa etapa do planejamento estratégico. A seguir serão apresentados os tipos de indicadores mais comuns com algumas de suas particularidades.

Um dos tipos principais de indicadores é aquele que aponta a eficiência prática dos objetivos e das metas. Segundo esse tipo de avaliação, os indicadores auferem a relação das entradas consumidas com as metas de entrada estabelecidas. Ou seja, ele promove um quadro de generalização do momento anterior e do momento posterior à prática do planejamento traçado.

Outro tipo de indicador se direciona a medir a eficácia do planejamento. Ele equaciona a relação das saídas geradas com as metas estabelecidas. Existem também os indicadores de capacidade. De acordo com esse modelo de análise, o indicador de capacidade relaciona determinada produção realizada em um intervalo de tempo definido. Através de uma progressão temporal, demonstra a produtividade alcançada pelo planejamento delineado.

Outra espécie de indicador diz respeito ao indicador de produtividade. De acordo com tal indicador há a representação do resultado da relação entre as saídas de um trabalho e os recursos utilizados para sua produção. Usualmente, esse tipo específico de indicador não é representado em forma de percentual. Sua utilidade prática reside no fato de ele poder se utilizar de maneira concomitante de diversas medidas, como, quantidade por homens – hora – máquina.

Os indicadores de qualidade (serviço) são outro instrumento disponível para que as organizações avaliem seus planejamentos. Segundo o critério desses indicadores, a qualidade é a relação entre as saídas totais e as adequadas ao uso (sem defeitos, desvios, problemas ou erros). Indubitavelmente, esse é o indicador mais utilizado e o mais prolífico. Suas indicações são aquelas que melhor traduzem o efetivo desempenho da organização e permitem que melhor sejam ajustados os objetivos e as metas executados de maneira deficiente, bem como possibilita a própria otimização daqueles bem-executados. Assim sendo, se melhora de maneira global a qualidade do serviço prestado pela instituição.

Dentro do contexto da avaliação do planejamento estratégico também podem ser aplicados os indicadores de competitividade. Esses indicadores medem a relação de concorrência que se estabelece entre duas ou mais organizações no sentido de atender às necessidades de um mesmo cliente. Assim, para que a organização seja competitiva é necessário ter qualidade e produtividade.

Há de se ressaltar que esse tipo de indicador é usualmente empregado na iniciativa privada, afinal, visa mensurar o posicionamento de uma organização dentro do seu nicho empresarial.

Desta forma, há de se concluir que dentro da administração judiciária esse indicador não possui nenhuma razão de ser em virtude do monopólio da prestação jurisdicional por parte do Estado. Sua apresentação no contexto do presente trabalho serve apenas para fins ilustrativos, já que sua aplicabilidade prática é nula.

Outro tipo de indicador utilizado pelas instituições vale-se do critério de efetividade nos processos produtivos. Tais indicadores auferem a capacidade de fazer certo as coisas certas. Outrossim, tais indicadores se atêm a apresentar resultados úteis para o cliente (jurisdicionado) ao longo do tempo.

A última espécie de indicadores a ser explanada também não é de grande valia para a administração pública (semelhante ao que ocorre com os indicadores de competitividade). Esses indicadores são os chamados indicadores de valor. Eles se utilizam da razão entre o que se recebe e o que se despende para medir a produtividade. Em última análise, esse indicador consiste em uma relação do custo/benefício.

Sua pouca aplicabilidade à administração judiciária se refere ao fato de o custo de pessoal nesse modelo de gerência ser sempre fixo e usualmente não passível de redução (hipóteses legais taxativas). Isso é algo que tolhe de maneira significativa a possibilidade de diminuição de custo para o aumento da taxa de produtividade do serviço prestado.

Em síntese, há de se compreender que após a definição dos objetivos estratégicos é necessário definir o(s) caminho(s) para alcançá-lo(s). A escolha da estratégia nada mais é do que a escolha dos caminhos a percorrer e a adoção dos indicadores confere uma melhor avaliação dos objetivos e das metas traçadas, aumentando, inexoravelmente, a capacidade de análise de produtividade da instituição.

6.3.4. Plano de ação

O plano de ação é uma das etapas mais pragmáticas do planejamento estratégico. É o documento que estabelece as práticas, os recursos, os métodos, os responsáveis, a prioridade e a sequência das atividades operacionais da organização, integradas aos objetivos estratégicos. Visa também a estabelecer períodos de tempo para observação e acompanhamento. Baseia-se estruturalmente no chamado "5W2H", o qual pode ser definido como um formulário para execução e controle de tarefas no qual são atribuídas as responsabilidades, determinando como o trabalho deverá ser realizado, assim como o departamento, motivo e prazo para conclusão com os custos envolvidos. Ele recebeu essa nomenclatura devido à primeira letra das palavras em inglês: *What* (o que será feito), *Where* (onde será feito), *Who* (quem fará), *Why* (por que será feito), *When* (quando será feito), *How* (como será feito) e *How Much* (quanto custará), ou seja, 5 w's e 2 h's.

O plano de ação serve para coordenar, manter e controlar as ações tomadas dentro de um prazo, em direção ao objetivo estipulado para o plano de ação, sempre alinhado com a "cultura" (ou "filosofia") da organização e orientado para resultados. O plano é expresso em termos de uma série de atividades e resultados específicos, mensurável e gerenciável: os resultados têm de ser medidos.

Todo plano de ação é pensado com o escopo de ser dinâmico e mutável, flexível. Assim, deve ser ajustado conforme as dificuldades de percurso ou as mudanças de condições, mas deve permanecer focalizando os resultados desejados. Essas lições são potencializadas no magistério de Suzy Koury (2010, p. 11), a qual destaca que a flexibilidade é muito importante, pois nem um planejamento, nem um plano de ação podem pode ser estáticos.

Isso porque, se necessário, ele pode e deve sofrer alterações, principalmente no curso de sua aplicação. Quando concentrado naquilo que se pretende atingir é porque a necessidade do cliente é prioritária (no caso da administração judicial, jurisdicionado) e a partir daí deve-se fazer o melhor para atendê-lo. Uma vez validado o plano de ação, os próximos passos serão a implementação das ações pelos órgãos responsáveis e o monitoramento (avaliação e revisão) que deve ser acompanhado pela equipe estratégica. É muito comum existir um sistema informatizado para o perfeito monitoramento.

Deve se basear no quadro traçado pelo 5W2H e ser pensado de uma maneira sistemática, apesar de ser comum verificar-se que é dada pouca importância à etapa do monitoramento. Ressalte-se que aqui reside um grande erro gerencial. A efetividade de todo o planejamento estratégico se dá através de um perfeito acompanhamento das ações de implementação, leia-se, seu sucesso está intrinsecamente relacionado com o bom acompanhamento do traçado teórico do 5W2H.

Não basta simplesmente organizar o planejamento estratégico, definir seus objetivos e suas metas de acordo com a missão da organização e implementar o 5W2H. É imprescindível que todas essas ações sejam acompanhadas por um instrumento de avaliação contínuo. Nessa toada, os teóricos administrativistas pensaram em um modelo de gestão que atendesse a esses anseios, assim surgiu o ciclo PDCA.

O ciclo PDCA pode ser definido como um método gerencial para promover a melhoria contínua. O referido conceito foi desenvolvido por Deming, por isso também é comumente denominado "Ciclo de Deming". As 4 fases do PDCA são: *Plan* (planejar), *Do* (fazer), *Check* (checar) e *Act* (atuar). A fase do *Plan* (planejar) já foi amplamente debatida. Em síntese, há de se asseverar que nessa etapa são definidas as metas que se deseja atingir, geralmente, anuais, devendo relevar pontos importantes para a organização. Após definidas as metas, deve-se buscar os meios e os procedimentos para alcançá-las.

A segunda fase do *Do* (fazer) impõe que todos os envolvidos no processo organizacional estejam treinados nos procedimentos que têm como base as metas estabelecidas. Dessa maneira, devem realizar as atividades concernentes à implementação de suas habilidades para um melhor aproveitamento de suas capacidades. Ademais, devem ser colhidos dados, para a futura fase de verificação de resultados. Essa é a fase de implantação do planejamento, de modo que os meios de provimento das metas devem ser ofertados (providos) aos agentes que atuantes.

A terceira fase é a do *Check* (verificar). Essa é uma etapa puramente gerencial, verificando se as ações executadas estão de acordo com as metas estabelecidas. Os dados utilizados são aqueles coletados na etapa anterior, que são analisados e comparados com o planejado (fase do *Plan*). A última fase é denominada de *Action* (agir). Nessa etapa, a atuação é apenas corretiva (não há mais espaço para definições teóricas de planos e traçados estratégicos), ou seja, caso a operação realizada não esteja de acordo com o planejado, deve-se atuar corretivamente através de planos de ação para correção de rumo visando a meta estabelecida.

Como bem observa Luiz Eduardo Soares (2006, p. 142), o conceito de PDCA é algo que está presente em todas as áreas da vida, seja no quesito profissional ou pessoal, e é algo continuamente utilizado, tanto formal ou informalmente, consciente ou inconscientemente, em tudo que se faz. Toda atividade, não importa se simples ou complexa, insere-se nesse processo contínuo.

Assim, o ponto de fulcro da reforma das organizações se situa neste ponto estratégico: a gestão e o conjunto dos mecanismos sem cuja existência ela se inviabiliza. Os mecanismos em causa são aqueles que tornam possíveis os procedimentos e qualificam os seguintes momentos do trabalho administrativo: dados, diagnósticos, planejamento, avaliação e monitoramento.

Todos eles dependem de formação/capacitação, rotinas, funções e estrutura organizacional compatíveis, além de práticas destinadas à construção da confiabilidade e da transparência nos procedimentos da administração institucional, aquilo que na linguagem técnica se consagrou como *accountability*.

Assim sendo, conclui-se que sem o instrumental teórico de avaliação fornecido pelo "Ciclo de Deming" não é possível organizar minimamente uma instituição. Sem os traçados do referido ciclo não há coesão nos processos de administração que possibilite haver estruturação adequada para o desenvolvimento dos objetivos e das metas do plano estratégico. Destarte, em última instância, não se pode atingir a missão institucional sem que se prime pela observância dos processos cíclicos abordados anteriormente.

6.3.5. O planejamento estratégico na administração judicial

No campo da administração pública, o sistema de planejamento mais utilizado é o do planejamento estratégico, pois vislumbra a possibilidade do manejo da discricionariedade administrativa em alguns procedimentos avaliativos no decorrer de sua execução. Desse modo, apesar de existir uma miríade metodológica de projeção desse plano, valendo-se da estruturação apresentada por Chiavenato (1999, p. 45), urge-se apresentar as subdivisões do modelo geral do processamento estratégico.

A primeira divisão desse plano modelar é a denominada concepção estratégica. Nela se expressa a declaração da missão, visão, definição dos públicos de interesse e seu potencial de conflito e construção da ideologia central da organização (princípios e valores). É de grande valia salientar que todos esses pontos já foram estabelecidos na própria Resolução nº 70, no seu art. 1º e demais incisos, demonstrando a preocupação do gestor em estatuir tais premissas administrativas básicas.

O segundo passo desse modelo consiste na gestão do conhecimento estratégico. Tal elemento organizacional se pauta numa série de diagnósticos (estratégico externo, estratégico interno) e em um empreendimento construtivo de cenários plausíveis. Ou seja, buscam-se antever delineamentos que estimulam a percepção de possíveis problemas para traçar possíveis respostas e travejar as respectivas bases de solução.

Depois que já há elementos de conhecimento suficientes para o plano, passa-se para a formulação estratégica. Nessa etapa se afere a determinação dos fatores críticos de sucesso, define-se os modelos de apoio à decisão e se conjectura quais as políticas de relacionamento adotadas.

Após a aquisição de referenciais teóricos estrategistas, avança-se para a implementação da estratégia. Isto é, os objetivos são elaborados, o conhecimento é gerido por sistemas de informação e de desempenho organizacional. Somente com essa instrumentalização é que se opera a definição do sistema de planejamento estratégico, partindo desde a sua formulação, passando pela implementação e findando por estabelecer os métodos de controle das estratégias, compreendendo, assim, as etapas de criação, avaliação, escolha e implementação.

Por fim, deve haver a avaliação estratégica, por intermédio da mensuração do desempenho através de indicadores circunstanciais de apresentação e auditoria dos resultados obtidos. Ao se adentrar na administração judicial propriamente dita, é bastante adequado observar aquilo que Wladmir Passos de Freitas (2010) chamou de "10 Mandamentos do Juiz Administrador", a seguir transcritos:

> Ao administrar, cumpre-lhe (ao juiz) deixar a toga de lado devendo: a) obrigação à lei e não à jurisprudência; b) inteirar-se das técnicas modernas de administração pública e empresarial; c) adaptar-se aos recursos tecnológicos; d) decidir de maneira ágil e direta, sem a burocracia dos processos judiciais; d) manter o bom e corrigir o ruim; e) delegar, se tiver confiança; f) atender a imprensa; g) lembrar que não existe unidade judiciária ruim, mas sim mal administrada.

Caso o juiz siga esse breve compêndio de boas condutas administrativas, está garantido o sucesso de sua administração judicial. A partir dessas simples regras é possível traçar um bom trabalho para o juiz que se dispõe a assumir o papel de administrador, afinal, irá congregar todas as qualidades imprescindíveis para uma administração sintonizada com as técnicas mais inovadoras em termos de gestão, bem como, não descuidará da acuidade com que deve ser tratada a coisa pública e os serviços jurisdicionais.

A partir desses elementos básicos de administração e das boas condutas administrativas adotadas pelo juiz administrador é que se pode conceber a implantação e desenvolvimento das diretrizes traçadas na Resolução nº 70 do CNJ no tocante à gestão administrativa e gestão de pessoal, em específico no que tange a desenvolver conhecimentos, habilidades e atitudes dos magistrados e servidores, bem como motivar e comprometer magistrados e servidores com a execução da estratégia.

Tal resolução se atém a duas finalidades básicas: fornecer os referenciais teóricos de atuação jurisdicional e prover os objetivos básicos do planejamento e da gestão estratégica.

A resolução em tela clarifica que a missão do Poder Judiciário é realizar justiça e sua visão é a de ser reconhecido pela sociedade como instrumento efetivo de justiça, equidade e paz social. Disso depreende-se que sua implementação tem por escopo uma concatenação especificamente ordenada em prol de premissas sociais, que satisfaçam os anseios da própria sociedade. É preciso instigar o desenvolvimento de estratégias de comunicação que sirvam como elemento de ligação entre a missão institucional do Poder Judiciário e os interesses primordiais dos jurisdicionados.

Ponto de grande relevância dessa mesma resolução são os objetivos por ela estabelecidos. Eles são separados quase que didaticamente por temas, em suma, são oito grandes temas que contêm ao todo 15 objetivos.

O primeiro tema é denominado de "Eficiência Operacional" e contempla dois objetivos: garantir a agilidade nos trâmites judiciais e administrativos e buscar a excelência na gestão de custos operacionais.

Outro grande tema se refere ao "Acesso ao Sistema de Justiça", cujos objetivos primordiais são facilitar o acesso à justiça e promover a efetividade no cumprimento das decisões. De fato, o primeiro dos objetivos expostos nesse tema vem apenas repisar um comando constitucional, definido como direito fundamental.

Contudo, nesse horizonte, há de se destacar que um dos maiores óbices do acesso à justiça é o próprio custo deveras elevado para que haja o processo litigioso, isto é, há uma relação de proporcionalidade inversa entre o valor da causa e seu custo processual.

Um dos escopos da administração judiciária bem organizada é justamente tentar, por meio de equacionamentos, que os custos desses processos de menor vulto econômico, que invariavelmente possuem como partes tanto no polo passivo quanto no polo ativo pessoas de classes menos favorecidas, não sejam onerosos a ponto de constituírem um óbice ao provimento jurisdicional adequado e necessário para tais situações.

Ademais, cumpre salientar que mesmo quando processos com essas características são ao menos iniciados, a própria morosidade de processamento e de julgamento por parte do Poder Judiciário finda por converter em maiores custos econômicos para os agentes menos favorecidos.

Outro ponto dificulta o acesso aos órgãos judiciários é a hesitação das pessoas de baixa renda em recorrer à instituição, seja em função da total falta de instrução jurídica, ou até mesmo por simples temor reverencial. Esses elementos, por possuírem fortes bases culturais, findam por se disseminar, sociologicamente falando, promovendo um enfraquecimento estrutural de toda uma classe social, pois a clava forte judiciária não lhe é atingível pelos meios constitucionalmente assegurados.

Em decorrência desse acesso deficitário à justiça, há de se avaliar como operam os conflitos sociais e seus mecanismos de resolução. Nesse campo, a administração judiciária toma por base conceitos sociológicos de fatos sociais para explicar o litígio e a resolução desses conflitos sociais, e deixa à margem as definições positivistas da norma jurídica.

A melhor definição do que é exatamente o fato social é trazida por Émile Durkheim (1999, p. 1), que entende os fatos sociais como "todos os fenômenos que se dão no interior da sociedade, por menos que apresentem, com certa generalidade, algum interesse social". Assim, o autor conclui sobre a conceituação de fato social que ele é:

> (...) toda maneira de fazer, fixado ou não, suscetível de exercer sobre o indivíduo uma coerção exterior; ou ainda, toda maneira de fazer que é geral na extensão de uma sociedade dada e, ao mesmo tempo, possui uma existência própria, independente de suas manifestações individuais" (DURKHEIM, 1999, p. 1).

Assim, a partir dessa conceituação fenomenológica, a sociologia tenta explicar a resolução de conflitos jurídicos por meios formais (tanto públicos, quanto privados, a exemplo da arbitragem) e não formais. Os meios de resolução não formais são aqueles que se desenvolvem a margem da tutela estatal e do julgo do Poder Judiciário.

Um grande exemplo de um desses meios não formais é o denominado direito alternativo, que prevê um processo de humanização do direito, fazendo com que baixe ao nível das ruas, das fábricas, das favelas, dos cortiços, das prisões e assim caminhe com os que sofrem o peso da opressão tantas vezes legitimada por um Direito que se apresenta neutro e justo para ocultar a violência institucionalizada.

O escopo dessa atitude é trazer o Direito e os juristas para o meio do povo: o povo que clama pelo fim das injustiças e da total negligência estatal, e, por conseguinte, anseia pelo fim da opressão, da violência e da crueldade já institucionalizada, visando obter garantia de emprego e segurança social. Assim, o denominado Direito Alternativo busca ser orgânico em sua apresentação estruturalista, promovendo uma superposição do próprio direito sobre a lei.

Destarte, há de se compreender que dentre os meios de resolução de conflitos, a sociologia jurídica aponta para um pluralismo jurídico, sem uma definição estanque de qual modelo é o mais efetivo, devendo-se apenas concluir que o Estado não detém o monopólio da produção e distribuição do direito.

Existe também um tema voltado especificamente para a "responsabilidade social", e seu objetivo básico é o de promover a cidadania. Apesar de sintético e, quiçá, deveras lacônico, a expressividade do referido objetivo também é encontrada na repetição de um comando constitucional corriqueiro.

Há também um tema que se refere ao "Alinhamento e Integração" do Poder Judiciário, com os seguintes objetivos: garantir o alinhamento estratégico em todas as unidades do Judiciário e fomentar a interação e a troca de experiências entre tribunais nos planos nacional e internacional. Esses objetivos são fundamentais para prover um aporte teórico mais abalizado para os membros do referido poder, uma vez que possibilitará o intercâmbio de informações e a atualização mais efetiva desses, promovendo uma melhor qualidade na prestação jurisdicional. Isso porque, a expansão de novas tecnologias e a visão cidadã das constituições hodiernas tem sido fator de uma geração de sociedades mais bem informadas, esclarecidas, exigentes, cientes dos seus direitos e disposta a buscá-los e reclamá-los.

Essa nova realidade requer o estabelecimento de formas apropriadas de cooperação e intercâmbio de tecnologias capazes de oferecer prestação jurisdicional mais adequada, transparente, eficiente e célere.

Outro grupo elencado na Resolução nº 70 se refere ao tema denominado de "Atuação Institucional", seus objetivos são: fortalecer e harmonizar as relações entre os Poderes, setores e instituições; disseminar valores éticos e morais por meio de atuação institucional efetiva, e, aprimorar a comunicação com públicos externos.

Um dos objetivos de concretização mais difícil possivelmente seja o referente à disseminação de valores éticos e morais por meio da atuação jurisdicional, não só pela diversidade interpretativa dos termos nele contidos – muito embora aqui seja bastante proveitoso se valer de uma interpretação mais restritiva aos preceitos constitucionais contidos no art. 37, *caput* –, como em razão de sua aplicabilidade prática modelar. Isto é, insere o magistrado como exemplo de conduta e meio de exteriorização do padrão de ética e moralidade a ser disseminado na sociedade, algo que, com certeza, envolve elementos meta-jurídicos bastante subjetivos levando-se em conta a plenificação do referido objetivo.

Tema de elevada relevância a ser destacado se refere à "Gestão de Pessoas". Tal tema possui dois objetivos básicos: desenvolver conhecimentos, habilidades e atitudes dos magistrados e servidores, e motivar e comprometer magistrados e servidores com a execução da estratégia.

Outro ponto a ser examinado na temática por ora abordada diz respeito à "Infraestrutura e Tecnologia". Seus objetivos fundamentais são: garantir a infraestrutura apropriada às atividades administrativas e judiciais, e garantir a disponibilidade de sistemas essenciais de tecnologia de informação. A Lei nº 11.419/2008 é fruto dessa mentalidade de provimento célere do Judiciário, algo que, resumidamente, passa pelo próprio princípio informativo da rapidez na prestação jurisdicional, tudo isso sem que suplante outros princípios igualmente caros ao ordenamento jurídico vigente, tais quais: a segurança jurídica e o devido processo legal tanto em sua acepção material quanto instrumental.

O último dos temas vem apenas reforçar formalmente todas as outras implementações de cunho mais pragmático instaurado pela resolução nº 70, cujo tema se refere ao "Orçamento". Seu objetivo específico se consubstancia na iniciativa de assegurar recursos orçamentários necessários à execução da estratégia e seus planejamentos. Tal escopo afigura ter natureza substancialmente formal porque serve de sustentação estrutural para que as outras práticas e outras ações estratégicas sejam postas em prática, assegurando assim uma administração judiciária mais efetiva e minimamente sustentável.

Outro expoente do planejamento estratégico que merece o devido destaque são as 10 metas adotadas pelo CNJ para o ano de 2009. Elas são conteúdo essencial para a implementação de traçados efetivos de metodologias administrativas buscando a eficiência do Poder Judiciário.

As referidas metas são:

> **Meta 1** – Desenvolver e/ou alinhar planejamento estratégico plurianual (mínimo de cinco anos) aos objetivos estratégicos do Poder Judiciário, com aprovação no Tribunal Pleno ou Órgão Especial.

> **Meta 2** – Identificar os processos judiciais mais antigos e adotar medidas concretas para o julgamento de todos os distribuídos até 31.12.2005 (em 1º, 2º grau ou tribunais superiores).
> **Meta 3** – Informatizar todas as unidades judiciárias e interligá-las ao respectivo tribunal e à rede mundial de computadores (internet).
> **Meta 4** – Informatizar e automatizar a distribuição de todos os processos e recursos.
> **Meta 5** – Implantar sistema de gestão eletrônica da execução penal e mecanismo de acompanhamento eletrônico das prisões provisórias.
> **Meta 6** – Capacitar o administrador de cada unidade judiciária em gestão de pessoas e processos de trabalho, para imediata implantação de métodos de gerenciamento de rotinas.
> **Meta 7** – Tornar acessíveis as informações processuais nos portais da rede mundial de computadores (*internet*), com andamento atualizado e conteúdo das decisões de todos os processos, respeitado o segredo de justiça.
> **Meta 8** – Cadastrar todos os magistrados como usuários dos sistemas eletrônicos de acesso a informações sobre pessoas e bens e de comunicação de ordens judiciais (Bacenjud, Infojud, Renajud).
> **Meta 9** – Implantar núcleo de controle interno.
> **Meta 10** – Implantar o processo eletrônico em parcela de suas unidades judiciárias.

Destaque-se, especialmente, dentre as referidas metas, a mencionada meta 2. Seu salutar destaque se deve principalmente em virtude da preocupação que incute nos operadores do direito em julgar os processos antigos, sobretudo em atendimento ao princípio constitucional da "razoável duração do processo" (mais uma inovação constitucional trazida pela EC nº 45, art. 5°, LXXVIII).

Impende, em termos de administração judiciária, destacar que por vezes o magistrado faz brotar a boa vontade e estímulo dos servidores do tribunal, que participam da iniciativa da Meta n° 2 sem qualquer vantagem financeira, contribuindo para levar a maior eficiência e produtividade por parte do tribunal (uma verdadeira reverberação da eficaz gestão de pessoas que incentiva a motivação e comprometimento dos magistrados e dos servidores, principalmente, com a execução da estratégia traçada). Necessita-se, portanto, gerir, planejar e dar eficácia às decisões jurisdicionais em tempo razoável.

6.4. Modernização da gestão

Inicialmente, há de se destacar que houve o recrudescimento de dinâmicas de operacionalização das práticas e técnicas administrativas nas últimas duas décadas – no Brasil em específico apenas na última década. Por conseguinte, também houve o acompanhamento dos procedimentos judiciários com a evolução informacional, isto é, houve uma modernização acentuada nas práticas cartorárias dos órgãos judiciários.

Nesse passo, a necessidade da modernização instrumental é um dos desafios para que o Poder Judiciário se consolide como uma ferramenta de transformação, coesão social e fomento da cidadania sem exclusão. Daí a importância de se prosseguir nos caminhos da modernização, da parceria, do diálogo político e da cooperação jurídica internacional.

O expoente nesse desenvolvimento digital de inclusão judiciária é a Lei nº 11.419/2008. Ela possibilitou a informatização do processo judicial por intermédio de ferramentas como a assinatura eletrônica e a certificação digital, vindo a ser o suporte positivado da Resolução nº 2, de 24 de abril de 2007, do STJ que dispõe sobre o recebimento de Petição Eletrônica no âmbito do Superior Tribunal de Justiça.

Esse incentivo tecnológico serve para consolidar a aproximação dos tribunais superiores com a sociedade. A petição eletrônica é apenas o primeiro passo desse processo irreversível de modernização tecnológica, pois se almeja que a tramitação de recursos especiais e extraordinários entre STJ e o STF também seja feita por meio eletrônico. Com o novo sistema, os recursos permanecerão fisicamente na instância de origem e subirão por via eletrônica (sem o uso, por vezes desnecessário, de papel).

Desta feita, a tecnologia da informação tem sido "a grande mola propulsora" da agilidade na tramitação processual e, por essa razão é a maior aliada do Judiciário. Assim, percebe-se que o Poder Judiciário está se preparando de forma consistente para os desafios da chamada era digital.

Ademais, a implantação do processo eletrônico, mais do que qualquer lei ou código – ou seja, mais do que qualquer imposição positivada –, provocará uma revolução silenciosa – a verdadeira e profunda reforma do Poder Judiciário. Essa é a opinião esposada por grande parcela da doutrina e por vários ministros dos tribunais superiores brasileiros.

Como um dos desdobramentos dessa decisão, está em vias de implantação o Processo Judicial Eletrônico (PJe), mediante convênio com o Conselho Nacional da Justiça, que envolveu também Tribunais Regionais Federais, os Tribunais Regionais do Trabalho e o Ministério Público do Trabalho.

O processamento eletrônico é tido como um verdadeiro "círculo virtuoso" que, brevemente, estará consolidado em todas as instâncias do Judiciário. Os ganhos com a virtualização dos processos se estendem a uma miríade de indivíduos, desde os integrantes do Poder Judiciário (em sentido amplo), como servidores, advogados, juízes, ministros, até mesmo, e, principalmente, a sociedade, que terá uma Justiça mais rápida e eficiente.

O PJe já é utilizado, em fase experimental, no peticionamento de ações em algumas unidades da Justiça Federal de 1º e 2º graus do Tribunal Regional Federal da 5ª Região (TRF5). Esse projeto piloto é resultado de um termo de cooperação assinado entre o CNJ, o Conselho da Justiça Federal (CJF) e os TRFs.

O sistema permite a tramitação eletrônica de todos os tipos de ações judiciais em qualquer ramo do Judiciário e confere maior celeridade à tramitação dos processos, além de facilitar o acesso às partes, advogados e procuradores às ações.

Além disso, o sistema de processamento eletrônico contempla, ainda, atividades essenciais à tramitação de qualquer ação judicial, como autuação, numeração, validação e cadastro, distribuição, audiência, perícias, intimação, central de mandados, precatórios, entre outros. Proporciona, também, maior flexibilidade à tramitação dos processos, uma vez que pode ser adaptado às particularidades do fluxo de ações.

Esse processo de modernização na gestão e manutenção processual inclui a integração do STJ com todos os tribunais de justiça e tribunais regionais federais para o envio de recursos no formato eletrônico, a automação de julgamentos em todos os órgãos julgadores do tribunal e o aprimoramento de sua gestão administrativa.

Com a virtualização, em poucos minutos os processos estão sendo recebidos, registrados, autuados, classificados e distribuídos aos relatores. Além da segurança, economia e rapidez, a remessa virtual garante transparência à atividade jurídica, considerando-se que o arquivo digital pode ser acessado pelas partes de qualquer lugar do mundo, através da internet.

No Poder Judiciário informatizado, a integridade dos dados, documentos e processos enviados e recebidos por seus servidores é atestada por identidade e certificação digital (chaves eletrônicas). A assinatura digital serve para codificar o documento de forma que não possa ser lido ou alterado por pessoas não autorizadas. Trata-se de uma espécie de "cartório virtual" que garante a autenticidade dessa assinatura.

Nesse sentido, é importante destacar o poder instrumental das chaves eletrônicas, uma vez que permitem a inserção do Poder Judiciário na era digital. O uso dessas assinaturas eletrônicas deve ser incentivado por inúmeras razões, evidenciando-se a facilidade de "encurtar" distâncias, promover dinamicidade nas relações jurídicas, bem como sua praticidade no desenvolvimento processual, ampla acessibilidade, dentre outras vantagens (ERICKSEN, 2008, p. 82) que tornam tal dinâmica eletrônica uma das molas propulsoras da virtualização do acesso à justiça e consequentemente da própria modernização do Poder Judiciário.

Com relação à seara trabalhista, especificamente, deve ser destacado que o Tribunal Superior do Trabalho (TST) e o Conselho Superior da Justiça do Trabalho (CSJT) decidiram direcionar esforços para adaptar sistemas já desenvolvidos por outros órgãos do Poder Judiciário, visando ao processo eletrônico integrado em todos os órgãos do judiciário trabalhista.

No âmbito especifico de modernização do TST, deve-se informar que o Tribunal voltou-se ao desenvolvimento de um sistema para ser aplicado nos processos de agravos de instrumento e recursos de revista, que findou por criar o E-Sij. O sistema E-Sij, além de contribuir para a celeridade processual, proporciona economia anual orçamentária bastante significativa, haja vista que diminui vários custos, como, por exemplo, as despesas com correios, mão de obra terceirizada, mensageiros, grampos e outros materiais.

A previsão é que até o início de 2011, o E-Sij esteja implantado de forma integral no TST – o que significa que a partir de então haverá, entre outras inovações, a autuação eletrônica, distribuição eletrônica e tramitação eletrônica de todos os processos no TST – a exemplo do que já ocorre no Conselho Superior da Justiça do Trabalho (CSJT). Também não haverá mais remessa de autos físicos – processos em papel – de recursos de revista ou agravo de instrumento – dirigidos ao Tribunal Superior do Trabalho.

Há de se concluir, portanto, que o Poder Judiciário está se aparelhando para responder aos anseios da sociedade por maior celeridade e, na estrutura dessa resposta está a tecnologia da informação, ferramenta importante e eficaz na administração judiciária hodierna. Assinale-se que os tribunais de instância superior têm se firmado como expoente de vanguarda mediante a incorporação de avançada tecnologia de trâmite processual que garante segurança, transparência e celeridade aos julgamentos.

6.5. Referências

ACKOFF, Russel L. *Planejamento empresarial.* Rio de Janeiro: Livros Técnicos e Científicos, 1974.

BOTTINI, Pierpaolo Cruz. *Os desafios do conselho nacional de justiça.* Disponível em: <www.migalhas.com.br/mostra_noticia_articuladas.aspx?cod= 16081>. Acesso em: 25 mai. 2010.

CHIAVENATO, Idalberto. *Introdução à teoria geral da administração.* 5ª ed., Rio de Janeiro: Campus, 1999.

DURKHEIM, Émile. *As regras do método sociológico.* Tradução de Paulo Neves. 2ª ed., São Paulo: Martins Fontes, 1999.

ERICKSEN, Lauro. *Formação e desenvolvimento teórico dos mecanismos instrumentais da circulação dos títulos de crédito.* 2008. 94 f. Monografia (Graduação) – Curso de Direito, Universidade Federal do Rio Grande do Norte, Natal, 2008.

FISCHMANN, Adalberto A.; ALMEIDA, Martinho Isnard Ribeiro de. *Planejamento estratégico na prática.* 2ª ed., São Paulo: Atlas, 1999.

KAPLAN, Robert; NORTON, David P. *Organização orientada para estratégia: como as empresas que adotam o scorecard prosperam no novo ambiente de negócios.* Tradução de Afonso Celso da Cunha Serra. Rio de Janeiro: Elsevier, 2000.

KOURY, Suzy. *Planejamento estratégico do poder judiciário: o papel das escolas judiciais.* Disponível em: <http://www.enamat.gov.br/wp-content/uploads/2010/02/ TD06_SuzyKouryCorrigido_8_PLANEJAMENTO-ESTRAT%C3%89GICO-

DO-PODER-JUDICI%C3%81RIO-O-PAPEL-DAS-ESCOLAS-JUDICIAIS.pdf>. Acesso em: 11 jul. 2010.

OLIVEIRA, Djalma de Pinho Rebouças. *Planejamento estratégico: conceitos, metodologia e práticas.* 12ª ed., São Paulo: Atlas, 1998.

FREITAS, Waldmir Passos de. Os dez mandamentos do juiz administrador. Disponível em: <http://www.ibrajus.org.br/revista/artigo.asp?idArtigo=8>. Acesso em: 11 jul. 2010.

SILVA, Claudia Dantas Ferreira da. *Administração judiciária: planejamento estratégico e a reforma do judiciário brasileiro.*. Jus Navigandi, Teresina, ano 10, nº 976, 4 mar. 2006. Disponível em: <http://jus2.uol.com.br /doutrina/texto.asp?id=8062>. Acesso em: 01 dez. 2009.

SANTOS, Boaventura de Sousa. *Pela mão de Alice: o social e o político na pós-modernidade.* 5ª ed., São Paulo: Cortez, 2007.

SOARES, Luiz Eduardo. *Segurança tem saída.* Rio de Janeiro: Sextante, 2006.

TAVARES, Mauro Calixta. *Planejamento estratégico: a opção entre o sucesso e o fracasso empresarial.* São Paulo: Harbra, 1991.

VASCONCELOS FILHO, Paulo de; PAGNONCELLI, Dernizo. *Construindo estratégias para competir no século XXI.* Rio de Janeiro: Elsevier, 2001.

PARTE 7

Anexos

ANEXO I – CÓDIGO DE ÉTICA DA MAGISTRATURA NACIONAL

(Aprovado na 68ª Sessão Ordinária do Conselho Nacional de Justiça, do dia 6 de agosto de 2008, nos autos do Processo nº 200820000007337).

O Conselho Nacional de Justiça, no exercício da competência que lhe atribuíram a Constituição Federal (art. 103-B, § 4º, I e II), a Lei Orgânica da Magistratura Nacional (art. 60 da LC nº 35/1979) e seu Regimento Interno (art. 19, incisos I e II);

Considerando que a adoção de Código de Ética da Magistratura é instrumento essencial para os juízes incrementarem a confiança da sociedade em sua autoridade moral;

Considerando que o Código de Ética da Magistratura traduz compromisso institucional com a excelência na prestação do serviço público de distribuir Justiça e, assim, mecanismo para fortalecer a legitimidade do Poder Judiciário;

Considerando que é fundamental para a magistratura brasileira cultivar princípios éticos, pois lhe cabe também função educativa e exemplar de cidadania em face dos demais grupos sociais;

Considerando que a Lei veda ao magistrado "procedimento incompatível com a dignidade, a honra e o decoro de suas funções" e comete-lhe o dever de "manter conduta irrepreensível na vida pública e particular" (LC nº 35/1979, arts. 35, inciso VIII, e 56, inciso II); e

Considerando a necessidade de minudenciar os princípios erigidos nas aludidas normas jurídicas;

RESOLVE aprovar e editar o presente CÓDIGO DE ÉTICA DA MAGISTRATURA NACIONAL, exortando todos os juízes brasileiros à sua fiel observância.

Capítulo I – Disposições gerais

Art. 1º. O exercício da magistratura exige conduta compatível com os preceitos deste Código e do Estatuto da Magistratura, norteando-se pelos princípios da independência, da imparcialidade, do conhecimento e capacitação, da cortesia, da transparência, do segredo profissional, da prudência, da diligência, da integridade profissional e pessoal, da dignidade, da honra e do decoro.

Art. 2º. Ao magistrado impõe-se primar pelo respeito à Constituição da República e às leis do País, buscando o fortalecimento das instituições e a plena realização dos valores democráticos.

Art. 3º. A atividade judicial deve desenvolver-se de modo a garantir e fomentar a dignidade da pessoa humana, objetivando assegurar e promover a solidariedade e a justiça na relação entre as pessoas.

Capítulo II – Independência

Art. 4º. Exige-se do magistrado que seja eticamente independente e que não interfira, de qualquer modo, na atuação jurisdicional de outro colega, exceto em respeito às normas legais.

Art. 5º. Impõe-se ao magistrado pautar-se no desempenho de suas atividades sem receber indevidas influências externas e estranhas à justa convicção que deve formar para a solução dos casos que lhe sejam submetidos.

Art. 6º. É dever do magistrado denunciar qualquer interferência que vise a limitar sua independência.

Art. 7º. A independência judicial implica que ao magistrado é vedado participar de atividade político-partidária.

Capítulo III – Imparcialidade

Art. 8º. O magistrado imparcial é aquele que busca nas provas a verdade dos fatos, com objetividade e fundamento, mantendo ao longo de todo o processo uma distância equivalente das partes, e evita todo o tipo de comportamento que possa refletir favoritismo, predisposição ou preconceito.

Art. 9º. Ao magistrado, no desempenho de sua atividade, cumpre dispensar às partes igualdade de tratamento, vedada qualquer espécie de injustificada discriminação.

Parágrafo único. Não se considera tratamento discriminatório injustificado:

I – a audiência concedida a apenas uma das partes ou seu advogado, contanto que se assegure igual direito à parte contrária, caso seja solicitado;

II – o tratamento diferenciado resultante de lei.

Capítulo IV – Transparência

Art. 10. A atuação do magistrado deve ser transparente, documentando-se seus atos, sempre que possível, mesmo quando não legalmente previsto, de modo a favorecer sua publicidade, exceto nos casos de sigilo contemplado em lei.

Art. 11. O magistrado, obedecido o segredo de justiça, tem o dever de informar ou mandar informar aos interessados acerca dos processos sob sua responsabilidade, de forma útil, compreensível e clara.

Art. 12. Cumpre ao magistrado, na sua relação com os meios de comunicação social, comportar-se de forma prudente e equitativa, e cuidar especialmente:

I – para que não sejam prejudicados direitos e interesses legítimos de partes e seus procuradores;

II – de abster-se de emitir opinião sobre processo pendente de julgamento, seu ou de outrem, ou juízo depreciativo sobre despachos, votos, sentenças ou acórdãos, de órgãos judiciais, ressalvada a crítica nos autos, doutrinária ou no exercício do magistério.

Art. 13. O magistrado deve evitar comportamentos que impliquem a busca injustificada e desmesurada por reconhecimento social, mormente a autopromoção em publicação de qualquer natureza.

Art. 14. Cumpre ao magistrado ostentar conduta positiva e de colaboração para com os órgãos de controle e de aferição de seu desempenho profissional.

Capítulo V – Integridade pessoal e profissional

Art. 15. A integridade de conduta do magistrado fora do âmbito estrito da atividade jurisdicional contribui para uma fundada confiança dos cidadãos na judicatura.

Art. 16. O magistrado deve comportar-se na vida privada de modo a dignificar a função, cônscio de que o exercício da atividade jurisdicional impõe restrições e exigências pessoais distintas das acometidas aos cidadãos em geral.

Art. 17. É dever do magistrado recusar benefícios ou vantagens de ente público, de empresa privada ou de pessoa física que possam comprometer sua independência funcional.

Art. 18. Ao magistrado é vedado usar para fins privados, sem autorização, os bens públicos ou os meios disponibilizados para o exercício de suas funções.

Art. 19. Cumpre ao magistrado adotar as medidas necessárias para evitar que possa surgir qualquer dúvida razoável sobre a legitimidade de suas receitas e de sua situação econômico-patrimonial.

Capítulo VI – Diligência e dedicação

Art. 20. Cumpre ao magistrado velar para que os atos processuais se celebrem com a máxima pontualidade e para que os processos a seu cargo sejam solucionados em um prazo razoável, reprimindo toda e qualquer iniciativa dilatória ou atentatória à boa-fé processual.

Art. 21. O magistrado não deve assumir encargos ou contrair obrigações que perturbem ou impeçam o cumprimento apropriado de suas funções específicas, ressalvadas as acumulações permitidas constitucionalmente.

§ 1º. O magistrado que acumular, de conformidade com a Constituição Federal, o exercício da judicatura com o magistério deve sempre priorizar a atividade judicial, dispensando-lhe efetiva disponibilidade e dedicação.

§ 2º. O magistrado, no exercício do magistério, deve observar conduta adequada à sua condição de juiz, tendo em vista que, aos olhos de alunos e da sociedade, o magistério e a magistratura são indissociáveis, e faltas éticas na área do ensino refletirão necessariamente no respeito à função judicial.

Capítulo VII – Cortesia

Art. 22. O magistrado tem o dever de cortesia para com os colegas, os membros do Ministério Público, os advogados, os servidores, as partes, as testemunhas e todos quantos se relacionem com a administração da Justiça.

Parágrafo único. Impõe-se ao magistrado a utilização de linguagem escorreita, polida, respeitosa e compreensível.

Art. 23. A atividade disciplinar, de correição e de fiscalização serão exercidas sem infringência ao devido respeito e consideração pelos correicionados.

Capítulo VIII – Prudência

Art. 24. O magistrado prudente é o que busca adotar comportamentos e decisões que sejam o resultado de juízo justificado racionalmente, após haver meditado e valorado os argumentos e contra-argumentos disponíveis, à luz do Direito aplicável.

Art. 25. Especialmente ao proferir decisões, incumbe ao magistrado atuar de forma cautelosa, atento às consequências que pode provocar.

Art. 26. O magistrado deve manter atitude aberta e paciente para receber argumentos ou críticas lançados de forma cortês e respeitosa, podendo confirmar ou retificar posições anteriormente assumidas nos processos em que atua.

Capítulo IX – Sigilo profissional

Art. 27. O magistrado tem o dever de guardar absoluta reserva, na vida pública e privada, sobre dados ou fatos pessoais de que haja tomado conhecimento no exercício de sua atividade.

Art. 28. Aos juízes integrantes de órgãos colegiados impõe-se preservar o sigilo de votos que ainda não hajam sido proferidos e daqueles de cujo teor tomem conhecimento, eventualmente, antes do julgamento.

Capítulo X – Conhecimento e capacitação

Art. 29. A exigência de conhecimento e de capacitação permanente dos magistrados tem como fundamento o direito dos jurisdicionados e da sociedade em geral à obtenção de um serviço de qualidade na administração de Justiça.

Art. 30. O magistrado bem formado é o que conhece o Direito vigente e desenvolveu as capacidades técnicas e as atitudes éticas adequadas para aplicá-lo corretamente.

Art. 31. A obrigação de formação contínua dos magistrados estende-se tanto às matérias especificamente jurídicas quanto no que se refere aos conhecimentos e técnicas que possam favorecer o melhor cumprimento das funções judiciais.

Art. 32. O conhecimento e a capacitação dos magistrados adquirem uma intensidade especial no que se relaciona com as matérias, as técnicas e as atitudes que levem à máxima proteção dos direitos humanos e ao desenvolvimento dos valores constitucionais.

Art. 33. O magistrado deve facilitar e promover, na medida do possível, a formação dos outros membros do órgão judicial.

Art. 34. O magistrado deve manter uma atitude de colaboração ativa em todas as atividades que conduzem à formação judicial.

Art. 35. O magistrado deve esforçar-se para contribuir com os seus conhecimentos teóricos e práticos ao melhor desenvolvimento do Direito e à administração da Justiça.

Art. 36. É dever do magistrado atuar no sentido de que a instituição de que faz parte ofereça os meios para que sua formação seja permanente.

Capítulo XI – Dignidade, honra e decoro

Art. 37. Ao magistrado é vedado procedimento incompatível com a dignidade, a honra e o decoro de suas funções.

Art. 38. O magistrado não deve exercer atividade empresarial, exceto na condição de acionista ou cotista e desde que não exerça o controle ou gerência.

Art. 39. É atentatório à dignidade do cargo qualquer ato ou comportamento do magistrado, no exercício profissional, que implique discriminação injusta ou arbitrária de qualquer pessoa ou instituição.

Capítulo XII – Disposições finais

Art. 40. Os preceitos do presente Código complementam os deveres funcionais dos juízes que emanam da Constituição Federal, do Estatuto da Magistratura e das demais disposições legais.

Art. 41. Os Tribunais brasileiros, por ocasião da posse de todo Juiz, entregar-lhe-ão um exemplar do Código de Ética da Magistratura Nacional, para fiel observância durante todo o tempo de exercício da judicatura.

Art. 42. Este Código entra em vigor, em todo o território nacional, na data de sua publicação, cabendo ao Conselho Nacional de Justiça promover-lhe ampla divulgação.

Brasília, 26 de agosto de 2008.
Publicado no DJ de 18.8.2008, p. 1 e 2.

ANEXO II – LEI COMPLEMENTAR Nº 35, DE 14 DE MARÇO DE 1979

Dispõe sobre a Lei Orgânica da Magistratura Nacional.

O Presidente da República,

Faço saber que o Congresso Nacional decreta e eu sanciono a seguinte Lei Complementar:

Título I – Do Poder Judiciário

Capítulo I – Dos órgãos do Poder Judiciário

Art. 1º. O Poder Judiciário é exercido pelos seguintes órgãos:

I – Supremo Tribunal Federal;
II – Conselho Nacional da Magistratura;
III – Tribunal Federal de Recursos e Juízes Federais;
IV – Tribunais e Juízes Militares;
V – Tribunais e Juízes Eleitorais;
VI – Tribunais e Juízos do Trabalho;
VII – Tribunais e Juízes Estaduais;
VIII – Tribunal e Juízes do Distrito Federal e dos Territórios.

Art. 2º. O Supremo Tribunal Federal, com sede na Capital da União e jurisdição em todo o território nacional, compõem-se de onze Ministros vitalícios, nomeados pelo Presidente da República, depois de aprovada a escolha pelo Senado Federal, dentre cidadãos maiores de trinta e cinco anos, de notável saber jurídico e reputação ilibada.

Art. 3º. O Conselho Nacional da Magistratura, com sede na Capital da União e jurisdição em todo o território nacional, compõe-se de sete Ministros do Supremo Tribunal Federal, por este escolhidos, mediante votação nominal para um período de dois anos, inadmitida a recusa do encargo.

§ 1º. A eleição far-se-á juntamente com a do Presidente e Vice-Presidente do Supremo Tribunal Federal, os quais passam a integrar, automaticamente, o Conselho, nele exercendo as funções de Presidente e Vice-Presidente, respectivamente.

§ 2º. Os Ministros não eleitos poderão ser convocados pelo Presidente, observada a ordem decrescente de antiguidade, para substituir os membros do Conselho, nos casos de impedimento ou afastamento temporário.

§ 3º. Junto ao Conselho funcionará o Procurador-Geral da República.

Art. 4º. O Tribunal Federal de Recursos, com sede na Capital da União e jurisdição em todo o território nacional, compõe-se de vinte e sete Ministros vitalícios, nomeados pelo Presidente da República, após aprovada a escolha pelo Senado Federal, salvo quanto à dos Juízes Federais, sendo quinze dentre Juízes Federais, indicados em lista tríplice pelo próprio Tribunal; quatro dentre membros do Ministério Público Federal; quatro dentre advogados maiores de trinta e cinco anos, de notável saber jurídico e de reputação ilibada; e quatro dentre magistrados ou membros do Ministério Público dos Estados e do Distrito Federal.

Art. 5º. Os Juízes Federais serão nomeados pelo Presidente da República, escolhidos, sempre que possível, em lista tríplice, organizada pelo Tribunal Federal de Recursos, dentre os candidatos com idade superior a vinte e cinco anos, de reconhecida idoneidade moral, aprovados em concurso público de provas e títulos, além da satisfação de outros requisitos especificados em lei.

§ 1º. Cada Estado, bem como o Distrito Federal, constitui uma Seção Judiciária, que tem por sede a respectiva Capital, e Varas localizadas segundo o estabelecido em lei.

§ 2º. Nos Territórios do Amapá, Roraima e Rondônia, a jurisdição e as atribuições cometidas aos Juízes Federais caberão aos juízes da Justiça local, na forma que a lei dispuser. O Território de Fernando de Noronha está compreendido na Seção Judiciária do Estado de Pernambuco.

Art. 6º. O Superior Tribunal Militar, com sede na Capital da União e jurisdição em todo o território nacional, compõe-se de quinze Ministros vitalícios, nomeados pelo Presidente da República, depois de aprovada a escolha pelo Senado Federal, sendo três dentre Oficiais-Generais da Marinha, quatro dentre Oficiais-Generais do Exército e três dentre Oficiais-Generais da Aeronáutica, todos da ativa, e cinco dentre civis, maiores de trinta e cinco anos, dos quais três cidadãos de notório saber jurídico e idoneidade moral, com mais de dez anos de pratica forense, e dois Juízes Auditores ou membros do Ministério Público da Justiça Militar, de comprovado saber jurídico.

Art. 7º. São órgãos da Justiça Militar da União, além do Superior Tribunal Militar, os Juízes Auditores e os Conselhos de Justiça, cujos número, organização e competência são definidos em lei.

Art. 8º. O Tribunal Superior Eleitoral, com sede na Capital da União e jurisdição em todo o território nacional, é composto de sete Juízes, dos quais três Ministros do Supremo Tribunal Federal e dois Ministros do Tribunal Federal de Recursos, escolhidos pelo respectivo Tribunal, mediante eleição, pelo voto secreto, e dois nomeados pelo Presidente da República, dentre seis advogados de notável saber jurídico e idoneidade moral, indicados pelo Supremo Tribunal Federal.

Art. 9º. Os Tribunais Regionais Eleitorais, com sede na Capital do Estado em que tenham jurisdição e no Distrito Federal, compõe-se de quatro Juízes eleitos, pelo voto secreto, pelo respectivo Tribunal de Justiça, sendo dois dentre Desembargadores e dois dentre Juízes de Direito; um Juiz Federal, escolhido pelo Tribunal Federal de Recursos, e na Seção Judiciária houver mais de um, e, por nomeação do Presidente da República, de dois dentre seis cidadãos de notável saber jurídico e idoneidade moral, indicados pelo Tribunal de Justiça.

Art. 10. Os Juízes do Tribunal Superior Eleitoral e dos Tribunais Regionais Eleitorais, bem como os respectivos substitutos, escolhidos na mesma ocasião e por igual processo, salvo motivo justificado, servirão, obrigatoriamente, por dois anos, no mínimo, e nunca por mais de dois biênios consecutivos.

Art. 11. Os Juízes de Direito exercem as funções de juízes eleitorais, nos termos da lei.

§ 1º. A lei pode outorgar a outros Juízes competência para funções não decisórias.

§ 2º. Para a apuração de eleições, constituir-se-ão Juntas Eleitorais, presididas por Juízes de Direito, e cujos membros, indicados conforme dispuser a legislação eleitoral, serão aprovados pelo Tribunal Regional Eleitoral e nomeados pelo seu Presidente.

Art. 12. O Tribunal Superior do Trabalho, com sede na Capital da União e jurisdição em todo o território nacional, compõe-se de dezessete Ministros, nomeados pelo Presidente da República, onze dos quais, togados e vitalícios, depois de aprovada a escolha pelo Senado Federal, sendo sete dentre magistrados da Justiça do Trabalho, dois dentre advogados no exercício efetivo da profissão, e dois dentre membros do Ministério Público da Justiça do Trabalho, maiores de trinta e cinco anos, de notável saber jurídico e reputação ilibada, e seis classistas e temporários, em representação paritária dos empregadores e dos trabalhadores, de conformidade com a lei, e vedada a recondução por mais de dois períodos de três anos.

Art. 13. Os Tribunais Regionais do Trabalho, com sede, jurisdição e número definidos em lei, compõe-se de dois terços de Juízes togados e vitalícios e um terço de Juízes classistas e temporários, todos nomeados pelo Presidente da República, observada, quanto aos Juízes togados, a proporcionalidade fixada no art. 12 relativamente aos Juízes de carreira, advogados e membros do Ministério Público da Justiça do Trabalho e, em relação aos Juízes classistas, a proibição constante da parte final do artigo anterior.

Art. 14. As Juntas de Conciliação e Julgamento têm a sede, a jurisdição e a composição definidas em lei, assegurada a paridade de representação entre empregadores e trabalhadores, inadmitida a recondução dos representantes classistas por mais de dois períodos de três anos.

§ 1º. Nas Comarcas onde não for instituída Junta de Conciliação e Julgamento, poderá a lei atribuir as suas funções aos Juízes de Direito.

§ 2º. Poderão ser criados por lei outros órgãos da Justiça do Trabalho.

Art. 15. Os órgãos do Poder Judiciário da União (art. 1º, incisos I a VI) têm a organização e a competência definidas na Constituição, na lei e, quanto aos Tribunais, ainda, no respectivo Regimento Interno.

Art. 16. Os Tribunais de Justiça dos Estados, com sede nas respectivas Capitais e jurisdição no território estadual, e os Tribunais de Alçada, onde forem criados, têm a composição, a organização e a competência estabelecidos na Constituição, nesta Lei, na legislação estadual e nos seus Regimentos Internos.

Parágrafo único. Nos Tribunais de Justiça com mais de vinte e cinco Desembargadores, será constituído órgão especial, com o mínimo de onze e o máximo de vinte e cinco membros, para o exercício das atribuições administravas e jurisdicionais, da competência do Tribunal Pleno, bem como para uniformização da jurisprudência no caso de divergência entre suas Seções.

Art. 17. Os Juízes de Direito, onde não houver Juízes substitutos, e estes, onde os houver, serão nomeados mediante concurso público de provas e títulos.

§ 1º. (Vetado).

§ 2º. Antes de decorrido o biênio do estágio, e desde que seja apresentada proposta do Tribunal ao Chefe do Poder Executivo, para o ato de exoneração, o Juiz substituto ficará automaticamente afastado de suas funções e perderá o direito à vitaliciedade, ainda que o ato de exoneração seja assinado após o decurso daquele período.

§ 3º. Os Juízes de Direito e os Juízes substitutos têm a sede, a jurisdição e a competência fixadas em lei.

§ 4º. Poderão os Estados instituir, mediante proposta do respectivo Tribunal de Justiça, ou órgão especial, Juízes togados, com investidura Iimitada no tempo e competência para o julgamento de causas de pequeno valor e crimes a que não seja cominada pena de reclusão, bem como para a substituição dos Juízes vitalícios.

§ 5º. Podem, ainda, os Estados criar Justiça de Paz temporária, compete para o processo de habilitação e celebração de casamento.

Art. 18. São órgãos da Justiça Militar estadual os Tribunais de Justiça e os Conselhos de Justiça, cujas composição, organização e competência são definidos na Constituição e na lei.

Parágrafo único. Nos Estados de Minas, Paraná, Rio Grande do Sul e São Paulo, a segunda instância da Justiça Militar estadual é constituída rolo respectivo Tribunal Militar, integrado por oficiais do mais alto posto da Polícia Militar e por civis, sempre em número ímpar, excedendo os primeiros aos segundos em uma unidade.

Art. 19. O Tribunal de Justiça do Distrito Federal e dos Territórios, com sede na Capital da União, tem a composição, a organização e a competência estabelecidas em lei.

Art. 20. Os Juízes de Direito e os Juízes substitutos da Justiça do Distrito Federal e dos Territórios, vitalícios após dois anos de exercício, investido mediante concurso público de provas e títulos, e os Juízes togados temporários, todos nomeados pelo Presidente da República, têm a sede, a jurisdição e a competência prescritas em lei.

Capítulo II – Dos tribunais

Art. 21. Compete aos Tribunais, privativamente:

I – eleger seus Presidentes e demais titulares de sua direção, observado o disposto na presente Lei;
II – organizar seus serviços auxiliares, os provendo-lhes os cargos, na forma da lei; propor ao Poder Legislativo a criação ou a extinção de cargos e a fixação dos respectivos vencimentos;
III – elaborar seus regimentos internos e neles estabelecer, observada esta Lei, a competência de suas Câmaras ou Turmas isoladas, Grupos, Seções ou outros órgãos com funções jurisdicionais ou administrativas;
IV – conceder licença e férias, nos termos da lei, aos seus membros o aos Juízes e serventuários que lhes são imediatamente subordinados;
V – exercer a direção e disciplina dos órgãos e serviços que lhes forem subordinados;
VI – julgar, originariamente, os mandados de segurança contra seus atos, os dos respectivos Presidentes e os de suas Câmaras, Turmas ou Seções.

Capítulo III – Dos magistrados

Art. 22. São vitalícios:

I – a partir da posse:
a) os Ministros do Supremo Tribunal Federal;

b) os Ministros do Tribunal Federal de Recursos;
c) os Ministros do Superior Tribunal Militar;
d) os Ministros e Juízes togados do Tribunal Superior do Trabalho e dos Tribunais Regionais do Trabalho;
e) os Desembargadores, os Juízes dos Tribunais de Alçada e dos Tribunais de segunda instância da Justiça Militar dos Estados;

- *Alínea "e" com redação dada pela Lei Complementar nº 37, de 13.11.1979.*

II – após dois anos de exercício:
a) os Juízes Federais;
b) os Juízes Auditores e Juízes Auditores substitutos da Justiça Militar da União;
c) os Juízes do Trabalho Presidentes de Junta de Conciliação e Julgamento e os Juízes do Trabalho Substitutos;
d) os Juízes de Direito e os Juízes substitutos da Justiça dos Estados, do Distrito Federal e dos Territórios, bem assim os Juízes Auditores da Justiça Militar dos Estados.

- *Alínea "d" com redação dada pela Lei Complementar nº 37, de 13.11.1979.*

§ 1º. Os Juízes mencionados no inciso II deste artigo, mesmo que não hajam adquirido a vitaliciedade, não poderão perder o cargo senão por proposta do Tribunal ou do órgão especial competente, adotada pelo voto de dois terços de seus membros efetivos.

- *§ 1º com redação dada pela Lei Complementar nº 37, de 13.11.1979.*

§ 2º. Os Juízes a que se refere o inciso Il deste artigo, mesmo que não hajam adquirido a vitaliciedade, poderão praticar todos os atos reservados por lei aos Juízes vitalícios.

- *§ 2º com redação dada pela Lei Complementar nº 37, de 13.11.1979.*

Art. 23. Os Juízes e membros de Tribunais e Juntas Eleitorais, no exercício de suas funções e no que es for aplicável, gozarão de plenas garantias e serão inamovíveis.

Art. 24. O Juíz togado, de investidura temporária (art. 17, § 4º), poderá ser demitido, em caso de falta grave, por proposta do Tribunal ou do órgão especial, adotado pelo voto de dois terços de seus membros efetivos.

Parágrafo único. O quorum de dois terços de membros efetivos do Tribunal, ou de seu órgão especial, será apurado em relação ao número de Desembargadores em condições legais de votar, como tal se considerando os não atingidos por impedimento ou suspeição e os não licenciados por motivo de saúde.

Título II – Das garantias da magistratura e das prerrogativas do magistrado

Capítulo I – Das garantias da magistratura

Seção I – Da Vitaliciedade

Art. 25. Salvo as restrições expressas na Constituição, os magistrados gozam das garantias de vitaliciedade, inamovibilidade e irredutibilidade de vencimentos.

Art. 26. O magistrado vitalício somente perderá o cargo (vetado):

I – em ação penal por crime comum ou de responsabilidade;
II – em procedimento administrativo para a perda do cargo nas hipóteses seguintes:
a) exercício, ainda que em disponibilidade, de qualquer outra função, salvo um cargo de magistério superior, público ou particular;
b) recebimento, a qualquer título e sob qualquer pretexto, de percentagens ou custas nos processos sujeitos a seu despacho e julgamento;
c) exercício de atividade politico-partidária.

§ 1º. O exercício de cargo de magistério superior, público ou particular, somente será permitido se houver correlação de matérias e compatibilidade de horários, vedado, em qualquer hipótese, o desempenho de função de direção administrativa ou técnica de estabelecimento de ensino.

§ 2º. Não se considera exercício do cargo o desempenho de função docente em curso oficial de preparação para judicatura ou aperfeiçoamento de magistrados.

Art. 27. O procedimento para a decretação da perda do cargo terá início por determinação do Tribunal, ou do seu órgão especial, a que pertença ou esteja subordinado o magistrado, de ofício ou mediante representação fundamentada do Poder Executivo ou Legislativo, do Ministério Público ou do Conselho Federal ou Secional da Ordem dos Advogados do Brasil.

§ 1º. Em qualquer hipótese, a instauração do processo preceder-se-á da defesa prévia do magistrado, no prazo de quinze dias, contado da entrega da cópia do teor da acusação e das provas existentes, que lhe remeterá o Presidente do Tribunal, mediante ofício, nas quarenta e oito horas imediatamente seguintes à apresentação da acusação.

§ 2º. Findo o prazo da defesa prévia, haja ou não sido apresentada, o Presidente, no dia útil imediato, convocará o Tribunal ou o seu órgão especial para que, em sessão secreta, decida sobre a instauração do processo, e, caso determinada esta, no mesmo dia distribuirá o feito e fará entregá-lo ao relator.

§ 3º. O Tribunal ou o seu órgão especial, na sessão em que ordenar a instauração do processo, como no curso dele, poderá afastar o magistrado do exercício das suas funções, sem prejuízo dos vencimentos e das vantagens, até a decisão final.

§ 4º. As provas requeridas e deferidos, bem como as que o relator determinar de ofício, serão produzidas no prazo de vinte dias, cientes o Ministério Público, o magistrado ou o procurador por ele constituído, a fim de que possam delas participar.

§ 5º. Finda a instrução, o Ministério Público e o magistrado ou seu procurador terão, sucessivamente, vista dos autos por dez dias, para razões.

§ 6º. O julgamento será realizado em sessão secreta do Tribunal ou de seu órgão especial, depois de relatório oral, e a decisão no sentido da penalização do magistrado só será tomada pelo voto de dois terços dos membros do colegiado, em escrutínio secreto.

§ 7º. Da decisão publicar-se-á somente a conclusão.

§ 8º. Se a decisão concluir pela perda do cargo, será comunicada, imediatamente, ao Poder Executivo, para a formalização do ato.

Art. 28. O magistrado vitalício poderá ser compulsoriamente aposentado ou posto em disponibilidade, nos termos da Constituição e da presente Lei.

Art. 29. Quando, pela natureza ou gravidade da infração penal, se torne aconselhável o recebimento de denúncia ou de queixa contra magistrado, o Tribunal, ou seu órgão especial, poderá, em decisão tomada pelo voto de dois terços de seus membros, determinar o afastamento do cargo do magistrado denunciado.

Seção II – Da inamovibilidade

Art. 30. O Juiz não poderá ser removido ou promovido senão com seu assentimento, manifestado na forma da lei, ressalvado o disposto no art. 45, item I.

Art. 31. Em caso de mudança da sede do Juízo será facultado ao Juiz remover-se para ela ou para Comarca de igual entrância, ou obter a disponibilidade com vencimentos integrais.

Seção III – Da irredutibilidade de vencimentos

Art. 32. Os vencimentos dos magistrados são irredutíveis, sujeitos, entretanto, aos impostos gerais, inclusive o de renda, e aos impostos extraordinários.

Parágrafo único. A irredutibilidade dos vencimentos dos magistrados não impede os descontos fixados em lei, em base igual à estabelecida para os servidores públicos, para fins previdenciários.

Capítulo II – Das prerrogativas do magistrado

Art. 33. São prerrogativas do magistrado:

I – ser ouvido como testemunha em dia, hora e local previamente ajustados com a autoridade ou Juiz de instância igual ou inferior;

II – não ser preso senão por ordem escrita do Tribunal ou do órgão especal competente para o julgamento, salvo em flagrante de crime inafiançável, caso em que a autoridade fará imediata comunicação e apresentação do magistrado ao Presidente do Tribunal a que esteja vinculado (vetado);
III – ser recolhido a prisão especial, ou a sala especial de Estado-Maior, por ordem e à disposição do Tribunal ou do órgão especial competente, quando sujeito a prisão antes do julgamento final;
IV – não estar sujeito a notificação ou a intimação para comparecimento, salvo se expedida por autoridade judicial;
V – portar arma de defesa pessoal.

Parágrafo único. Quando, no curso de investigação, houver indício da prática de crime por parte do magistrado, a autoridade policial, civil ou militar, remeterá os respectivos autos ao Tribunal ou órgão especial competente para o julgamento, a fim de que prossiga na investigação.

Art. 34. Os membros do Supremo Tribunal Federal, do Tribunal Federal de Recursos, do Superior Tribunal Militar, do Tribunal Superior Eleitoral e do Tribunal Superior do Trabalho têm o título de Ministro; os dos Tribunais de Justiça, o de Desembargador; sendo o de Juiz privativo dos outros Tribunais e da Magistratura de primeira instância.

Título III – Da disciplina judiciária

Capítulo I – Dos deveres do magistrado

Art. 35. São deveres do magistrado:

I – Cumprir e fazer cumprir, com independência, serenidade e exatidão, as disposições legais e os atos de ofício;
II – não exceder injustificadamente os prazos para sentenciar ou despachar;
III – determinar as providências necessárias para que os atos processuais se realizem nos prazos legais;

IV – tratar com urbanidade as partes, os membros do Ministério Público, os advogados, as testemunhas, os funcionários e auxiliares da Justiça, e atender aos que o procurarem, a qualquer momento, quanto se trate de providência que reclame e possibilite solução de urgência.
V – residir na sede da Comarca salvo autorização do órgão disciplinar a que estiver subordinado;
VI – comparecer pontualmente à hora de iniciar-se o expediente ou a sessão, e não se ausentar injustificadamente antes de seu término;
VII – exercer assídua fiscalização sobre os subordinados, especialmente no que se refere à cobrança de custas e emolumentos, embora não haja reclamação das partes;
VIII – manter conduta irrepreensível na vida pública e particular.

Art. 36. É vedado ao magistrado:

I – exercer o comércio ou participar de sociedade comercial, inclusive de economia mista, exceto como acionista ou quotista;
II – exercer cargo de direção ou técnico de sociedade civil, associação ou fundação, de qualquer natureza ou finalidade, salvo de associação de classe, e sem remuneração;
III – manifestar, por qualquer meio de comunicação, opinião sobre processo pendente de julgamento, seu ou de outrem, ou juízo depreciativo sobre despachos, votos ou sentenças, de órgãos judiciais, ressalvada a crítica nos autos e em obras técnicas ou no exercício do magistério.
Parágrafo único. (Vetado).

Art. 37. Os Tribunais farão publicar, mensalmente, no órgão oficial, dados estatísticos sobre seus trabalhos no mês anterior, entre os quais: o número de votos que cada um de seus membros, nominalmente indicado, proferiu como relator e revisor; o número de feitos que lhe foram distribuídos no mesmo período; o número de processos que recebeu em consequência de pedido de vista ou como revisor; a relação dos feitos que lhe foram conclusos para voto, despacho, lavratura de acórdão, ainda não devolvidos, embora decorridos os prazos legais, com as datas das respectivas conclusões.

Parágrafo único. Compete ao Presidente do Tribunal velar pela regularidade e pela exatidão das publicações.

Art. 38. Sempre que, encerrada a sessão, restarem em pauta ou em mesa mais de vinte feitos sem julgamento, o Presidente fará realizar uma ou mais sessões extraordinárias, destinadas ao julgamento daqueles processos.

Art. 39. Os juízes remeterão, até o dia dez de cada mês, ao órgão corregedor competente de segunda instância, informação a respeito dos feitos em seu poder, cujos prazos para despacho ou decisão hajam sido excedidos, bem como indicação do número de sentenças proferidas no mês anterior.

Capítulo II – Das penalidades

Art. 40. A atividade censória de Tribunais e Conselhos é exercida com o resguardo devido à dignidade e à independência do magistrado.

Art. 41. Salvo os casos de impropriedade ou excesso de linguagem o magistrado não pode ser punido ou prejudicado pelas opiniões que manifestar ou pelo teor das decisões que proferir.

Art. 42. São penas disciplinares:

I – advertência;
II – censura;
III – remoção compulsória;
IV – disponibilidade com vencimentos proporcionais ao tempo de serviço;
V – aposentadoria compulsória com vencimentos proporcionais ao tempo de serviço;
VI – demissão.

Parágrafo único. As penas de advertência e de censura somente são aplicáveis aos Juízes de primeira instância.

Art. 43. A pena de advertência aplicar-se-á reservadamente, por escrito, no caso de negligência no cumprimento dos deveres do cargo.

Art. 44. A pena de censura será aplicada reservadamente, por escrito, no caso de reiterada negligência no cumprimento dos deveres do cargo, ou no de procedimento incorreto, se a infração não justificar punição mais grave.

Parágrafo único. O Juiz punido com a pena de censura não poderá figurar em lista de promoção por merecimento pelo prazo de um ano, contado da imposição da pena.

Art. 45. O Tribunal ou seu órgão especial poderá determinar, por motivo de interesse público, em escrutínio secreto e pelo voto de dois terços de seus membros efetivos:

I – a remoção de Juiz de instância inferior;
II – a disponibilidade de membro do próprio Tribunal ou de Juiz de instância inferior, com vencimentos proporcionais ao tempo de serviço.

Parágrafo único. Na determinação de quorum de decisão aplicar-se-á o disposto no parágrafo único do art. 24.

- *Parágrafo único com execução suspensa pela Resolução do Senado Fedaral nº 12, de 16.3.1990: "Artigo único. Fica suspensa, de acordo com a decisão proferida pelo Supremo Tribunal Federal, em acórdão de 5 de março de 1986, a execução do parágrafo único do art. 45 da Lei Orgânica da Magistratura Nacional (Lei Complementar nº 35/1979), nos termos do que dispõe o art. 52, inciso X, da Constituição Federal."*

Art. 46. O procedimento para a decretação da remoção ou disponibilidade de magistrado obedecerá ao prescrito no art. 27 desta Lei.

Art. 47. A pena de demissão será aplicada:

I – aos magistrados vitalícios, nos casos previstos no art. 26, I e II;
II – aos Juízes nomeados mediante concurso de provas e títulos, enquanto não adquirirem a vitaliciedade, e aos Juízes togados temporários, em caso de falta grave, inclusive nas hipóteses previstas no art. 56.

Art. 48. Os Regimentos Internos dos Tribunais estabelecerão o procedimento para a apuração de faltas puníveis com advertência ou censura.

Capítulo III – Da responsabilidade civil do magistrado

Art. 49. Responderá por perdas e danos o magistrado, quando:

I – no exercício de suas funções, proceder com dolo ou fraude;

II – recusar, omitir ou retardar, sem justo motivo, providência que deva ordenar o ofício, ou a requerimento das partes.

Parágrafo único. Reputar-se-ão verificadas as hipóteses previstas no inciso II somente depois que a parte, por intermédio do Escrivão, requerer ao magistrado que determine a providência, e este não lhe atender o pedido dentro de dez dias.

Capítulo IV – Do Conselho Nacional da Magistratura

Art. 50. Ao Conselho Nacional da Magistratura cabe conhecer de reclamações contra membros de Tribunais, podendo avocar processos disciplinares contra Juízes de primeira instância e, em qualquer caso, determinar a disponibilidade ou a aposentadoria de uns e outros, com vencimentos proporcionais ao tempo de Serviço.

Art. 51. Ressalvado o poder de avocação, a que se refere o artigo anterior, o exercício das atribuições específicas do Conselho Nacional da Magistratura não prejudica a competência disciplinar dos Tribunais, estabelecida em lei, nem interfere nela.

Art. 52. A reclamação contra membro de Tribunal será formulada em petição, devidamente fundamentada e acompanhada de elementos comprobatórios das alegações.

§ 1º. A petição a que se refere este artigo deve ter firma reconhecida, sob pena de arquivamento liminar, salvo se assinada pelo Procurador-Geral da República, pelo Presidente do Conselho Federal ou Seccional da Ordem dos Advogados do Brasil ou pelo Procurador-Geral da Justiça do Estado.

§ 2º. Distribuída a reclamação, poderá o relator, desde logo, propor ao Conselho o arquivamento, se considerar manifesta a sua improcedência.

§ 3º. Caso o relator não use da faculdade, prevista no parágrafo anterior mandará ouvir o reclamado, no prazo de quinze dias, a fim de que, por si ou por procurador, alegue, querendo, o que entender conveniente a bem de seu direito.

§ 4º. Com a resposta do reclamado, ou sem ela, deliberará o Conselho sobre o arquivamento ou a conveniência de melhor instrução do processo, fixando prazo para a produção de provas e para as diligências que determinar.

§ 5º. Se desnecessárias outras provas ou diligências, e se o Conselho não concluir pelo arquivamento da reclamação, abrir-se-á vista para alegações, sucessivamente, pelo prazo de dez dias, ao reclamado, ou a seu advogado, e ao Procurador-Geral da República.

§ 6º. O julgamento será realizado em sessão secreta do Conselho, com a presença de todos os seus membros, publicando-se somente a conclusão do acórdão.

§ 7º. Em todos os atos e termos do processo, poderá o reclamado fazer-se acompanhar ou representar por advogado, devendo o Procurador-Geral da República oficiará neles como fiscal da lei.

Art. 53. A avocação de processo disciplinar contra Juiz de instância inferior dar-se-á mediante representação fundamentada do Procurador-Geral da República, do Presidente do Conselho Federal ou Secional da Ordem dos Advogados do Brasil ou do Procurador-Geral da Justiça do Estado, oferecida dentro de sessenta dias da ciência da decisão disciplinar final do órgão, a que estiver sujeito o Juiz, ou, a qualquer tempo, se, decorridos mais de três meses do início do processo, não houver sido proferido o julgamento.

§ 1º. Distribuída a representação, mandará o relator ouvir, em quinze dias, o Juiz e o órgão disciplinar que proferiu a decisão que deveria havê-la proferido.

§ 2º. Findo o prazo de quinze dias, com ou sem as informações, deliberará o Conselho Nacional da Magistratura sobre o arquivamento da representação ou avocação do processo, procedendo-se neste caso, na conformidade do § § 4º a 7º do artigo anterior.

Art. 54. O processo e o julgamento das representações e reclamações serão sigilosos, para resguardar a dignidade do magistrado, sem prejuízo de poder o relator delegar a instrução a Juiz de posição funcional igual ou superior à do indiciado.

Art. 55. As reuniões do Conselho Nacional da Magistratura serão secretas, cabendo a um de seus membros, designado pelo Presidente, lavrar-lhes as respectivas atas, das quais constarão os nomes dos Juízes presentes e, em resumo, os processos apreciados e as decisões adotadas.

Art. 56. O Conselho Nacional da Magistratura poderá determinar a aposentadoria, com vencimentos proporcionais ao tempo de serviço, do magistrado:

I – manifestadamente negligente no cumprimento dos deveres do cargo;
II – de procedimento incompatível com a dignidade, a honra e o decoro de suas funções;
III – de escassa ou insuficiente capacidade de trabalho, ou cujo proceder funcional seja incompatível com o bom desempenho das atividades do Poder Judiciário.

Art. 57. O Conselho Nacional da Magistratura poderá determinar a disponibilidade de magistrado, com vencimentos proporcionais ao tempo de serviço, no caso em que a gravidade das faltas a que se reporta o artigo anterior não justifique a decretação da aposentadoria.

§ 1º. O magistrado, posto em disponibilidade por determinação do Conselho, somente poderá pleitear o seu aproveitamento, decorridos dois anos do afastamento.

§ 2º. O pedido, devidamente instruído e justificado, acompanhado de parecer do Tribunal competente, ou de seu órgão especial, será apreciado pelo Conselho Nacional da Magistratura após parecer do Procurador-Geral da República. Deferido o pedido, o aproveitamento far-se-á a critério do Tribunal ou seu órgão especial.

§ 3º. Na Hipótese deste artigo, o tempo de disponibilidade não será computado, senão para efeito de aposentadoria.

§ 4º. O aproveitamento de magistrado, posto em disponibilidade nos termos do item IV do art. 42 e do item II do art. 45, observará as normas dos parágrafos deste artigo.

Art. 58. A aplicação da pena de disponibilidade ou aposentadoria será imediatamente comunicada ao Presidente do Tribunal a que pertencer ou a que estiver sujeito o magistrado, para imediato afastamento das suas funções. Igual comunicação far-se-á ao Chefe do Poder Executivo competente, a fim de que formalize o ato de declaração da disponibilidade ou aposentadoria do magistrado.

Art. 59. O Conselho Nacional da Magistratura, se considerar existente crime de ação pública, pelo que constar de reclamação ou representação, remeterá ao Ministério Público cópia das peças que entender necessárias ao oferecimento da denúncia ou à instauração de inquérito policial.

Art. 60. O Conselho Nacional da Magistratura estabelecerá, em seu Regimento Interno, disposições complementares das constantes deste Capítulo.

Título IV – Dos vencimentos, vantagens e direitos dos magistrados

Capítulo I – Dos vencimentos e vantagens pecuniárias

Art. 61. Os vencimentos dos magistrados são fixados em lei, em valor certo, atendido o que estatui o art. 32, parágrafo único.

Parágrafo único. À Magistratura de primeira instância da União assegurar-se-ão vencimentos não inferiores a dois terços dos valores fixados para os memros de segunda instância respectiva, assegurados aos Ministros do Supremo Tribunal Federal vencimentos pelo menos iguais aos dos Ministros de Estado, e garantidos aos Juízes vitalícios do mesmo grau de jurisdição iguais vencimentos.

Art. 62. Os Ministros militares togados do Superior Tribunal Militar, bem como os Ministros do Tribunal Superior do Trabalho, têm vencimentos iguais aos dos Ministros do Tribunal Federal de Recursos.

Art. 63. Os vencimentos dos Desembargadores dos Tribunais de Justiça dos Estados e do Tribunal de Justiça do Distrito Federal e dos Territórios não serão inferiores, no primeiro caso, aos dos Secretários de Estado, e no segundo, aos dos Secretários de Governo do Distrito Federal, não podendo ultrapassar, porém, os fixados para os Ministros do Supremo Tribunal Federal. Os Juízes vitalícios dos Estados têm os seus vencimentos fixados com diferença não excedente a vinte por cento de uma para outra entrância, atribuindo-se aos da entrância mais elevada não menos de dois terços dos vencimentos dos Desembargadores.

§ 1º. Os Juízes de Direito da Justiça do Distrito Federal e dos Territórios têm seus vencimentos fixados em proporção não inferior a dois terços do que percebem os Desembargadores e os Juízes substitutos, da mesma Justiça, em percentual não inferior a vinte por cento dos vencimentos daqueles.

§ 2º. Para o efeito de equivalência e limite de vencimentos previstos nesse artigo, são excluídas de cômputo apenas as vantagens de caráter pessoal ou de natureza transitória.

Art. 64. Os vencimentos dos magistrados estaduais serão pagos na mesma data fixada para o pagamento dos vencimentos dos Secretários de Estado ou dos subsídios dos membros do Poder Legislativo, considerando-se que desater de às garantias do Poder judiciário atraso que ultrapasse o décimo dia útil do mês seguinte ao vencido.

Art. 65. Além dos vencimentos, poderão ser outorgadas aos magistrados, nos termos da lei, as seguintes vantagens:

I – ajuda de custo, para despesas de transporte e mudança;

II – ajuda de custo, para moradia, nas localidades em que não houver residência oficial à disposição do Magistrado.

- *Inciso II com redação dada pela Lei Complementar nº 54, de 22.12.1986.*

III – salário-família;

IV – diárias;

V – representação;

VI – gratificação pela prestação de serviço à Justiça Eleitoral;

VII – gratificação pela prestação de serviço à Justiça do Trabalho, nas Comarcas onde não forem instituídas Juntas de Conciliação e Julgamento;

VIII – gratificação adicional de cinco por cento por quinquênio de serviço, até o máximo de sete;

IX – gratificação de magistério, por aula proferida em curso oficial de preparação para a Magistratura ou em Escola Oficial de Aperfeiçoamento de Magistrados (arts. 78, § 1º, e 87, § 1º), exceto quando receba remuneração específica para esta atividade;

X – gratificação pelo efetivo exercício em Comarca de difícil provimento, assim definida e indicada em lei.

§ 1º. A verba de representação, salvo quando concedida em razão do exercício de cargo em função temporária, integra os vencimentos para todos os efeitos legais.

§ 2º. É vedada a concessão de adicionais ou vantagens pecuniárias não previstas na presente Lei, bem como em bases e limites superiores aos nela fixados.

§ 3º. Caberá ao respectivo Tribunal, para aplicação do disposto nos incisos I e II deste artigo, conceder ao Magistrado auxílio-transporte em até 25% (vinte e cinco por cento), auxílio-moradia em até 30% (trinta por cento), calculados os respectivos percentuais sobre os vencimentos e cessando qualquer benefício indireto que, ao mesmo título, venha sendo recebido.

- *§ 3º incluído pela Lei nº 54, de 22.12.1986 e com execução suspensa pela Resolução do Senado Federal nº 31. de 27.3.1993: "Art. 1º. É suspensa a execução do § 3º do art. 65, da Lei Complementar nº 35, de 1979, introduzido pela Lei Complementar nº 54, de 22 de dezembro de 1986, julgado inconstitucional por decisão definitiva do Supremo Tribunal Federal, em 9 de dezembro de 1987."*

Capítulo II – Das férias

Art. 66. Os magistrados terão direito a férias anuais, por sessenta dias, coletivas ou individuais.

§ 1º. Os membros dos Tribunais, salvo os dos Tribunais Regionais do Trabalho, que terão férias individuais, gozarão de férias coletivas, nos períodos de 2 a 31 de janeiro e de 2 a 31 de julho. Os Juízes de primeiro grau gozarão de férias coletivas ou individuais, conforme dispuser a lei.

§ 2º. Os Tribunais iniciarão e encerrarão seus trabalhos, respectivamente, nos primeiro e último dias úteis de cada período, com a realização de sessão.

Art. 67. Se a necessidade do serviço judiciário lhes exigir a contínua presença nos Tribunais, gozarão de trinta dias consecutivos de férias individuais, por semestre:

I – os Presidentes e Vice-Presidentes dos Tribunais;
II – os Corregedores;
III – os Juízes das Turmas ou Câmaras de férias.

§ 1º. As férias individuais não podem fracionar-se em períodos inferiores a trinta dias, e somente podem acumular-se por imperiosa necessidade do serviço e pelo máximo de dois meses.

§ 2º. É vedado o afastamento do Tribunal ou de qualquer de seus órgãos judicantes, em gozo de férias individuais, no mesmo período, de Juízes em número que possa comprometer o quorum de julgamento.

§ 3º. As Turmas ou Câmaras de férias terão a composição e competência estabelecidas no Regimento Interno do Tribunal.

Art. 68. Durante as férias coletivas, nos Tribunais em que não houver Turma ou Câmara de férias, poderá o Presidente, ou seu substituto legal, decidir de pedidos de liminar em mandado de segurança, determinar liberdade provisória ou sustação de ordem de prisão, e demais medidas que reclamam urgência.

Capítulo III – Das licenças

Art. 69. Conceder-se-á licença:

I – para tratamento de saúde;
II – por motivo de doença em pessoa da família;
III – para repouso à gestante;
IV – (Vetado.)

Art. 70. A licença para tratamento de saúde por prazo superior a trinta dias, bem como as prorrogações que importem em licença por período ininterrupto, também superior a trinta dia, dependem de inspeção por Junta Médica.

Art. 71. O magistrado licenciado não pode exercer qualquer das suas funções jurisdicionais ou administrativas, nem exercitar qualquer função pública ou particular (vetado).

§ 1º. Os períodos de licenças concedidos aos magistrados não terão limites inferiores aos reconhecidos por lei ao funcionalismo da mesma pessoa de direito público.

- *§ 1º com redação dada pela Lei Complementar nº 37, de 13.11.1979.*

§ 2º. Salvo contra-indicação médica, o magistrado licenciado poderá proferir decisões em processos que, antes da licença, lhe hajam sido conclusos para julgamento ou tenham recebido o seu visto como relator ou revisor.

- *§ 2º com redação dada pela Lei Complementar nº 37, de 13.11.1979.*

Capítulo IV – Das concessões

Art. 72. Sem prejuízo do vencimento, remuneração ou de qualquer direito ou vantagem legal, o magistrado poderá afastar-se de suas funções até oito dias consecutivos por motivo de:

I – casamento;
II – falecimento de cônjuge, ascendente, descendente ou irmão.

Art. 73. Conceder-se-á afastamento ao magistrado, sem prejuízo de seus vencimentos e vantagens:

I – para frequência a cursos ou seminários de aperfeiçoamento e estudos, a critério do Tribunal ou de seu órgão especial, pelo prazo máximo de dois anos;

- *Inciso I com redação dada pela Lei Complementar nº 37, de 13.11.1979.*

II – para a prestação de serviços, exclusivamente à Justiça Eleitoral;
III – para exercer a presidência de associação de classe.

- *Inciso III incluído pela Lei Complementar nº 60, de 6.10.1989.*

Capítulo V – Da aposentadoria

Art. 74. A aposentadoria dos magistrados vitalícios será compulsória, aos setenta anos de idade ou por invalidez comprovada, e facultativo, após trinta anos de serviço público, com vencimentos integrais, ressalvado o disposto nos arts. 50 e 56.

Parágrafo único. Lei ordinária disporá sobre a aposentadoria dos Juízes temporários de qualquer instância.

Art. 75. Os proveitos da aposentadoria serão reajustados na mesma proporção dos aumentos de vencimentos concedidos, a qualquer título, aos magistrados em atividade.

Art. 76. Os Tribunais disciplinarão, nos Regimentos Internos, o processo de verificação da invalidez do magistrado para o fim de aposentadoria, com observância dos seguintes requisitos:

I – o processo terá início a requerimento do magistrado, por ordem do Presidente do Tribunal, de ofício, em cumprimento de deliberação do Tribunal ou seu órgão especial ou por provocação da Corregedoria de Justiça;

II – tratando-se de incapacidade mental, o Presidente do Tribunal nomeará curador ao paciente, sem prejuízo da defesa que este queira oferecer pessoalmente, ou por procurador que constituir;

III – o paciente deverá ser afastado, desde logo, do exercício do cargo, até final decisão, devendo ficar concluído o processo no prazo de sessenta dias;

IV – a recusa do paciente em submeter-se a perícia médica permitirá o julgamento baseado em quaisquer outras provas;

V – o magistrado que, por dois anos consecutivos, afastar-se, ao todo, por seis meses ou mais para tratamento de saúde, deverá submeter-se, ao requerer nova licença para igual fim, dentro de dois anos, a exame para verificação de invalidez;

VI – se o Tribunal ou seu órgão especial concluir pela incapacidade do magistrado, comunicará imediatamente a decisão ao Poder Executivo, para os devidos fins.

Art. 77. computar-se-á, para efeito de aposentadoria e disponibilidade, o tempo de exercício da advocacia, até o máximo de quinze anos, em favor dos Ministros do Supremo Tribunal Federal e dos membros dos demais Tribunais que tenham sido nomeados para os lugares reservados a advogados, nos termos da Constituição federal.

Título V – Da magistratura de carreira

Capítulo I – Do ingresso

Art. 78. O ingresso na Magistratura de carreira dar-se-á mediante nomeação, após concurso público de provas e títulos, organizado e realizado com a participação do Conselho Secional da Ordem dos Advogados do Brasil.

§ 1º. A lei pode exigir dos candidatos, para a inscrição no concurso, título de habilitação em curso oficial de preparação para a Magistratura.

§ 2º. Os candidatos serão submetidos a investigação relativa aos aspectos moral e social, e a exame de sanidade física e mental, conforme dispuser a lei.

§ 3º. Serão indicados para nomeação, pela ordem de classificação, candidatos em número correspondente às vagas, mais dois, para cada vaga, sempre que possível.

Art. 79. O Juiz, no ato da posse, deverá apresentar a declaração pública de seus bens, e prestará o compromisso de desempenhar com retidão as funções do cargo, cumprindo a Constituição e as leis.

Capítulo II – Da promoção, da remoção e do acesso

Art. 80. A lei regulará o processo de promoção, prescrevendo a observância dos critérios ele antiguidade e de merecimento, alternadamente, e o da indicação dos candidatos à promoção por merecimento, em lista tríplice, sempre que possível.

§ 1º. Na Justiça dos Estados:

I – apurar-se-ão na entrância a antiguidade e o merecimento, este em lista tríplice, sendo obrigatória a promoção do Juiz que figurar pela quinta vez consecutiva em lista de merecimento; havendo empate na antiguidade, terá precedência o Juiz mais antigo na carreira;

II – para efeito da composição da lista tríplice, o merecimento será apurado na entrância e aferido com prevalência de critérios de ordem objetiva, na forma do Regulamento baixado pelo Tribunal de Justiça, tendo-se em conta a conduta do Juiz, sua operosidade no exercício do cargo, número de vezes que tenha figurado na lista, tanto para entrância a prover, como para as anteriores, bem como o aproveitamento em cursos de aperfeiçoamento;

III – no caso de antiguidade, o Tribunal de Justiça, ou seu órgão especial, somente poderá recusar o Juiz mais antigo pelo voto da maioria absoluta do seus membros, repetindo-se a votação até fixar-se a indicação;

IV – somente após dois anos de exercício na entrância, poderá o Juiz ser promovido, salvo se não houver, com tal requisito, quem aceite o lugar vago, ou se forem recusados, pela maioria absoluta dos membros do Tribunal de Justiça, ou de seu órgão especial, candidatos que hajam completado o período.

§ 2º. Aplica-se, no que couber, aos Juízes togados da Justiça do Trabalho, o disposto no parágrafo anterior.

Art. 81. Na Magistratura de carreira dos Estados, ao provimento inicial e à promoção por merecimento precederá a remoção.

§ 1º. A remoção far-se-á mediante escolha pelo Poder Executivo, sempre que possível, de nome constante de lista tríplice, organizada pelo Tribunal de Justiça e contendo os nomes dos candidatos com mais de dois anos de efetivo exercício na entrância.

§ 2º. A juízo do Tribunal de Justiça, ou de seu órgão especial, poderá, ainda, ser provida, pelo mesmo critério fixado no parágrafo anterior vaga decorrente de remoção, destinando-se a seguinte, obrigatoriamente, ao provimento por promoção.

Art. 82. Para cada vaga destinada ao preenchimento por promoção ou por remoção, abrir-se-á inscrição distinta, sucessivamente, com a indicação da Comarca ou Vara a ser provida.

Parágrafo único. Ultimado o preenchimento das vagas, se mais de uma deva ser provida por merecimento, a lista conterá número de Juízes igual ao das vagas mais dois.

Art. 83. A notícia da ocorrência de vaga a ser preenchida, mediante promoção ou remoção, deve ser imediatamente veiculada pelo órgão oficial próprio, com indicação, no caso de provimento através de promoção, das que devam ser preenchidas segundo o critério de antiguidade ou de merecimento.

Art. 84. O acesso de Juízes Federais ao Tribunal Federal de Recursos far-se-á por escolha do Presidente da República dentre os indicados em lista tríplice, elaborada pelo Tribunal.

Art. 85. O acesso de Juízes Auditores e membros do Ministério Público da Justiça Militar ao Superior Tribunal Militarfar-se-á por livre escolha do Presidente da República.

Art. 86. O acesso dos Juízes do Trabalho Presidentes de Juntas de Conciliação e Julgamento ao Tribunal Regional do Trabalho, e dos Juízes do Trabalho substitutos àqueles cargos, far-se-á, alternadamente, por antiguidade e por merecimento, este através de lista tríplice votada por Juízes vitalícios do Tribunal e encaminhada ao Presidente da República.

Art. 87. Na Justiça dos Estados e do Distrito Federal e dos Territórios, o acesso dos Juízes de Direito aos Tribunais de Justiça far-se-á, alternadamente, por antiguidade e merecimento.

§ 1º. A lei poderá condicionar o acesso por merecimento aos Tribunais, como a promoção por igual critério, à frequência, com aprovação, a curso ministrado por escola oficial de aperfeiçoamento de magistrado.

§ 2º. O disposto no parágrafo anterior aplica-se ao acesso dos Juízes Federais ao Tribunal Federal de Recursos.

Art. 88. Nas promoções ou acessos, havendo mais de uma vaga a ser preenchida por merecimento, a lista conterá, se possível, número de magistrados igual ao das vagas mais dois para cada uma delas.

Título VI – Do Tribunal Federal de Recursos

Capítulo único

Art. 89. O Tribunal Federal de Recursos funciona:

I – em Tribunal Pleno;
II – em Seções de Turmas especializadas;

III – em Turmas especializadas.

§ 1º. Compete ao Tribunal Pleno processar e julgar:

a) os Juízes Federais, os Juízes dos Tribunais Regionais do Trabalho e os da primeira instância da Justiça do Trabalho, bem como os membros dos Tribunais de Conta dos Estados e do Distrito Federal e os do Ministério Público da União, nos crimes comuns e nos de responsabilidade;
b) os mandados de segurança e *habeas corpus* contra ato de Ministro de Estado, do Diretor-Geral da Polícia Federal, do Presidente do próprio Tribunal ou de suas Turmas ou Seções;
c) os conflitos de jurisdição entre as Seções;
d) as revisões criminais e ações rescisórias de seus próprios julgados.

§ 2º. Compete, ainda, ao Tribunal Pleno:

a) uniformizar a jurisprudência em caso de divergência na interpretação do direito entre as Seções;
b) declarar a inconstitucionalidade de lei ou ato normativo;
c) eleger, pela maioria dos seus Ministros, em votação secreta, o Presidente, o Vice-Presidente e os membros do Conselho da Justiça Federal, com mandato de dois anos, vedada a reeleição;
d) exercer as funções administrativas que lhe forem atribuídas pela lei ou no Regimento Interno;
e) dar posse aos seus Ministros e aos titulares da sua direção.

§ 3º. O Vice-Presidente do Tribunal e o Corregedor-Geral da Justiça Federal participarão do Tribunal Pleno, também com as funções de relator e revisor.

§ 4º. Haverá no Tribunal Federal de Recursos duas Seções, constituídas, cada uma, pelos integrantes das Turmas da respectiva área de especialização, na forma estabelecida no Regimento Interno. As Seções serão presididas, uma pelo Vice-Presidente do Tribunal e a outra pelo Corregedor-Geral da Justiça Federal, que nelas terão apenas voto de qualidade.

§ 5º. A cada uma das Seções incumbirá processar e julgar:

a) os embargos infringentes ou de divergência das decisões das Turmas da respectiva área de especialização;
b) os conflitos de jurisdição relativamente, às matérias das respectivas áreas de especialização;

c) a uniformização da jurisprudência quando ocorrer divergência na interpretação do direito entre as Turmas que a integram;
d) os mandados de segurança contrato de Juiz Federal;
e) as revisões criminais e as ações rescisórias dos julgados de primeiro grau, da própria Seção ou das respectivas Turmas.

§ 6º. Haverá no Tribunal Federal de Recursos seis Turmas especializadas compostas de quatro Ministros cada uma, votando apenas três deles, na forma prevista na lei ou no Regimento Interno.

§ 7º. O Presidente, o Vice-Presidente e o Corregedor-Geral da Justiça Federal não integrarão Turma, podendo a ela comparecer para julgar feitos a que estejam vinculados.

Art. 90. O Regulamento Interno disporá sobre as áreas de especialização do Tribunal Federal de Recursos e o número de Turmas especializadas de cada uma das Seções bem assim sobre a forma de distribuição dos processos.

§ 1º. Com finalidade de abreviar o julgamento, o Regimento Interno poderá também prever casos em que será dispensada a remessa do feito ao revisor, desde que o recurso verse matéria predominantemente de direito.

§ 2º. O relator julgará pedido ou recurso que manifestamente haja perdido objeto, bem assim, mandará arquivar ou negará seguimento a pedido ou recurso manifestamente intempestivo ou incabível ou, ainda, que contrariar as questões predominantemente de direito, súmula do Tribunal ou do Supremo Tribunal Federal. Deste despacho caberá agravo, em cinco dias, para o órgão do Tribunal competente, para o julgamento do pedido ou recurso, que será julgado na primeira sessão seguinte, não participando o relator da votação.

Título VII – Da Justiça do Trabalho

Capítulo único

Art. 91. Os cargos da Magistratura do Trabalho são os seguintes:

I – Ministro do Tribunal Superior do Trabalho;

II – Juiz do Tribunal Regional do Trabalho;
III – Juiz do Trabalho Presidente de Junta de Conciliação e Julgamento;
IV – Juiz do Trabalho substituto.

Art. 92. O ingresso na Magistratura do Trabalho dar-se-á no cargo de Juiz do Trabalho substituto.

Art. 93. Aplica-se à Justiça do Trabalho, inclusive quanto à convocação de Juiz de Tribunal Regional do Trabalho para substituir Ministro do Tribunal Superior do Trabalho, o disposto no art. 118 desta Lei.

- *Art. 93, caput, com redação dada pela Lei Complementar nº 54, de 22.12.1986.*

Parágrafo único. O sorteio, para efeito de substituição nos Tribunais Regionais do Trabalho, será feito entre os Juízes Presidentes de Junta de Conciliação e Julgamento da sede da Região respectiva.

Art. 94. Aos cargos de direção do Tribunal Superior do Trabalho e dos Tribunais Regionais do Trabalho aplica-se o disposto no art. 102 e seu parágrafo único.

Título VIII – Da justiça dos Estados

Capítulo I – Da organização judiciária

Art. 95. Os Estados organizarão a sua Justiça com observância o disposto na Constituição federal e na presente Lei.

Art. 96. Para a administração da Justiça, a lei dividirá o território do Estado em Comarcas, podendo agrupá-las em Circunscrição e dividi-las em Distrito.

Art. 97. Para a criação, extinção e classificação de Comarcas, a legislação estadual estabelecerá critérios uniformes, levando em conta:

I – a extensão territorial;
II – número de habitantes;
III – o número de eleitores;

IV – a receita tributária;

V – o movimento forense.

§ 1º. Os critérios a serem fixados, conforme previsto no *caput* deste artigo, deverão orientar, conforme índices também estabelecidos em lei estadual, o desdobramento de Juízos ou a criação de novas Varas, nas Comarcas de maior importância.

§ 2º. Os índices mínimos estabelecidos em lei poderão ser dispensados, para efeito do disposto no *caput* deste artigo, em relação a Municípios com precários meios de comunicação.

Art. 98. Quando o regular exercício das funções do Poder Judiciário for impedido por falta de recursos decorrente de injustificada redução de sua proposta orçamentária, ou pela não-satisfação oportuna das dotações que lhe correspondam, caberá ao Tribunal de Justiça, pela maioria absoluta de seus membros, solicitar ao Supremo Tribunal Federal a intervenção da União no Estado.

Capítulo II – Dos Tribunais de Justiça

Art. 99. Compõem o órgão especial a que se refere o parágrafo único do art. 16 o Presidente, o Vice-Presidente do Tribunal de Justiça e o Corregedor da Justiça, que exercerão nele iguais funções, os Desembargadores de maior antiguidade no cargo, respeitada a representação de advogados e membros do Ministério Público, e inadmitida a recusa do encargo.

§ 1º. Na composição do órgão especial observar-se-á, tanto quanto possível, a representação, em número paritário, de todas as Câmaras, Turmas ou Seções especializadas.

§ 2º. Os Desembargadores não integrantes do órgão especial, observada a ordem decrescente de antiguidade, poderão ser convocados pelo Presidente para substituir os que o componham, nos casos de afastamento ou impedimento.

Art. 100. Na composição de qualquer Tribunal, um quinto dos lugares será preenchido por advogados, em efetivo exercício da profissão, e membros do Ministério Público, todos de notário merecimento e idoneidade moral, com dez anos, pelo menos, de prática forense.

§ 1º. Os lugares reservados a membros do Ministério Público ou advogados serão preenchidos, respectivamente, por membros do Ministério Público ou por advogados, indicados em lista tríplice pelo Tribunal de Justiça ou seu órgão especial.

§ 2º. Nos Tribunais em que for ímpar o número de vagas destinadas ao quinto constitucional, uma delas será, alternada e sucessivamente, preenchida por advogado e por membro do Ministério Público, de tal forma que, também sucessiva e alternadamente, os representantes de uma dessas classes superem os da outra em uma Unidade.

§ 3º. Nos Estados em que houver Tribunal de Alçada, constitui este, para efeito de acesso ao Tribunal de Justiça, a mais alta entrância da Magistratura estadual.

§ 4º. Os Juízes que integrem os Tribunais de Alçada somente concorrerão às vagas no Tribunal de Justiça correspondente à classe dos magistrados.

§ 5º. Não se consideram membros do Ministério Público, para preenchimento de vagas nos Tribunais, os juristas estranhos à carreira, nomeados em comissão para o cargo de Procurador-Geral ou outro de chefia.

Art. 101. Os Tribunais compor-se-ão de Câmaras ou Turmas, especializadas ou agrupadas em Seções especializadas. A composição e competência das Câmaras ou Turmas serão fixadas na lei e no Regimento Interno.

§ 1º. Salvo nos casos de embargos infringentes ou de divergência, do julgamento das Câmaras ou Turmas, participarão apenas três dos seus membros, se maior o número de composição de umas ou outras.

§ 2º. As Seções especializadas serão integradas, conforme disposto no Regimento Interno, pelas Turmas ou Câmaras da respectiva área de especialização.

§ 3º. A cada uma das Seções caberá processar e julgar:

a) os embargos infringentes ou de divergência das decisões das Turmas da respectiva área de especialização;
b) os conflitos de jurisdição relativamente às matérias das respectivas áreas de especialização;
c) a uniformização da jurisprudência, quando ocorrer divergência na interpretação do direito entre as Turmas que a integram;
d) os mandados de segurança contra ato de Juiz de Direito;

c) as revisões criminais e as ações rescisórias dos julgamentos de primeiro grau, da própria Seção ou das respectivas Turmas.

§ 4º. Cada Câmara, Turma ou Seção especializada funcionará como Tribunal distinto das demais, cabendo ao Tribunal Pleno, ou ao seu órgão especial, onde houver, o julgamento dos feitos que, por lei, excedam a competência de Seção.

Art. 102. Os Tribunais, pela maioria dos seus membros efetivos, por votação secreta, elegerão dentre seus Juízes mais antigos, em número correspondente ao dos cargos de direção, os titulares destes, com mandato por dois anos, proibida a reeleição. Quem tiver exercido quaisquer cargos de direção por quatro anos, ou o de Presidente, não figurará mais entre os elegíveis, até que se esgotem todos os nomes, na ordem de antiguidade. É obrigatória a aceitação do cargo, salvo recusa manifestada e aceita antes da eleição.

Parágrafo único. O disposto neste artigo não se aplica ao Juiz eleito, para completar período de mandato inferior a um ano.

Art. 103. O Presidente e o Corregedor da Justiça não integrarão as Câmaras ou Turmas. A Lei estadual poderá estender a mesma proibição também aos Vice-Presidentes.

§ 1º. Nos Tribunais com mais de trinta Desembargadores a lei de organização judiciária poderá prever a existência de mais de um Vice-Presidente, com as funções que a lei e o Regimento Interno determinarem, observado quanto a eles, inclusive, o disposto no *caput* deste artigo.

§ 2º. Nos Estados com mais de cem Comarcas e duzentas Varas, poderá haver até dois Corregedores, com as funções que a lei e o Regimento Interno determinarem.

Art. 104. Haverá nos Tribunais de Justiça um Conselho da Magistratura, com função disciplinar, do qual serão membros natos o Presidente, o Vice-Presidente e o Corregedor, não devendo, tanto quanto possível, seus demais integrantes ser escolhidos dentre os outros do respectivo órgão especial, onde houver. A composição, a competência e o funcionamento desse Conselho, que terá como órgão superior o Tribunal Pleno ou o órgão especial, serão estabelecidos no Regimento Interno.

Art. 105. A lei estabelecerá o número mínimo de Comarcas a serem visitadas, anualmente, pelo Corregedor, em correição geral ordinária, sem prejuízo das correições extraordinárias, gerais ou parciais, que entenda fazer, ou haja de realizar por determinação do Conselho de Magistratura.

Art. 106. Dependerá de proposta do Tribunal de Justiça, ou de seu órgão especial, a alteração numérica dos membros do próprio Tribunal ou dos Tribunais inferiores de segunda instância e dos Juízes de Direito de primeira instância.

§ 1º. Somente será majorado o número dos membros do Tribunal se o total de processos distribuídos e julgados, durante o ano anterior, superar o índice de trezentos feitos por Juiz.

§ 2º. Se o total de processos judiciais distribuídos no Tribunal de Justiça, durante o ano anterior, superar índice de seiscentos feitos por Juiz e não for proposto o aumento de número de Desembargadores, o acúmulo de serviços não excluirá a aplicação das sanções previstas nos arts. 56 e 57 desta Lei.

§ 3º. Para efeito do cálculo a que se referem os parágrafos anteriores, não serão computados os membros do Tribunal que, pelo exercício de cargos de direção, não integrarem as Câmaras, Turmas ou Seções, ou que, integrando-as, nelas não servirem como relator ou revisor.

§ 4º. Elevado o número de membros do Tribunal de Justiça ou dos Tribunais inferiores de segunda instância, ou neles ocorrendo vaga, serão previamente aproveitados os em disponibilidade, salvo o disposto no § 2º do art. 202 da Constituição federal e no § 1º do art. 57 desta Lei, nas vagas reservadas aos magistrados.

§ 5º. No caso do parágrafo anterior, havendo mais de um concorrente à mesma vaga, terá preferência o de maior tempo de disponibilidade, e, sendo este o mesmo, o de maior antiguidade, sucessivamente, na substituição e no cargo.

Art. 107. É vedada a convocação ou designação de Juiz para exercer cargo ou função nos Tribunais, ressalvada a substituição ocasional de seus integrantes (art. 118).

Capítulo III – Dos tribunais de alçada

Art. 108. Poderão ser criados nos Estados, mediante proposta dos respectivos Tribunais de Justiça, Tribunais inferiores de segunda instância, denominados Tribunais de Alçada, observados os seguintes requisitos:

I – ter o Tribunal de Justiça número de Desembargadores igual ou superior a trinta;

II – haver o número de processos distribuídos no Tribunal de Justiça nos dois últimos anos, superado o índice de trezentos feitos por Desembargador, em cada ano;

III – limitar-se a competência do Tribunal de Alçada, em matéria cível, a recursos:

a) em quaisquer ações relativas à locação de imóveis, bem assim nas possessórias;
b) nas ações relativas à matéria fiscal da competência dos Municípios;
c) nas ações de acidentes do trabalho;
d) nas ações de procedimento sumaríssimo, em razão da matéria;
e) nas execuções por título extrajudicial, exceto as relativas à matéria fiscal da competência dos Estados;

- *Inciso III e alíneas acrescido pela Lei Complementar nº 37, de 13.11.1979.*

IV – limitar-se a competência do Tribunal de Alçada, em matéria penal, a *habeas corpus* e recursos:

a) nos crimes contra o patrimônio, seja qual for a natureza da pena cominada;
b) nas demais infrações a que não seja cominada a pena de reclusão, isolada, cumulativa ou alternadamente, excetuados os crimes ou contravenções relativas a tóxicos ou entorpecentes, e a falência.

- *Inciso IV e alíneas acrescido pela Lei Complementar nº 37, de 13.11.1979.*

Parágrafo único. Nos Estados em que houver mais de um Tribunal de Alçada, caberá privativamente a um deles, pelo menos, exercer a competência prevista no inciso IV deste artigo.

- *Par[agrafo único acrescido pela Lei Complementar nº 37, de 13.11.1979.*

Art. 109. Nos casos de conexão ou continência entre ações de competência do Tribunal de Justiça e do Tribunal de Alçada, prorrogar-se-á a do primeiro, o mesmo ocorrendo quando, em matéria penal, houver desclassificação para crime de competência do último.

Art. 110. Os Tribunais de Alçada terão jurisdição na totalidade ou em parte do território do Estado, e sede na Capital ou em cidade localizada na área de sua jurisdição.

Parágrafo único. Aplica-se, no que couber, aos Tribunais de Alçada, o disposto nos arts. 100, *caput*, § § 1º, 2º e 5º, 101 e 102.

Art. 111. Nos Estados com mais de um Tribunal de Alçada é assegurado aos seus Juízes o direito de remoção de um para outro Tribunal, mediante prévia aprovação do Tribunal de Justiça, observado o quinto constitucional.

Capítulo IV – Da justiça de paz

Art. 112. A Justiça de Paz temporária, criada por lei, mediante proposta do Tribunal de Justiça, tem competência somente para o processo de habilitação e a celebração do casamento.

§ 1º. O Juiz de Paz será nomeado pelo Governador, mediante escolha em lista tríplice, organizada pelo Presidente do Tribunal de Justiça, ouvido o Juiz de Direito da Comarca, e composta de eleitores residentes no Distrito, não pertencentes a órgão de direção ou de ação de Partido Político. Os demais nomes constantes da lista tríplice serão nomeados primeiro e segundo suplentes.

§ 2º. O exercício efetivo da função de Juiz de Paz constitui serviço público relevante e assegurará prisão especial, em caso de crime comum, até definitivo julgamento.

§ 3º. Nos casos de falta, ausência ou impedimento do Juiz de Paz e de seus suplentes caberá ao Juiz de Direito da Comarca a nomeação de Juiz de Paz *ad hoc*.

Art. 113. A impugnação à regularidade do processo de habilitação matrimonial e a contestação a impedimento oposto serão decididas pelo Juiz de Direito.

Título IX – Da substituição nos tribunais

Art. 114. O Presidente do Tribunal é substituído pelo Vice-Presidente, e este e o Corregedor, pelos demais membros, na ordem decrescente de antiguidade.

Art. 115. Em caso de afastamento a qualquer título por período superior a trinta dias, os feitos em poder do magistrado afastado e aqueles em que tenha lançado relatório como os que pôs em mesa para julgamento, serão redistribuídos aos demais membros da Câmara, Turma, Grupo ou Seção especializada, mediante oportuna compensação. Os feitos em que seja revisor passarão ao substituto legal.

§ 1º. O julgamento que tiver sido iniciado prosseguirá, computando-se os votos já proferidos, ainda que o magistrado afastado seja o relator.

§ 2º. Somente quando indispensável para decidir nova questão, surgida no julgamento, será dado substituto ao ausente, cujo voto, então, não se computará.

Art. 116. Quando o afastamento for por período igual ou superior a três dias, serão redistribuídos, mediante oportuna compensação, os *habeas corpus*, os mandados de segurança e os feitos que, consoante fundada alegação do interessado, reclamem solução urgente. Em caso de vaga, ressalvados esses processos, os demais serão atribuídos ao nomeado para preenchê-la.

Art. 117. Para compor o quorum de julgamento, o magistrado, nos casos de ausência ou impedimento eventual, será substituído por outro da mesmo Câmara ou Turma, na ordem de antiguidade, ou, se impossível, de outra, de preferência da mesma Seção especializada, na forma prevista no Regimento Interno. Na ausência de critérios objetivos, a convocação far-se-á mediante sorteio público, realizado pelo Presidente da Câmara, Turma ou Seção especializada.

Art. 118. Em caso de vaga ou afastamento, por prazo superior a 30 (trinta) dias, de membro dos Tribunais Superiores, dos Tribunais Regionais, dos Tribunais de Justiça e dos Tribunais de Alçada, (Vetado) poderão ser convocados Juízes, em Substituição (Vetado) escolhidos (Vetado) por decisão da maioria absoluta do Tribunal respectivo, ou, se houver, de seu Órgão Especial:

- *Art. 118, caput, com redação dada pela Lei Complementar nº 54, de 22.12.1986.*

§ 1º. A convocação far-se-á mediante sorteio público dentre:

I – os Juízes Federais, para o Tribunal Federal de Recursos;

II – o Corregedor e Juízes Auditores para a substituição de Ministro togado do Superior Tribunal Militar;

III – Os Juízes da Comarca da Capital para os Tribunais de Justiça dos Estados onde não houver Tribunal de Alçada e, onde houver, dentre os membros deste para os Tribunais de Justiça e dentre os Juízes da Comarca da sede do Tribunal de Alçada para o mesmo;

IV – os Juízes de Direito do Distrito Federal, para o Tribunal de Justiça do Distrito Federal e dos Territórios;

V – os Juízes Presidentes de Junta de Conciliação o Julgamento da sede da Região para os Tribunais Regionais do Trabalho.

§ 2º. Não poderão ser convocados Juízes punidos com as penas previstas no art. 42, I, II, III e IV, nem os que estejam respondendo ao procedimento previsto no art. 27.

§ 3º. A convocação de Juiz de Tribunal do Trabalho, para substituir Ministro do Tribunal Superior do Trabalho, obedecerá o disposto neste artigo.

§ 4º Em nenhuma hipótese, salvo vacância do cargo, haverá redistribuição de processos aos Juízes convocados.

- *§ 4º acrescido pela Lei Complementar nº 54, de 22.12.1986.*

Art. 119. A redistribuição de feitos, a substituição nos casos de ausência ou impedimento eventual e a convocação para completar quorum de julgamento não autorizam a concessão de qualquer vantagem, salvo diárias e transporte, se for o caso.

Título X – Disposições finais e transitórias

Art. 120. Os Regimentos Internos dos Tribunais disporão sobre a devolução e julgamento dos feitos, no sentido de que, ressalvadas as preferências legais, se obedeça, tanto quanto possível, na organização das pautas, a igualdade numérica entre os processos em que o Juiz funcione como relator e revisor.

Art. 121. Nos julgamentos, o pedido de vista não impede votem os Juízes que se tenham por habilitados a fazê-lo, e o Juiz que o formular restituirá os autos ao Presidente dentro em dez dias, no máximo, contados do dia do pedido, devendo prosseguir o julgamento do feito na primeira sessão subsequente a este prazo.

Art. 122. Os Presidentes e Vice-Presidentes de Tribunal, assim como os Corregedores, não poderão participar de Tribunal Eleitoral.

Art. 123. Poderão ter seus mandatos prorrogados, por igual período, o Presidente, o Vice-Presidente e o Corregedor que, por força de disposição regimental, estejam, na data da publicação desta Lei, cumprindo mandato de um ano.

Art. 124. O Magistrado que for convocado para substituir, em primeira ou segunda instância, perceberá a diferença de vencimentos correspondentes ao cargo que passa a exercer, inclusive diárias e transporte, se for o caso.

- *Art. 124 com redação dada pela Lei Complementar nº 54, de 22.12.1986.*

Art. 125. O Presidente do Tribunal, de comum acordo com o Vice-Presidente, poderá delegar-lhe atribuições.

Art. 126. O Conselho da Justiça Federal compõe-se do Presidente e do Vice-Presidente do Tribunal Federal de Recursos, e de mais três Ministros eleitos pelo Tribunal, com mandato de dois anos.

Parágrafo único. O Tribunal Federal de Recursos, ao elegar os três Ministros que integrarão o Conselho, indicará, dentre eles, o Corregedor-Geral, bem como elegerá os respectivos suplentes.

Art. 127. Nas Justiças da União, os Estados e do Distrito Federal e dos Territórios, poderão existir outros órgãos com funções disciplinares e de correição, nos termos da lei, ressalvadas as competências dos previstos nesta.

Art. 128. Nos Tribunais, não poderão ter assento na mesma Turma, Câmara ou Seção, cônjuges e parentes consanguíneos ou afins em linha reta, bem como em linha colateral até o terceiro grau.

Parágrafo único. Nas sessões do Tribunal Pleno ou órgão que o substituir, onde houver, o primeiro dos membros mutuamente impedidos, que votar, excluirá a participação do outro no julgamento.

Art. 129. O magistrado, pelo exercício em órgão disciplinar ou de correição, nenhuma vantagem pecuniária perceberá, salvo transporte e diária para alimentação e pousada, quando se deslocar de sua sede.

Art. 130. (Revogado).

- *Art. 130 revogado pela Lei Complementar nº 37, de 13.11.1979.*

Art. 131. Ao magistrado que responder a processo disciplinar findo este, dar-se-á certidão de suas peças, se o requerer.

Art. 132. Aplicam-se à Justiça do Distrito Federal e dos Territórios, no que couber, as normas referentes à Justiça dos Estados.

Art. 133. O Presidente do Supremo Tribunal Federal adotará as providências necessárias à instalação do Conselho Nacional da Magistratura no prazo de trinta dias, contado da entrada em vigor desta Lei.

Art. 134. Concluídas as instalações que possam atender á nova composição do Tribunal Federal de Recursos, serão preenchidos oito cargos de Ministro, para completar o número de vinte e sete, nos termos do art. 4º, devendo o Presidente do Tribunal no prazo de trinta dias, tornar efetiva a reorganização determinada nesta Lei e promover, a adaptação do Regimento Interno às regras nela estabelecias.

Parágrafo único. As disposições dos arts. 115 e 118 da Lei Complementar nº 35, de 14 de março de 1979, não se aplicarão ao Tribunal Federal de Recursos, enquanto não forem preenchidos os oito cargos de Ministro, para complementar o número de vinte e sete, nos termos previstos neste artigo.

- *Parágrafo único acrescido pela Lei Complementar nº 37, de 13.11.1979.*

Art. 135. O mandato dos membros do Conselho Nacional da Magistratura eleitos no prazo do artigo anterior, com início da data da sua eleição, terminará juntamente com o do Presidente e do Vice-Presidente do Supremo Tribunal Federal eleitos em substituição aos atuais.

Art. 136. Para efeito do aumento do número de Desembargadores, previsto no art. 106, § 1º, poderá ser computado o número de processos distribuídos durante o ano anterior, e que, por força desta Lei, passaram à competência dos Tribunais de Justiça.

Art. 137. Os cargos de Desembargadores criados após a promulgação da Emenda Constitucional nº 7, de 13 de abril de 1977, e ainda não providos à data da vigência desta Lei, somente o serão uma vez satisfeito o requisito constante do art. 106, § 1º.

Art. 138. Aos Juízes togados, nomeados mediante concurso de provas e ainda sujeitos a concurso de títulos consoante as legislações estaduais, computar-se-á, no período de dois anos de estágio para aquisição da vitaliciedade, o tempo de exercício anterior a 13 de abril de 1977.

Art. 139. Dentro de seis meses contados da vigência desta Lei, os Estados adaptarão sua organização judiciária aos preceitos e aos constantes da Constituição federal.

§ 1º. Nos Estados em que houver Tribunal de Alçada, os Tribunais de Justiça observarão quanto à competência o disposto no art. 108, incisos III e IV.

- *§ 1º com redação dada pela Lei Complementar nº 37, de 13.11.1979.*

§ 2º. Os Tribunais de Justiça e os de Alçada conservarão, residualmente, sua competência, para o processo e julgamento dos feitos e recursos que houverem sido entregues, nas respectivas Secretarias, até a data da entrada em vigor da lei estadual de adaptação prevista no art. 202 da Constituição, ainda que não tenham sido registrados ou autuados.

- *§ 2º com redação dada pela Lei Complementar nº 37, de 13.11.1979.*

Art. 140. Vencido o prazo do artigo anterior, ficarão extintos os cargos de Juiz substituto de segunda instância, qualquer que seja a sua denominação, e seus ocupantes, em disponibilidade, com vencimentos integrais até serem aproveitados.

§ 1º. O aproveitamento far-se-á por promoção ao Tribunal de Justiça ou ao Tribunal de Alçada, conforme o caso, respeitado o quinto constitucional, alternadamente, pelos critérios de antiguidade e merecimento, e, enquanto não foi, possível, nas Varas da Comarca da Capital, de entrância igual à dos ocupantes aos cargos extintos.

§ 2º. No Estado do Rio de Janeiro, nas primeiras vagas que ocorrerem ou vierem a ser criadas no Tribunal de Justiça, ressalvada a faculdade do Governador, de prévio aproveitamento dos atuais Desembargadores em disponibilidade (Emenda Constitucional nº 7/1977, art. 202, § 2º) e observado o quinto constitucional, serão aproveitados os atuais Juízes de Direito substitutos de Desembargador, sem prejuízo da antiguidade que tiverem os demais Juízes de Direito de entrância especial, na oportunidade do acesso ao Tribunal.

§ 3º. Os Juízes substitutos dos Tribunais de Alçada do mesmo Estado serão aproveitados nas primeiras vagas que ocorrerem ou vierem a ser criadas em qualquer desses Tribunais, observados os mesmos critérios deste artigo.

§ 4º Os Juízes que, na data da entrada em vigor desta Lei, estejam no exercício de função substituinte, mediante convocação temporária, reassumirão o exercício das Varas de que sejam titulares.

§ 5º. É, vedado o aproveitamento por forma diversa da prevista nos artigos anteriores, inclusive como assessor, assistente ou auxiliar de Desembargador ou de Juiz de Tribunal de Alçada.

Art. 141. Independentemente do disposto no § 3º do art. 100 desta Lei, fica assegurado o acesso aos Tribunais de Justiça, pelo critério de antiguidade, de todos os Juízes de Direito que, à data da promulgação desta Lei, integrem a mais elevada entrância, desde que, segundo as disposições estaduais então vigentes, tenham igual ou maior antiguidade do que a daqueles que integram os Tribunais de Alçada ressalvada a recusa prevista no inciso III do art. 144 da Constituição federal.

Art. 142. No Estado do Rio de Janeiro a aplicação do disposto no § 3º do art. 100 não poderá afetar a antiguidade que tiverem, na data da entrada em vigor desta Lei, os Juízes que atualmente compõem a entrância especial, entre os quais se incluem os Juízes que integram os Tribunais de Alçada.

Art. 143. O disposto no § 4º do art. 100 não se aplica às vagas ocorrentes antes da data da entrada em vigor desta Lei.

Art. 144. (Vetado).

Parágrafo único. (Vetado).

Art. 145. As gratificações e adicionais atualmente atribuídos a magistrados, não previstos no art. 65, ou excedentes das percentagens e limites nele fixados, ficam extintos e seus valores atuais passam a ser percebidos como vantagem pessoal inalterável no seu quantum, a ser absorvida em futuros aumentos ou reajustes de vencimentos.

Parágrafo único. A absorção a que se refere este artigo não se aplica ao excesso decorrente do número de quinquênios e não excederá de vinte por cento em cada aumento ou reajuste de vencimento.

Art. 146. Esta Lei entrará em vigor sessenta dias após sua publicação.

Art. 147. Revogam-se as disposições em contrário.

Brasília, 14 de março de 1979; 128º da Independência e 91º da República.

Ernesto Geisel
DOU de 14.3.1979